长三角
绿色金融发展报告
（2024）

上海市金融学会　江苏省金融学会
浙江省金融学会　安徽省金融学会
中央财经大学绿色金融国际研究院
编

经济日报出版社
北　京

图书在版编目（CIP）数据
长三角绿色金融发展报告. 2024 / 上海市金融学会等编. -- 北京 : 经济日报出版社, 2025. 6.
ISBN 978-7-5196-1586-4
Ⅰ. F832.75
中国国家版本馆 CIP 数据核字第 2025BF9386 号

长三角绿色金融发展报告（2024）

CHANGSANJIAO LÜSE JINRONG FAZHAN BAOGAO（2024）

上海市金融学会　江苏省金融学会
浙江省金融学会　安徽省金融学会
中央财经大学绿色金融国际研究院　编

出版发行：经济日报出版社
地　　址：北京市西城区白纸坊东街 2 号院 6 号楼
邮　　编：100054
经　　销：全国各地新华书店
印　　刷：文畅阁印刷有限公司
开　　本：710mm × 1000mm　1/16
印　　张：22
字　　数：292 千字
版　　次：2025 年 6 月第 1 版
印　　次：2025 年 6 月第 1 次
定　　价：118.00 元

本社网址：www.edpbook.com.cn，微信公众号：经济日报出版社

《长三角绿色金融发展报告（2024）》编委会

前言

当前，全球气候变化等可持续发展议题备受瞩目，绿色金融作为引导资源向绿色领域配置的核心工具之一，正在蓬勃发展。我国历经多年实践探索，已初步构建起较为完善的政策体系，逐步形成包含绿色信贷、绿色债券、绿色保险等在内的活跃的绿色金融市场，绿色金融正日益成为经济高质量发展的重要支撑。2023 年中央金融工作会议将绿色金融列为“五篇大文章”之一，进一步明确其在国家金融战略中的重要地位，也指明了未来金融改革创新的重要方向。

在政策引导与市场驱动的双重作用下，各地绿色金融实践千帆竞发，但区域发展不均衡、新兴领域经验待推广等问题日益凸显。如何在更广范围内强化绿色金融对实体经济的支撑效应，深化转型金融、气候金融、生物多样性金融等前沿领域探索，加强区域协同与经验共享等是当下发展绿色金融亟待解决的问题。

长江三角洲地区作为我国经济最活跃、开放程度最高、创新能力最强的区域之一，在绿色金融领域始终走在全国前列。在习近平新时代中国特色社会主义思想，特别是“绿水青山就是金山银山”理念的指引下，长三角三省一市立足自身禀赋，形成了各具特色的绿色金融发展格局：上海市依托国际金融中心地位，积极打造全球绿色金融枢纽；江苏省产业基础雄厚，围绕绿色制造、清洁能源推动产业绿色转型升级；浙江省以机制创新为导向，在绿色金融制度和产品创新上成果丰硕；安徽省生态优化与科技创新势头强劲，通过积极完善生态产品市场机制、推动新旧产能更迭升级，壮大发展新动能。

更值得关注的是，长三角三省一市依托区域一体化发展战略，通过政策协同、标准互认、信息共享、项目联动等创新举措，正在构建跨区域合作新范式。从绿色信贷赋能制造业转型升级，到绿色债券募集资金跨省支持可再生能源项目，再到沪皖联动成功落地光伏电站建设项目等，长三角正以绿色金融协同创新推动资源在更大范围内实现优化配置，更有效地服务区域绿色低碳转型。绿色金融已成为长三角区域一体化高质量发展的重要引擎。

本报告由上海市金融学会、江苏省金融学会、浙江省金融学会、安徽省金融学会和中央财经大学绿色金融国际研究院共同编制，以期展示长三角绿色金融的发展成果，推动区域绿色金融合作与经验分享。未来，随着实体经济绿色转型的逐步深入与金融体制机制建设的进一步完善，绿色金融将在经济社会绿色转型和高质量发展中发挥更加重要的作用。长三角地区凭借雄厚的产业基础、良好的金融生态和区域一体化带来的潜在增长机遇，未来更好发挥绿色金融牵引作用的新局面值得期待。

目录

CONTENTS

总论

经过多年的探索实践，绿色金融作为金融供给侧改革的重要内容，正在我国经济高质量发展进程中发挥着积极作用。当前，通过“自上而下”的政策引导与“自下而上”的市场实践，我国已经初步形成了较为完整的绿色金融发展体系，以绿色金融“三大功能”“五大支柱”为核心的发展主线、以地方绿色金融改革创新试验区为试点的发展模式逐步成形，正在推动绿色金融在全国更广范围的应用。以绿色信贷为引领，绿色金融市场蓬勃发展。截至2023年末，本外币绿色贷款余额达30.08万亿元，同比增长36.5%，高于各项贷款增速26.4个百分点，比年初增加8.48万亿元。绿色金融正在成为助力实体经济高质量发展的重要支撑，2023年10月召开的中央金融工作会议提出，要坚定不移走中国特色金融发展之路，推动我国金融高质量发展，做好科技金融、绿色金融、普惠金融、养老金融、数字金融五篇大文章。做好绿色金融大文章仍将是推动我国金融高质量发展的重点工作。

在基础能力建设逐步加强的同时，绿色金融更加关注发挥对实体经济的支撑与牵引作用。当前，我国各个地区均开展了绿色金融的相关实践，虽发展程度有所差别，但绿色金融扩面发展的态势正在形成。而先发省份除建设普适化的体系之外，更注重依托本地产业打造特色化绿色金融发展路径。在经济社会全面高质量发展的新形势下，更多省份积极把握政策机遇与市场需求，探索绿色金融与转型金融、普惠金融、养老金融、科技金融、性别金融、生物多样性金融等重点方向的衔接与融合发展，为区域经济的绿色转型注入强劲动力。另有部分省份前期积累势能正在加速释放中，在政策激励效应作用下，绿色金融市场呈现加快发展态势。然而，我国地方绿色金融的不平衡性仍然存在，部分省份由于经济基础、产业结构以及政策环境等因素，绿色金融发展的成效尚不显著，政策的系统性、市场实践的多元性、配套支撑的完善性等仍处于较为初级的阶段[①]。同时，绿色金融在向纵深发展的过程中也面临着新的难题与挑战，如何更充分地发挥绿色金融的牵引作用、推动实体经济转型升级，如何将转型金融、生物多样性金融等新兴议题在实践中复制推广等，也是需要在发展中解决的新问题。

长三角三省一市绿色金融的发展是我国绿色金融发展的缩影，同时其良好的金融生态也为深入推动绿色金融高质量发展奠定了良好基础。根据中央财经大学绿色金融国际研究院（简称“中财大绿金院”）自 2018 年开始编制的《地方绿色金融发展指数与评估报告》来看，浙江、江苏、上海、安徽四地的地方绿色金融水平整体保持相对靠前，尤其是在市场表现方面，政策向市场的传导，以及市场发展的主动性和多元性等方面在全国范围来看都颇具代表性。特别是近两年，绿色金融的地方试点经验开始向全国推广，长三角地区绿色金融发展进一步提速。而其良好的金融生态、绿色产业的巨大潜力、活跃开放的经济动能等为未来协同推动绿色金融发展、更全面地做好绿色金融大文章奠定了良好基础。

截至 2023 年，长三角三省一市绿色金融发展取得多项成效。从 2023 年长三角区域绿色金融发展的整体方向来看，产业与生态是长三角三省一市绿色金融所围绕的鲜明主线，多项政策与市场实践都集中于支持绿色产业发展、传统产业升级和生态环境保护，新兴议题正在通过广泛的市场实践形成可推广的经验，绿色金融的价值正在逐步得到体现。在充分反映我国绿色金融“自上而下”主导、以点带面驱动、循序渐进深入的改革创新路径的同时，也凝练了鲜明的地方经验：一是紧扣服务实体经济的主线，实现绿色金融与绿色经济的同频共振。二是用好政策的引导、规范、激励、约束作用，重在激活市场潜能。三是注重推动不同主体的协同联动，以促进要素流动和资源共享提升绿色金融发展效率。

基于我国绿色金融发展的重点工作，以及长三角在推动绿色金融发展方面的实

① 资料来源：中央财经大学绿色金融国际研究院《中国地方绿色金融发展报告（2024）》。

践举措，编制《长三角绿色金融发展报告（2024）》。报告旨在呈现长三角绿色金融发展的现状、典型做法、未来趋势等，同时也通过提炼各地绿色金融发展经验，尝试总结利用绿色金融推动区域协同高质量发展的有益举措，为更多地区提供参考借鉴。本报告分别从长三角绿色金融发展概览、长三角三省一市绿色金融发展分析、长三角部分市（区）的绿色金融实践、长三角绿色金融的机构实践、绿色金融支持长三角低碳发展的成效，以及长三角绿色金融发展总结与展望等六章，介绍 2023 年长三角三省一市的绿色金融发展情况。未来也将持续披露长三角绿色金融发展进程，呈现我国绿色金融区域实践成效。

第一章

长三角绿色金融发展概览

一

2023 年全球绿色金融的主要进展

2023 年，全球多个国家和地区继续丰富当地可持续金融顶层设计。部分国家和地区围绕可持续金融相关的标准、政策、框架等，开展了进一步深化工作。2023 年 6 月，欧盟委员会陆续发布新的可持续金融一揽子计划（Sustainable Finance Package），对《欧盟可持续金融分类方案》（*EU Taxonomy*）、ESG 评级标准等议题进行修订和更新。其中，最新版《欧盟可持续金融分类方案》[①] 新增了对水和海洋资源的可持续利用和保护、向循环经济转型、污染防治、保护和恢复生物多样性及生态系统等四个方面的经济活动。2023 年 4 月 13 日，印度中央银行推出了绿色存款框架；同年 9 月，印度与多国领导人在 G20 峰会期间共同启动“全球生物燃料联盟”，推动经济绿色发展。新加坡也加快了可持续金融体系的建设步伐，2023 年 4 月 21 日，新加坡金融管理局和中国人民银行成立了“中国—新加坡绿色金融工作组”；12 月，新加坡金融管理局发布新加坡—亚洲可持续金融分类体系，为能源、房地产、交通、农业和林业 / 土地利用、工业、信息和通信技术、废物 / 循环经济、碳捕获和碳封存等八个关键领域的绿色和转型活动的定义提供框架，旨在推动全球资本为亚洲地区减碳项目提供资金支持。

① EUR-Lex - 52023SC0239: SWD/2023/0239 final.

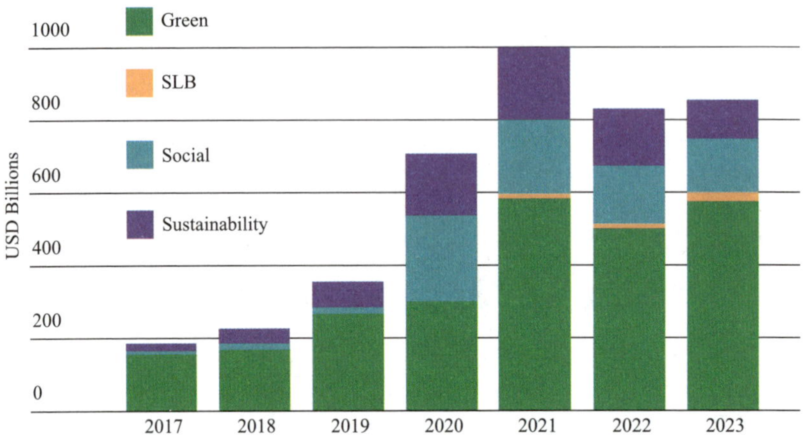

图 1-1　全球绿色债券规模（单位：十亿美元）

数据来源：SUSTAINABLE DEBT GLOBAL STATE OF THE MARKET 2023，Climate Bonds Initiative.https：//www.climatebonds.net/files/reports/cbi_sotm23_02h.pdf.

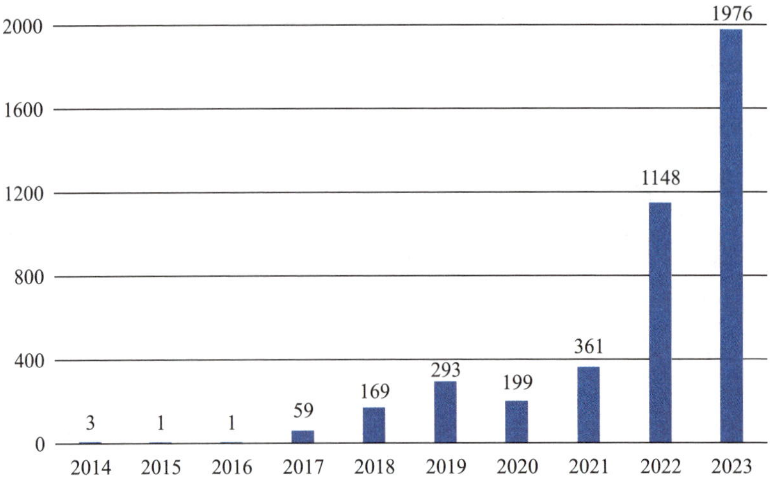

图 1-2　全球绿色信贷规模（单位：亿美元）

数据来源：Japan ministry of the environment green finance portal. https：//greenfinanceportal.env.go.jp/en/loan/issuance_data/market_status.html

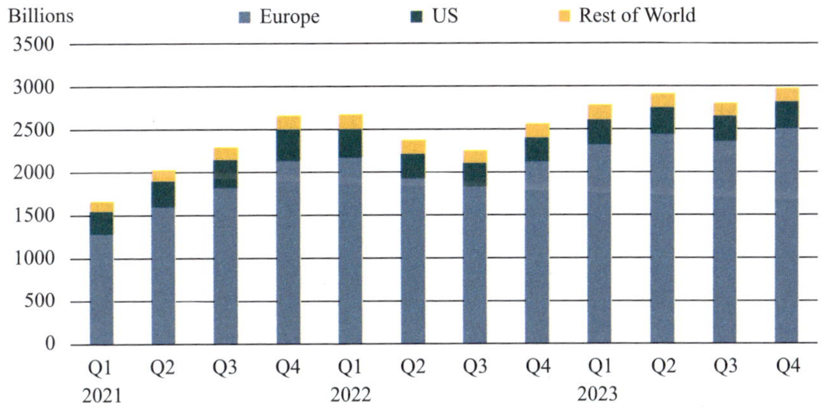

图 1-3 全球 ESG 基金资产规模

数据来源：MorningStar.https：//research-morningstar-com.proxy.library.georgetown.edu/articles/1203415/global-sustainable-fund-flows-q4-2023-in-review

全球可持续金融的市场规模整体上继续保持发展态势。从绿色债券来看，据气候债券倡议组织统计[①]，截至 2023 年末，全球绿色、社会责任、可持续发展和可持续发展挂钩债券（以下简称 GSS+）市场存量规模达 4.4 万亿美元。其中，2023 年新发行的绿色债券规模首次突破 5000 亿美元，约为 5876 亿美元。从绿色信贷来看，根据日本环境省（Ministry of the Environment）[②]的统计，2023 年全球新增绿色信贷规模约 1976 亿美元，较 2022 年有显著提升。绿色基金方面，根据晨星（Morningstar）披露[③]，截至 2023 年末，全球 ESG 基金资产总规模约 2.97 万亿美元，保持增长态势，欧洲仍是 ESG 基金投资最活跃的地区，美国次之，中国 ESG 基金规模位居全球第三。

---

① Climate Bonds Initiative. Sustainable Debt Global State Of The Market 2023［EB/OL］.［2024-05-02］.https：//www.climatebonds.net/files/reports/cbi_sotm23_02h.pdf.

② Ministry of the Environment. Green Loans manket status（domestic and global）［EB/OL］.［2024-03-07］.https：//greenfinanceportal.env.go.jp/en/loan/issuance_data/market_status.html.

③ Morningstar Investing Center. Global Sustainable Fund Flows: Q4 2023 in Review［EB/OL］.［2024-01-25］.https：//research-morningstar-com.proxy.library.georgetown.edu/articles/1203415/global-sustainable-fund-flows-q4-2023-in-review.

金融可持续相关风险的重视程度日益提升。2023年，全球金融监管机构加快了对气候风险管理的步伐，以应对气候变化对金融稳定带来的影响。欧洲中央银行（ECB）在其气候行动计划中加入了气候风险压力测试，以评估和增强其气候风险管理能力，并发布了关于欧洲银行气候和环境风险披露进展的评估报告，强调银行需要提升信息披露的质量。英格兰银行（BoE）在《气候变化适应报告》中更新了对气候相关风险的监管资本框架，识别了影响金融机构对未来气候相关损失的能力与制度差距，并推动了情景分析和压力测试在风险管理中的应用。美国联邦储备系统（Fed）发布了针对大型金融机构的气候相关金融风险管理原则，并启动了气候情景分析试点项目，旨在评估金融机构对气候相关风险的韧性，促进对相关风险的理解和管理。此外，Fed通过建立气候数据枢纽和委员会，以及参与金融稳定监督委员会（FSOC）关于气候数据和分析枢纽的工作，来解决气候风险数据的可用性和质量问题。

转型金融、生物多样性金融、可持续信息披露相关领域有不同程度的发展。在转型金融方面，面向金融机构、企业的转型金融相关的支持性工具、倡议持续推出。如气候变化机构投资者小组（IIGCC）与转型路径倡议（TPI）合作发布《银行净零标准》[①]；英国转型计划工作组（TPT）发布《转型计划工作组（TPT）披露框架》最终版[②]，明确了企业转型计划的基础情况、实施战略、参与战略、指标目标、治理5个披露要素和19个子要素方面的披露要求。在生物多样性金融方面，基于2022年12月通过的“昆明—蒙特利尔全球生物多样性框架”的要求，2023年，联合国与世界银行在全球范围内通过健全制度体系、加速融资倡议覆盖、吸纳多样化资金等方式，引导各方开展生物多样性金融工作；9月，自然相关财务披露工作组

① https://139838633.fs1.hubspotusercontent-eu1.net/hubfs/139838633/Past%20resource%20uploads/IIGCC-Net-Zero-Standard-for-Banks-June-2023.pdf

② https://transitiontaskforce.net/disclosure-framework/

（TNFD）发布《自然相关财务披露工作组建议》最终版[①]，对企业和金融部门在评估和报告其与自然有关的依赖性、影响、风险和机遇等方面提供了披露框架建议。此外，以国际可持续发展准则理事会（ISSB）发布的《IFRS 可持续披露准则》为代表，全球多个组织机构发布了可持续信息披露的框架，推动全球可持续信息披露标准向一致性迈进。

专栏 1-1 《气候相关披露》（IFRS S2）主要内容

2023 年 6 月 26 日，国际可持续发展准则理事会（ISSB）发布了首批两份国际财务报告可持续披露准则的正式生效文件——《国际财务报告可持续披露准则第 1 号（IFRS S1）——可持续相关财务信息披露一般要求》及《国际财务报告可持续披露准则第 2 号（IFRS S2）——气候相关披露》。

其中 IFRS S2 通过吸收气候披露标准委员会（Climate Disclosure Standards Board）、可持续发展会计准则委员会（Sustainability Accounting Standards Board）以及全球报告倡议组织（Global Reporting Initiative）等的标准，形成了更全面的跨行业和基于行业特性的气候相关风险和机遇的披露要求，要求遵循 IFRS S1 的核心内容结构，即围绕治理、战略、风险管理、指标和目标四个方面（基于 TCFD 所推荐的四大支柱）开展披露，以避免不必要的重复披露。IFRS S2 除了主体标准文件外，随其发布的还包括随附指南、结论基础、影响分析、项目概要、反馈报告以及基于行业的气候相关披露指南等文件。

- 在治理方面，IFRS S2 对董事会的监督职责提出更详细的要求。
- 在战略方面，IFRS S2 强调公司的气候披露需要体现行业特性与气候韧性。
- 在风险管理方面，IFRS S2 要求公司详细披露气候相关机遇的信息。
- 在指标和目标方面，IFRS S2 对公司披露温室气体排放量做出了明确的指导。

资料来源：施懿宸、包婕、李欣宇，《解读 ISSB 准则：〈气候相关披露〉（IFRS S2）主要内容及其挑战》

① https://tnfd.global/final-tnfd-recommendations-on-nature-related-issues-published-andcorporates-and-financial-institutions-begin-adopting/

二

2023年我国绿色金融的主要进展

2023年，绿色债券、绿色保险等领域政策出台较为密集，多项绿金相关标准的研究与立项也在推进中。2023年的绿色金融专项政策集中于绿色保险和绿色债券领域，陆续出台了《绿色保险分类指引（2023年版）》《上海证券交易所公司债券发行上市审核规则适用指引第2号——专项品种公司债券》《关于支持中央企业发行绿色债券的通知》《绿色债券存续期信息披露指南》等政策文件。其中，2023年9月中国保险行业协会发布的《绿色保险分类指引（2023年版）》是推动绿色保险体系建设的重要一步，其对绿色保险产品分类、保险资金绿色投资分类、保险公司绿色运营分类提供了明确规定和指引，展现了绿色保险在产品、投资、运营三个维度的全景图，为我国绿色保险体系的建立提供了有效支撑。此外，2023年，中国金融学会绿色金融专业委员会也在持续推动绿色金融标准体系建设，《农业转型金融目录》《银行业金融机构ESG评价管理 第1部分：企业融资主体评价》《银行业金融机构ESG评价管理 第2部分：信贷流程管理》《商业银行环境风险压力测试指南》《绿色票据识别准则与流程》《金融从业指南：绿色金融》等标准及议题的研究或立项工作也在稳步推进。

绿色信贷引领绿色金融市场发展，绿色债券规模有所下滑。2018—2023年，我国绿色贷款余额呈现持续上升态势，与2018年相比，2023年国内绿色贷款余额增长了265.49%，截至2023年末，本外币绿色贷款余额30.08万亿元，同比增长36.5%[①]。同时，2023年碳减排支持工具、煤炭清洁高效利用专项再贷款两项结构性货币政策工具延续实施，进一步扩大惠

① 中国绿色贷款余额超30万亿元［EB/OL］.（2024-01-27）.https：//www.gov.cn/lianbo/bumen/202401/content_6928561.htm.

及面。截至 2023 年末，中国人民银行基于碳减排工具与支持煤炭清洁高效利用再贷款分别累计发放资金 5410 亿元、2748 亿元，合计 8158 亿元。在绿色债券方面，截至 2023 年末，中国境内绿色债券存量规模约 3.62 万亿元，当年新增发行规模为 8388.70 亿元，同比下降 14.74%，占中国境内外绿色债券新增发行规模的 77.95%。此外，绿色基金、绿色保险市场也得到持续发展。据中央财经大学绿色金融国际研究院数据库统计，截至 2023 年末，ESG 基金存续 978 只，规模为 9321.7 亿元，较上一年度数量增长 3.6%；2023 年上市保险公司绿色保险保额合计也超 200 万亿元①。

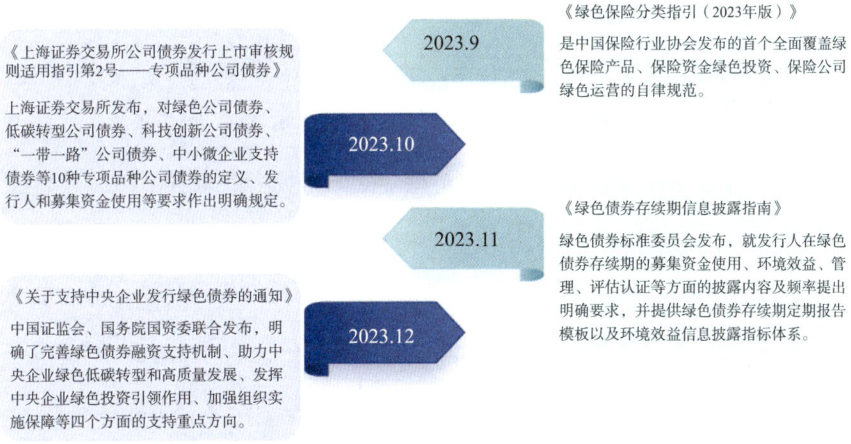

图 1–4　2023 年绿色金融领域重点政策示例

我国地方绿色金融扩面深化趋势明显。2023 年，全国绿色金融整体发展水平稳中有升，多地绿色金融体系正逐步走向完善。从发展趋势来看，2023 年浙江、广东、江西、甘肃等国家级绿色金融改革创新试验区所在省份继续保持活力，北京、江苏、上海、山东、四川、福建等非绿色金融改革创新试验区加快释放发展潜力。与此同时，绿色金融由省级向市级层面

① 中国金融新闻网 . 从 ESG 报告看上市险企 2023 年服务经济社会发展情况［EB/OL］.［2024-4-10］.https：//www.financialnews.com.cn/bx/bxsd/202404/t20240410_290659.html.

拓展的态势进一步明朗，市级层面的政策部署更为具体，绿色金融覆盖面有所提升。在深化应用方面，多地将政策着力点聚焦于以绿色金融支持节能环保、清洁生产、清洁能源等产业发展，寻求融合发展中新的增长点，实现金融服务广度和深度的双重提升。在产品及服务创新过程中，技术驱动逐渐发挥关键作用，绿色金融的覆盖面被进一步拓宽，交易标的由传统领域如基于物权及使用权的融资模式，逐渐向环境权益的金融化方向展开。多地绿色金融产品的创新思路有所突破，除绿色信贷、绿色债券及绿色基金外，绿色保险、绿色租赁、绿色资产证券化等新型工具也在逐步获得市场认可，市场的多元化发展趋势渐显。

部分地区率先开展转型金融、生物多样性金融等探索。从转型金融的地方标准建立情况来看，2023 年，重庆市、浙江省湖州市、天津市、河北省等地分别出台了针对当地重点高碳行业的转型金融支持目录，开始以目录为指导推动转型金融发展。从转型金融的市场实践来看，2023 年转型金融相关的产品仍以信贷、债券为主。截至 2023 年末，我国境内市场累计发行专项支持转型的债券 1464.4 亿元，其中可持续发展挂钩债券 1000.8 亿元、低碳转型挂钩债券 364.7 亿元、低碳转型债券 40.7 亿元、转型债券 51.3 亿元。在生物多样性金融方面，海南省人民政府基于绿色、社会责任、蓝色和可持续发展债券框架，于 2023 年 9 月在香港联合交易所发行了 10 亿元三年期生物多样性主题债券；云南省开展了野生动物肇事公众责任保险试点；中国人民银行衢州市分行印发关于试点《银行业生物多样性风险管理标准》的文件，为金融机构规避生物多样性风险、减少项目开发对生物多样性影响提供了方法准则。此外，绿色金融与普惠金融融合发展、绿色金融支持性别平等议题也开始受到关注。

绿色金融国际合作作为绿色金融的支柱之一继续向纵深推进。2023 年，我国继续围绕平台建设、前沿研究、绿色原则落实、全球伙伴关系构建等重点领域，深化推进绿色金融领域的国际交流与合作。一是牵头推进绿色金融国际共识。自 2023 年以来，中国人民银行与美国财政部、二十国集团印度主席国密切协商，持续推进落实《G20 可持续金融路线图》，拟定了 2023 年 G20 可持续金融三项重点工作，即动员充足的气候融资、促进与可持续发展目标相关融资、加强可持续金融能力建设，成果报告已写入 2023 年 9 月新德里峰会领导人宣言。二是促进绿色金融标准联通。2023 年 5 月 30 日，由中国和欧洲牵头发起的可持续金融国际平台（IPSF）分类工作组（TWG）在工作组会议上启动了《共同分类目录》(CGT）的第二阶段，重点围绕扩大 CGT 的国别基础、拓宽涵盖的经济活动范围以及为更多国家和地区提供能力建设开展研究和部署工作。三是深化央行与监管机构间绿色金融合作，持续在央行与监管机构绿色金融网络的治理和研究中发挥积极作用。中国人民银行还积极推动金融稳定理事会（FSB）、巴塞尔银行监管委员会（BCBS）等标准制定机构评估解决相关数据缺口问题，研究开发气候风险监管工具，完善绿色金融监管标准[①]。

三

长三角三省一市绿色金融的进展

（一）长三角绿色金融发展指数

长三角绿色金融发展指数以中央财经大学绿色金融国际研究院地方绿色金融发展指数（简称“中财大绿金院地方绿金指数”）为基础。中财大绿金院地方绿金指数以客观性、公平性、可比性及科学性等核心构建原则为基础，通过对地方绿色金融政策进展与市场活跃度的双方面考量，构建

① 中国人民银行机关党委．中国人民银行深入推进绿色金融国际合作 积极参与气候变化全球治理［EB/OL］.［2023-12-26］. http：//www.qizhiwang.org.cn/n1/2023/1226/c432994-40146940.html.

了一套可评估地方绿色金融发展水平的指数。该指数自 2018 年启动编制以来，已连续多年发布，动态展示了地方绿色金融的发展趋势与关键变化点。长三角绿色金融发展指数沿用了中财大绿金院地方绿金指数的构建思路与方法，结合省域绿色金融特点及长三角一体化发展重点，构建了一套既能体现区域共性又能凸显地方特色的绿色金融评价体系，用以展现长三角绿色金融发展的进展与成效。具体而言，一方面沿用中财大绿金院地方绿金指数省际指数的思路，主要关注政策与市场两部分；另一方面结合长三角地区各省近年来绿色金融进展的总体成效、长三角一体化建设的重要抓手，以及我国当前推进绿色金融发展的重点思路，通过指标优化、权重调整、算法创新以及表现形式调整四个角度对指数进行创新。

在指标优化方面，兼顾应用性与前瞻性，更加注重与具体工作落实情况相关的指标及创新型指标。一是关注绿色金融相关具体工作的落实情况，以提升评估深度。鉴于当前我国绿色金融正处于从宏观战略向微观实践传导的阶段，因此在指标设计上更加关注具体工作的落实情况，如将绿色金融政策体系的评价细分为各省级及下辖市（区）级综合性顶层设计文件、气候及环境风险防范与管理文件、环境权益交易市场规范或建设文件、绿色金融工具指导类文件等政策的整体情况。二是基于长三角地区各省绿色金融发展在全国的领先性或代表性，更加注重绿色金融新兴议题的部署情况，如气候投融资、转型金融、绿色普惠金融、绿色金融科技、蓝色金融、碳金融等。

在权重调整方面，结合当前绿色金融发展重点以五级权重的方法进行赋权。五级权重分别为 1%、2%、3%、5%、10%，具体结合指标的重要性及对地级市的影响程度，与专家赋权法相结合予以确认。经调整后，“长三角绿色金融发展指标体系”共包含 2 个一级指标、10 个二级指标、31 个三级指标。指标在选择的过程中主要遵循以下原则：一是关联性，即与绿色金融议题直接相关，同时下级指标是对上级指标的细化与拓展。二是可获取性，以数据可获取为核心，删减多数地级市缺乏统计口径的指标项。三是可验证性，剔除数据获取方式较为主观或缺乏可靠来源的指标。“长三角绿色金融发展指标体系”见表 1–1。

表 1–1　长三角绿色金融发展指标体系

一级指标及权重	二级指标及权重	三级指标
绿色金融政策引导（50%）	省级绿色金融综合类政策的引导情况（20%）	包含：省级综合性指导文件、市级多部门联合发文、环境与气候风险管理文件、环境信息披露开展情况等
	省级绿色金融专项类政策的引导情况（15%）	包含：省级绿色金融工具规范类文件、绿色金融支持产业类专项文件、绿色金融激励类文件等
	市级绿色金融相关政策引导情况（6%）	包含：省级下辖市（区）级综合性指导文件、多部门联合发文、环境与气候风险管理文件、环境信息披露开展情况等
	省级绿色金融配套设施的建设情况（9%）	包含：省级绿色金融服务平台、绿色配套设施、专营机构、绿色金融专业协会等
绿色金融市场创新（50%）	银行领域：绿色信贷发展评价（8%）	包含：绿色贷款余额、绿色贷款占比等
	证券领域：绿色债券与绿色股票发展评价（16%）	包含：绿色债券规模及数量、转型债券规模及数量、绿色上市企业、ESG 表现等
	基金领域：绿色基金发展情况（4%）	包含：绿色私募基金数量、占比等
	保险领域：绿色保险发展评价（4%）	包含：绿色保险保额等
	产品创新（10%）	包含：转型金融和基于环境权益开展的相关金融产品创新等
	国内外合作（8%）	包含：绿色金融战略合作、绿色主题相关专题研讨和培训等

在算法创新方面，以“数据排序”的标准化方法，更好地从省级角度体现长三角绿色金融发展水平。考虑到参与评分的主体数量较中财大绿金院地方绿金指数的覆盖范围有所缩小，同时指数重点并非评价各省绿色金融的表现，而是对长三角一体化进程中绿色金融的进展情况进行展示，为此，该指数选择以“数据排序”的方法对数据进行量化处理，保证每项指标均能精准反映省级绿色金融发展表现。

专栏 1-2 “数据排序”法指标计算方式

若指标为定量指标，对同一时间段（点）的指标进行横向排序的比较后进行标准化，再乘以指标各自的权重予以赋分，计算公式如下所示：

本省（市）单一指标得分＝

$$\frac{\text{指标值比本省（市）低的地市数量}+\dfrac{1+\text{指标值与本省（市）一样的地方数量[包括本省（市）]}}{2}}{\text{样本范围内全部省（市）数量}}\times\text{权重}$$

若指标为定性指标，则满足条件时记为“1”，不满足条件时记为“0”，用 1 或 0 乘以指标各自的权重可得到该指标分值结果。

特别说明：由于报告中的数据均来源于长三角各金融学会协助提供及公开渠道搜集，若该地级市此指标所涉及的数据处于“未披露”、不确定或“无法判断”时，均以 0 分计入。

在表现形式方面，以“1+2+3”的评价体系展现长三角地区绿色金融进展情况。“1+2+3”的评价体系是指一个总分，用以表明长三角地区绿色金融总体情况；两个单项分，分别从政策与市场两个方面展现长三角地区绿色金融的进展情况；三个特色得分，即从配套性、成长性、创新性等三个方面对指标进行分解。其中在“一个总分”方面，由于 2023 年是《长三角绿色金融发展报告》中的评价基准年，总分的年度间可比意义有限，但可为后续两个评价年度提供参考。“两个单项分”进一步解释总分，同时也进一步说明政策与市场两个板块的进展与表现。“三个特色得分”旨在从协同性、成长性、创新性三个不同视角对绿色金融的发展情况进行分析。其中，协同性是指在推动绿色金融发展的过程中，地方绿色金融发展规划、激励约束、基础设施建设等发展条件之间的协同程度；成长性是指绿色金融在规模、结构和深度上的发展水平与增长潜力；创新性是指在绿色金融产品、服务模式、区域合作等方面开展的新型探索。

基于上述调整，在长三角地区各省（市）金融学会的支持下，结合部分公开渠道搜集的信息以及中财大绿金院内部数据库，得分结果如下（表1–2）。从长三角绿色金融发展指数的表现来看，长三角地区有效政策与有力市场相结合，推动了长三角绿色金融发展，在政策积极部署的同时，市场反应更为积极。

表 1–2　2023 年长三角绿色金融发展指数得分结果

总分	74.55		
单项分	政策：74.16		市场：76.49
特色得分	协同性：76.66	成长性：65.32	创新性：62.72

（二）长三角绿色金融发展指数分析

从总体情况来看，长三角地区绿色金融政策与市场保持了较好的联动性，政策部署积极、市场实践丰富。

在政策方面，长三角地区政策的出台较为密集。在 2021—2023 年评价周期内，四地省级绿色金融相关的综合类政策及专项类政策共出台 164 项，市级绿色金融相关政策出台 92 项。总体来看，省级层面四地政策发布数量较为均衡。在综合类政策设计方面，四省围绕全面推进省级碳达峰碳中和的发展主线，对绿色低碳、循环经济、减污降碳以及产业转型等关键领域各有侧重，为绿色金融如何更好地服务相关领域提供了明确的指导方向。

上海作为长三角地区唯一的直辖市，在绿色金融政策体系构建方面展现出了鲜明的区域特点，即绿色金融典型政策与区域优势及特色结合紧密。如2023年加大了在环境权益交易领域，尤其是碳金融相关领域的政策力度，通过对市场机制的完善进一步激励和引导社会资本流向绿色低碳领域。江苏省在绿色金融政策体系方面体现出较强的协同性与指导性。一方面，省级政策的制定将绿色金融与产业升级、结构调整紧密结合，产融协同特征显著。另一方面，以“绿金30条”为引领，以年度任务清单的形式推动全省绿色金融相关工作落地实施。浙江省政策体系的系统性、创新性特征较为显著，不仅表现在产业与金融政策的关联性强、不同主管部门间政策发布的协同性强，形成全省绿色发展合力；还表现在对绿色金融领域的新兴议题实践创新较为积极。安徽省政策布局加快推进，以“降碳减污扩绿增长”为目标引领，既聚焦绿色产业发展、生态廊道建设、生物多样性保护等融资需求，稳妥推进绿色金融改革创新，又立足资源禀赋与经济高质量发展诉求，全面推进建材、煤电、钢铁行业地方转型金融标准建设与实践创新。

在市（区）级绿色金融相关引导性政策体系层面，试点驱动的态势更为显著。上海市作为直辖市的行政区划，一定程度上能够更充分地发挥市级政策的传导力度和精度，即一方面通过市级层面的统一规划和部署，确保绿色金融政策的连贯性和有效性，另一方面在部分区县如浦东新区、虹口区，以特定领域的专项部署作为市级政策体系的有益补充，共同构成了上海绿色金融政策的多维格局。浙江省在市级政策体系构建方面展现出鲜明的多元性及特色化，各市多根据自身经济特点、产业结构和生态禀赋开展绿色金融改革创新的差异化机制探索，如2023年湖州市重点推进转型金融政策体系构建，衢州市围绕碳账户搭建碳信用评价、碳金融服务机制，丽水市以生态产品价值实现及气候投融资为政策端发力重点等。江苏省以无锡市、苏州市、南京市的政策出台最为密集，涵盖了绿色金融综合性指导意见、环境信息披露，重点创新议题如绿色普惠金融、生物多样性保护金融以及生态产品价值实现等方面。安徽省内各市立足绿色低碳试点建设，差异化推进绿色转型实践探索，如滁州市大力推进气候投融资体系建设，黄山市创新构建生物多样性保护相关融资体系，淮南市、淮北市全面推进煤电行业转型融资创新，马鞍山市积极推动钢铁行业转型金融产品创新，芜湖市持续推进绿色金融与科技金融融合创新发展。

在市场方面，长三角地区围绕信贷、债券、融资租赁、保险等多类型金融工具，以及转型金融、绿色普惠金融、气候投融资等多领域金融创新，开展多样化实践。

在绿色信贷方面，各地以人民银行地市分行与金融机构为主，形成合力释放市场活力。一方面在地方范围内用足用好碳减排支持工具，为市场创新绿色信贷产品和服务提供支撑；另一方面引导金融机构建立绿色信贷差别化利率定价机制，通过提高绿色客户成本补贴、设置利率优惠等措施，推动金融资源向绿色领域集聚。2023 年，长三角地区先后落地“碳汇贷”“低碳种植 / 养殖贷”“碳减排双挂钩贷”“绿色小微快贷”“碳账户贷”“绿色普惠担保贷”“*ESG* 表现挂钩贷款”等多项创新产品。

在绿色债券方面，受绿色债券“首单”热情退却、“漂绿”监管趋严以及存量项目减少等因素影响，2023 年全国普通绿色债券发行数量和规模“双降”。与 2022 年相比，上海、安徽及江苏三地绿色债券发行规模及存续规模均处于增长态势，上海市率先推出“长三角一体化发展示范区债”，推动区域绿色一体化发展由政策端向市场端迈进。江苏和安徽在转型债券、可持续发展挂钩债券、熊猫债及绿色金融债等方面有所创新，带动整体规模增速提升。浙江省 2023 年在绿色债券发行规模结构上趋于优化调整。在新发行绿色债券中，多数资金用于基础设施的绿色升级。

在产品与服务创新方面，上海市、安徽省多围绕“碳”要素等开展相关实践。上海市在碳资产抵质押贷款、保险以及绿色资产支持专项计划等领域展开市场实践，同时在绿色融资租赁方面积极布局，除传统的绿色交通及新能源领域外，在市场端展开绿色金融与数字金融的融合尝试。安徽省则以碳指标挂钩贷款、碳中和绿色资产支持计划等为市场亮点，同时积极探索推动特定地域单元生态产品价值（*VEP*）收益权质押贷款落地，为生态产品价值的实现提供新路径。浙江省、江苏省先后有各类碳资产转型债券、*ESG* 保险等创新型产品落地。此外，浙江省在数字人民币与绿色金融结合、江苏省在碳普惠绿色发展公益慈善信托方面的实践，均从市场层面进一步拓宽了绿色金融的应用场景。

具体来看，长三角地区三省一市绿色金融进展在协同性、成长性、创新性方面有其较为鲜明的特点。

一是在协同性方面，以浙江省、上海市为代表，从政策体系、标准体系、激励机制、绿色金融平台等配套措施多个方面全面发力，形成推动绿色金融发展的组合拳。浙江省将绿色金融标准体系作为深化绿色金融改革的重要抓手，在 2023 年前即已出台多项绿色金融专项团体标准，涉及绿色项目贷款标准、碳账户标准等，标准成果数量居全国各省（市）金融学会之首。在企业端，浙江省以绿色标准为指导，明确了一批绿色园区、绿色工厂、绿色骨干企业名单，以及绿色制造项目库、绿色建筑名单目录库等。在金融端，为解决银企信息不对称、沟通成本高昂等问题，浙江省不断加强省级部门间协同合作，以省内数据共享机制推动部门公共数据与金融行业数据的加速融合，绿色金融场景建设得到强化。如国家金融监督管理总局浙江监管局与浙江省生态环境厅合作，依托省级金融综合服务平台高效开放的信息共享模块，将全省 23 万家企业的环保信息纳入共享范围，支持银行机构实时查询调用数据，大幅提高了绿色信息共享效率。

上海市则以政策体系内部的协调性及部门间的协同性为基础，重点提升绿色相关政策传导效率、优化政策执行精细度。在政策体系构建上，上海市以 2021 年发布的“双碳”目标“1+1+*N*”政策体系为指导方针，在明确实施框架的同时，细化了各部门的职责和任务，确保政策的有效落地。同时，以规范性文件《上海银行业金融机构绿色金融评价实施细则》优化绿色金融激励约束机制，为金融机构明晰绿色金融相关业务指明方向，鼓励其加大对绿色金融政策倾斜力度，促使金融机构参考评价结果提升绿色金融工作质效，加强能力建设。在市场传导机制上，通过搭建绿色金融服务平台和大数据、云计算等先进技术的应用，集成政策发布、项目对接、产品展示、信息查询等多种功能，实现绿色项目与金融资源的精准匹配，有效降低了绿色金融的交易成本。此外，为巩固和深化绿色转型成果，上海市出台了地方性法规《上海市发展方式绿色转型促进条例》(以下简称《条例》)，从法律层面确定了上海发展方式绿色转型的基本框架，为相关配套制度的制定和实施提供了依据。《条例》的出台为上海市加快构建资源能源高效率利用、生态环境高水平保护和经济社会高质量发展相互协调促进的发展模式提供了坚实的法治保障，同时也明确了政府、企业和社会各界在绿色转型中的责任和义务，促进了多元共治格局的形成。

二是在成长性方面，以安徽省、江苏省为代表，近年来加快部署绿色金融工作，市场增速与活跃度实现显著提升。以绿色信贷为例，近年来三省一市绿色信贷增速均在 40% 以上，绿色信贷在各地贷款总额中的占比逐年提高，其中以安徽省和江苏省最具代表性。安徽省 2023 年绿色贷款占各项贷款比重较上年同期上升 2.5 个百分点，其中，国有商业银行安徽省分行绿色贷款余额同比增长 64.49%，凸显了绿色信贷投放“主力军”作用；股份制银行合肥分行绿色贷款同比增长 47.57%，持续释放绿色金融市场活力；辖内淮南、池州、淮北等市绿色贷款同比增速高达 77.61%、71.23%、71.13%，分别高出各项贷款增速 60.11、53.14、58.64 个百分点。2023 年，安徽省将徽商银行、合肥科技农村商业银行、马鞍山农商行等 3 家地方法人银行纳入碳减排支持工具支持范围，并加快《推动碳减排支持工具支持煤炭清洁高效利用专项再贷款运用的若干措施》政策落地。

江苏省绿色信贷余额连续两年居于全国首位，且始终保持增长态势，2023年绿色信贷占各项贷款比重较年初提升3.3个百分点，成为全国突破3万亿元的三个省份之一。在政策支持上，中国人民银行江苏省分行等部门发布《关于大力发展绿色金融的指导意见》等文件，为绿色信贷市场提供了有力的政策支持和规划指导。在授信方式上，江苏省大力推行多样化实践，先后推出“环保贷”“节水贷”“苏碳融”等品牌绿色政银产品，影响力不断扩大。在投向上，聚焦长江大保护、污染防治、“双碳”目标等重点领域。其中，2023年支持生态环境产业贷款余额6456亿元，较年初增长37%。支持清洁生产产业贷款余额2164亿元，较年初增长65%，充分说明了江苏省在推动绿色产业发展、促进经济绿色转型方面取得的积极成效，绿色市场活跃度有所提升。

三是在创新性方面，三省一市立足区域特点开展绿色金融特色化创新实践。上海由于金融基础扎实，政策支持力度大，在特色化创新实践方面具有较强的开拓性，先后有多个首单项目落地，如国家核证自愿减排量（*CCER*）质押数字人民币绿色贷款、转型金融贷款、“环强险”试点创新等。此外，上海亦将创新重点与自身国际金融中心区域定位优势相结合。先后有法国巴黎银行（中国）发放全球首笔《中欧共同分类目录》下的低碳制氢绿色贷款，汇丰银行推出支持国内企业的境内和跨境业务的绿色信贷基金，为中国绿色产业“走出去”提供金融支持。依托上海地方碳市场，中国银联和金融机构碳账户互通互认，实现绿色消费数据统一归集，为开展绿色消费评价、绿色信贷等业务提供有力支撑。中证上海环交所碳中和指数*ETF*被成功纳入内地与香港*ETF*互联互通机制，成为香港和海外投资者配置内地碳中和资产的重要工具，迈出了国际化重要一步。

江苏省作为长三角区域的“重要一翼”，经济总量大、产业基础雄厚，因此在绿色信贷、绿色债券市场中拥有较强的发展基础及创新能力。在《关于大力发展绿色金融的指导意见》及《江苏银行业保险业深化绿色金融服务行动方案》指引下，江苏省在绿色债券、绿色保险等领域开展的多元实践具有重要意义。一方面，指导金融机构做好绿色债券需求摸排和项目储备工作，创新推广蓝色债券、碳中和债券和可持续发展挂钩债券，拓宽绿色直接融资渠道；另一方面，支持银行保险机构加强协同作用，开发金融工具组合式创新模式。如苏州昆山市在全国首创运用保险—信贷联动模式开展绿色低碳金融参与社会和企业环保与运行风险的治理。此外，江苏省积极推动产学研用联动，依托科研机构的支持，探索并推出了绿色金融指数产品，进一步丰富了债券指数体系，有力促进了市场*ESG*（环境、社会与治理）投资产品的研发与推广。同时，江苏省也在积极探索环境科技在环境风险识别、保险定价及风险防控等领域的深入应用与研究，推动“保险＋科技＋服务”这一创新模式的实质性落地。

浙江省在湖州市、衢州市两大国家级绿色金融改革创新试验区的带动下，一方面积极推动绿色金融与普惠金融、转型金融、生物多样性金融、*ESG*等融合发展。如湖州市落地全国首批*ESG*保险，将企业*ESG*整体风险评价结果融入费率厘定过程，为企业提供“事前体检＋事中整改＋事后应对”的“一站式”配套服务，促进企业主动提升*ESG*风险管理水平。温州市洞头区“洞头诸湾·共富海上花园”*EOD*项目获国开行牵头银团融资授信，成为全国典型的海洋类*EOD*项目。另一方面，浙江省加快扩大依托碳排放权、排污权、用能权、林业碳汇等环境权益类金融产品与服务的覆盖面，以各地市特色化产业发展方向为产品、服务的创新突破点，探索构建适用性好、专业性强、衔接度高的绿色金融与转型金融配套体系，以满足更多主体的多元化绿色低碳融资需求。如衢州市探索开展“保险＋碳账户”金融服务套餐，立足工业、能源、农业、建筑、交通和居民生活六大领域碳账户，从体制、产品、服务三个维度开展创新，围绕应用场景、行业领域开展实践，为市场主体提供阶梯式、差异化的金融产品服务支持。此类示范项目的成功实施不仅为当地经济社会发展注入了绿色动力，也为全省乃至全国的绿色金融发展提供了可借鉴的经验和模式。

安徽省则立足丰富的农业和自然资源，聚焦农业发展和生态保护，积极推动构建多层次的绿色金融组织体系，加快绿色金融产品和服务创新。在管理机制优化方面，实施“优先受理、优先审批、优先投放、优惠利率”的保障措施，引导金融资源向绿色领域倾斜。在配套体系完善方面，安徽省以生态资源丰富的安庆市、黄山市为先行，围绕生态产品价值实现领域“*EOD*”模式及“*VEP*”核算等，以标准及指引为金融产品落地提供制度遵循。在推动金融产品丰富化、多元化发展方面，安徽省重点响应农业高质量发展需求，创新开发了农产品溯源保证保险，优质农产品品质保证保险，碳汇保险，茶园病虫害绿色防控保险，高标准农田保险，农业雇主责任保险，水稻高温热害、桃低温冻害和蓝莓天气指数保险等一系列涉农保险。同时在债券领域，依托省内新能源汽车产业基础，发行全国汽车金融公司首单绿色金融债券。开创了“绿色债 + 熊猫债 + 债券通”的组合模式，帮助境外企业提升其在境内节能环保产业的市场占有率、扩大覆盖面。

综上所述，长三角地区多元化、特色化的创新实践不仅促进了地方经济的绿色发展，还有效提升了金融服务实体经济的效率与广度，为实体经济高质量发展提供了更加精准、多元化的风险保障和金融支持。

第二章

长三角三省一市绿色金融发展分析

一

上海市绿色金融发展分析

近年来，上海市绿色金融建设取得积极进展，尤其是自《上海加快打造国际绿色金融枢纽 服务碳达峰碳中和目标的实施意见》出台以来，市场发展提速，陆续出现了多项推动绿色金融发展的具体举措与产品或服务。当前，上海市依托活跃的金融市场与丰富的金融资源，积极深化创新实践，正在全力打造国际绿色金融枢纽。

（一）政策体系

1. 逐步完善的绿色发展政策体系

建立了“碳达峰”“碳中和”的“1+1+N”政策体系，形成绿色发展的总体框架。为深入落实《中共中央 国务院关于完整准确全面贯彻新发展理念做好碳达峰碳中和工作的意见》，上海市人民政府于 2022 年 7 月出台了上海市“1+1+N”政策体系的核心纲领文件，即《中共上海市委上海市人民政府关于完整准确全面贯彻新发展理念做好碳达峰碳中和工作的实施意见》和《上海市碳达峰实施方案》（以下简称《实施方案》）。整体来看，上海市在纲领性政策中强调了产业转型和能源结构优化的重要性，提出以“全国统筹、节约优先、双轮驱动、内外畅通、防范风险”为原则，以系统性、前瞻性的布局推动碳达峰、碳中和目标的实现。在《实施方案》中，上海市从降低城市碳排放、实现城乡建设领域碳达峰的角度，提出加快构建与超大城市相适应的清洁低碳安全高效的现代能源体系和新型电力系统，并在建筑能耗监测、公共建筑能耗管理、低碳低能耗建筑推广等方面提出具体要求。

在两份顶层政策的框架下，上海市政府相关部门陆续制定并出台了一系列配套文件，紧密围绕“双碳”工作部署，建立了多维、立体、系统的政策体系。同时，在区级层面，以行动计划和实施目标为引导，强化顶层政策的贯彻落实。如虹口区人民政府发布《虹口区碳达峰实施方案》，组织实施“碳达峰八大行动”，提出打造“上海北外滩、浦江金三角”，鼓励金融机构率先开展金融产品和服务创新。宝山区人民政府发布《中共上海市宝山区委员会上海市宝山区人民政府关于建设全市绿色低碳转型样板区的实施意见》，强调围绕创新策源，以绿色金融工具创新与激励机制为支撑，加快打造新型研发矩阵，建设绿色低碳科研新高地。普陀区人民政府发布《普陀区碳达峰实施方案》，组织实施“碳达峰九大行动”，强调优化产业结构和能源结构，提升重点行业能源利用效率。

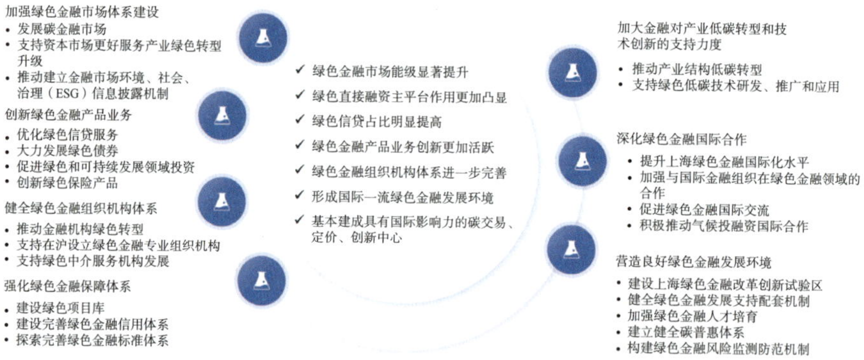

图 2–1 《上海加快打造国际绿色金融枢纽 服务碳达峰碳中和目标的实施意见》政策要点

2. 围绕建立国际绿色金融枢纽出台专项政策

定位国际绿色金融枢纽，上海市出台了绿色金融的顶层设计，明确发展要求。2021 年 8 月，上海市人民政府发布《上海国际金融中心建设“十四五”规划》，首次提出“国际绿色金融枢纽”的定位和目标。同年 10 月，上海市人民政府印发《上海加快打造国际绿色金融枢纽 服务碳达峰碳中和目标的实施意见》(以下简称《实施意见》)，作为上海市发展绿色金融的顶层设计，《实施意见》从加强绿色金融市场体系建设、创新绿色金融产品业务、健全绿色金融组织机构体系等 7 个方面提出 24 项举措，加快打造国际绿色金融枢纽。

在顶层设计的框架下，2022 年 12 月，原上海银保监局等八部门联合印发《上海银行业保险业“十四五”期间推动绿色金融发展 服务碳达峰碳中和战略的行动方案》(以下简称《行动方案》)，全面助力上海营造国际一流绿色金融发展环境，推动国内外绿色金融标准趋同，支持上海市提升国际金融中心服务水平。从政策特点来看，政策基础、政策目标、政策路径等体现了上海市金融要素市场活跃、金融资源集聚度高、科技产业基础雄厚、对外开放程度高等独特优势和有利条件，也体现出上海市将如何利用优势条件积极部署绿色金融发展战略、深化绿色金融创新实践、深入探索绿色金融合作模式的具体做法。如《行动方案》提出“到 2025 年，上海各银行保险机构在绿色金融政策制度、组织架构、流程管理、气候与环境风险管理等方面取得显著成效，基本建成与碳达峰相适应的绿色金融生态服务体系”的发展目标，这对于地方金融机构的发展水平提出了较高的要求；同时也提出了推动绿色金融衍生工具发展的行动目标，这有赖于更加活跃的金融市场。

专栏 2–1　2023 绿色金融北外滩论坛在虹口区成功举办

2023 年 12 月 10 日，由上海市虹口区人民政府、上海市地方金融监督管理局支持，绿色金融 60 人论坛主办的“2023 绿色金融北外滩论坛”在上海虹口成功举办。本次论坛以“践行绿色低碳发展理念、打造国际绿色金融枢纽”为主题，立足服务国家“双碳”战略实施，聚焦全球气候变化下绿色低碳转型路径，探讨中国绿色金融体系的建设与完善，推动上海国际绿色金融枢纽建设和服务能级提升，构建绿色低碳高质量发展新格局。围绕“上海国际绿色金融枢纽建设与能级提升”，专家从定期进行评估分析、持续完善政策标准、加快绿色金融产品创新、坚持走高水平开放道路、同国际组织开展合作等维度提出针对性建议[①]。

3. 开展转型金融的试点探索

构建转型金融目录，引导金融支持重点行业发展方式的绿色转型。2023 年，上海市第十六届人民代表大会常务委员会第九次会议通过《上海市发展方式绿色转型促进条例》，从法规层面强化了绿色转型。在金融方面，上海市以《上海市转型金融目录（试行）》（以下简称《目录》）为抓手开始布局转型金融。上海作为经济中心城市，在钢铁、建筑建材、石油加工、化学原料及化学制品制造等领域面临转型升级的需求。同时，上海又是全球金融要素市场最齐备的城市之一，聚集了股票、债券、期货、货币等各类金融要素市场，为转型金融的发展奠定了良好的生态基础。在《目录》的指导下，金融机构不断推动转型金融产品创新，如交通银行成功落地上海市水上运输业首笔转型金融贷款，完成 7.5 亿元转型金融贷款的投放；浦发银行完成春秋航空股份有限公司 3.1 亿元转型贷款业务；中国太保与上海农商银行创新落地全国首笔“保险 + 转型金融贷款”，是银行和保险机构在全国转型金融领域的首次跨界合作。

① 2023 绿色金融北外滩论坛在虹口区成功举办［EB/OL］.［2023–12–11］https：//www.shanghai.gov.cn/nw15343/20231211/0e46e3c2ea9d453a9cfc6c4a39ff26c8.html.

专栏 2-2 《上海市转型金融目录（试行）》简介

2023 年 12 月，上海市地方金融监管局（原）等四部门共同发布了《上海市转型金融目录（试行）》(以下简称《目录》)，该《目录》于 2024 年 1 月 1 日起正式生效。《目录》综合考量国情及上海市当地发展情况，同时兼顾产业发展、碳排放情况、行业转型基础等因素，将水上运输业、黑色金属冶炼和压延加工业、石油加工业、化学原料及化学制品制造业、汽车制造业和航空运输业等六大行业纳入首批支持行业。《目录》参考国家及本市减排目标，为各行业设定降碳准入值和先进值作为申请转型金融支持的挂钩指标，进一步为金融机构识别转型活动并丰富转型金融产品提供了参考和支持，在防止“假转型”的同时推动绿色金融与转型金融有效衔接、推进“双碳”目标的实现①。

4. 探索性推进绿色金融支持生物多样性

领先探索生物多样性金融，并强调长三角区域协作。2021 年，上海市成为联合国开发计划署生物多样性金融倡议（BIOFIN）中国项目的第一个试点城市，开始探索性地围绕生物多样性部署相关工作。2022 年 11 月，上海市出台了《关于进一步加强生物多样性保护的实施意见》，指出要积极探索生物多样性保护的绿色金融机制，支撑生态友好、绿色可持续发展，强化生物多样性保护、绿色金融、碳排放权交易等领域技术协作和成果共享，推动长三角生态绿色一体化发展示范区率先形成生物多样性共保机制。同年，上海浦东新区将生物多样性金融写入《上海市浦东新区绿色金融发展若干规定》，指出“鼓励金融机构响应国际国内生物多样性金融相关倡议，利用国际绿色金融合作框架，参与生物多样性金融示范项目”“浦东新区人民政府鼓励金融机构创新业务模式，加强区域协作，参与生物多样性金融示范项目”。

① 周艾琳．上海发布转型金融目录，更好识别转型动作、谨防企业“假转型”［EB/OL］.［2024-1-31］.https：//www.yicai.com/news/101978485.html.

专栏 2–3　生物多样性金融倡议（BIOFIN）[①]

生物多样性金融倡议（BIOFIN）是由联合国开发计划署提出的用于支持各国促进生物多样性保护投融资，实现国家生物多样性保护目标的重要文件，旨在促进各国制定科学的《生物多样性投融资计划》，加强生物多样性保护的国家、区域和全球对话，使各国在实现生物多样性目标的过程中，摆脱由于投资不足造成的推进障碍。目前，生物多样性金融倡议不仅限于融资，还包括资金和资产的管理，包括调整对生物多样性有害的资金资源、避免未来不必要的支出，以及提高资金使用效率等，强调需要多部门多利益相关方参与和系统性改革。其核心目标是实现生物多样性的真正改善和使当地社区受益，降低风险并推动可持续发展。国际上，生物多样性金融（BIOFIN）已在 132 个国家开展工作。

联合国开发计划署生物多样性金融倡议（BIOFIN）中国项目于 2021 年 6 月 17 日在北京正式启动。该倡议旨在通过更好地利用现有资源，将资源从有损生物多样性的领域重新分配到对其有益的领域，及早采取行动减少对未来投资的需求，并撬动额外的资源，减少生物多样性融资缺口。在国内，上海市生态环境局在 2021 年与联合国开发计划署建立了项目合作机制，并与山东省生态环境厅一起，共同成立了 BIOFIN 中国项目指导委员会。上海市作为中国第一个试点城市，率先在 BIOFIN 框架下推进相关工作。

5. 围绕环境权益融资、碳普惠等出台专项政策

近年来上海市围绕环境权益融资、碳普惠等专项议题出台针对性政策，强化实施指导。2021 年 12 月，中国人民银行上海市分行等部门联合印发《上海市碳排放权质押贷款操作指引》，初步厘清了碳排放权质押的各个环节和流程，支持金融机构在碳金融领域积极创新实践，也为其他环境权益融资业务提供了参考。2022 年 6 月，上海市水务局等部门联合印发《关于在全市范围内开展“节水惠”贷款业务的通知》（以下简称《通知》），《通知》指出要支持节水技术改造、供水（原水）管网（系统）改建和漏损

① 联合国开发计划署生物多样性金融中国项目（BIOFIN China）正式启动 https：//www.undp.org/zh/china/press-releases/lianheguokaifajihuashushengwuduoyangxingjinrongzhongguoxiangmubiofin-chinazhengshiqidong.

控制、非常规水源利用（雨水、再生水、海水利用等）等，通过保障信贷资源、优化授信方案、合理确定贷款期限、实施利率优惠、创新担保方式、建立绿色通道等方式提供专项金融服务，同时中国人民银行上海市分行将对符合条件的“节水惠”贷款提供再贷款资金支持。

2023年，上海市围绕排污权融资、碳市场回购交易等继续出台规范性指导政策。2023年10月25日，上海市发布《上海市排污权有偿使用和交易实施方案》（征求意见稿），对排污权有偿使用和交易的实施范围和主要任务进行了明确，强调要规范开展排污权确权，分级建立排污权储备，加快建设排污权交易平台和综合管理平台，并鼓励开展排污权抵质押融资业务。同年11月，上海环境能源交易所发布《上海碳市场回购交易业务规则》，推出上海碳市场回购交易业务，从回购交易、风险管理、异常情况及违约处理四个方面明确了碳市场回购交易业务的要求，增强了碳市场的流动性，助力多层次碳市场体系建设。政策与市场相互促进，2023年上海地方碳市场交易规模同比大幅增长，累计及年度交易继续保持同业领先。

专栏2-4 《上海碳市场回购交易业务规则》要点

为进一步深化上海碳市场发展，增强碳金融服务能级，为全国碳金融探索先行先试，助力多层次碳市场体系建设，上海环境能源交易所（简称“交易所”）拟在已有借碳、碳质押、碳远期等碳金融工具的基础上，推出上海碳市场回购交易业务（简称“碳回购交易”）。该规则根据《上海市碳排放管理试行办法》《上海环境能源交易所碳排放交易规则》等相关法律法规制定，旨在规范上海碳市场回购交易行为，维护正常市场秩序，保护交易参与者合法权益。

一、定义

回购交易是指交易的一方（初始卖出方）将持有的产品卖给另一方（初始买入方）的同时，约定在未来某一日期再由初始卖出方以约定价格从初始买入方购回该笔产品的交易行为。

二、交易标的与参与主体

交易标的：在上海碳排放现货交易系统（以下简称“交易系统”）上市交易的上海碳排放配额（以下简称“配额”）、减排量以及其他现货品种。

参与主体：回购交易参与者应具备交易所会员资格。初始买入方需满足实缴资本不低于1000万元等条件，并在首次参与回购交易前向交易所申请回购交易资格。减排量申请主体或减排场景开发主体可以直接作为回购交易初始卖出方，不受会员资格要求限制。

三、交易规则与流程

回购数量与价格：单笔回购交易的数量应当为1万吨及以上，且不得进行拆分处理。初始及购回交易价格由双方在协议中约定，不计入当日收盘价。回购交易仅统计交易量与成交金额。纳管企业参与回购，回购交易标的如果为当年用于履约的配额，回购交易日不应晚于当年清缴截止日前三个交易日。

四、风险管理与保障措施

交易所提供冻结产品、冻结保证金、监控履约保障比例三种风险管理措施，双方自行协商选择适用类型。在回购交易协议中约定其他风险管理措施的，双方自行承担风险管理责任。

五、违约处理

双方未按约定购回时间完成购回交易的，应及时向交易所报告。回购交易发生违约，双方应按回购交易协议中约定的违约责任承担方式自行协商解决。双方经协商无法达成一致的，可按约定或法律规定采取仲裁、诉讼等违约救济方式。

此外在碳普惠方面，2023年9月，上海市生态环境局出台了碳普惠“1+4”政策文件，即《上海市碳普惠管理办法（试行）》以及《上海市碳普惠方法学开发与申报指南（试行）》《上海市碳普惠减排项目和减排场景开发与申请指南（试行）》《上海市碳普惠减排量交易规则（试行）》《上海市碳普惠碳积分使用指引（试行）》等4个配套文件，明确了上海碳普惠体系的适用范围、职责分工、业务流程等内容，进一步推动建立绿色低碳生产生活方式的正向激励机制。在政策引导之下，浦发银行举办“中国国际碳交易大会”，建设银行发布“建碳惠行”项目，上海银行“绿色普惠担保贷款”亮相碳博会，多方联动积极推动上海碳普惠的创新实践。

表 2–1　上海市涉及绿色金融的相关政策一览（2021—2023 年）

出台时间	政策名称	政策内容	出台部门
2021	《上海市碳排放权质押贷款操作指引》	从贷款条件、碳排放权价值评估、碳排放权质押登记、质押物处置等方面提出 20 条具体意见，厘清碳排放权质押的各环节和流程，支持金融机构在碳金融领域积极创新实践	中国人民银行上海市分行、上海银保监局（原）、上海市生态环境局
2021	《上海国际金融中心建设“十四五”规划》	提出了 1 个总体目标和 6 个具体目标。总体目标为：到 2025 年，上海国际金融中心能级显著提升，服务全国经济高质量发展作用进一步凸显，人民币金融资产配置和风险管理中心地位更加巩固，全球资源配置功能明显增强，为到 2035 年建成具有全球重要影响力的国际金融中心奠定坚实基础。6 个具体目标可概括为打造“两中心、两枢纽、两高地”	上海市人民政府

续表

出台时间	政策名称	政策内容	出台部门
2022	《关于深入打好污染防治攻坚战 迈向建设美丽上海新征程的实施意见》	完善生态环境经济政策。加强环境保护税征收与排污许可、环境执法等的衔接，落实环境保护、节能节水等企业所得税优惠政策。发展绿色信贷、绿色债券、绿色基金，实施环境污染强制责任保险制度。完善绿色电价政策，逐步调整污水处理费征收标准，完善生活垃圾等固体废物处理收费机制。推动排污权、用能权、碳排放权市场化交易。实施企业环境保护信用评价，健全多部门信息共享和联合惩戒制度。完善生态保护补偿制度	中共上海市委、上海市人民政府
2022	《关于在全市范围内开展“节水惠”贷款业务的通知》	引导金融机构为用水企业、节水项目和节水服务提供便捷优惠的金融支持，引导金融资本、社会资本更多地投入节水领域，推动实体经济复工复产和绿色低碳发展	上海市水务局、中国人民银行上海分行
2023	《上海碳市场回购交易业务规则》	明确了回购交易的定义、交易标的、参与时间、回购数量和价格期限流程、风险管理情况、违约处理、收费标准	上海环境能源交易所

续表

出台时间	政策名称	政策内容	出台部门
2023	《上海市转型金融目录（试行）》	以申建国家绿色金融改革创新试验区为契机，发挥上海独特优势，先行探索推进转型金融创新发展，加快对接国际标准框架，丰富了转型金融产品供给。统筹国情与上海市情，将六大行业纳入首批上海转型金融目录支持行业突出创新与特色，探索转型金融“上海方案”以正面清单为主，指明行业范围、降碳路径、技术，以使用说明原则兜底为辅，对于采用《目录》外降碳路径和技术但符合相关条件的转型主体，允许其参照《目录》申请转型金融支持。同时，使用说明建立差异化信息披露分级体系。值得一提的是，《目录》参考国家及本市减排目标，为各行业设定降碳准入值和先进值，作为申请转型金融支持的挂钩指标，防止出现“假转型”	上海市地方金融监管局、中国人民银行上海市分行、国家金融监管总局上海监管局、上海市发展改革委等

续表

出台时间	政策名称	政策内容	出台部门
2021	《上海加快打造国际绿色金融枢纽服务碳达峰碳中和目标的实施意见》	以实现碳达峰、碳中和目标为引领，将绿色发展理念与上海国际金融中心建设紧密结合，到2025年，上海绿色金融市场能级显著提升，绿色直接融资主平台作用更加凸显，绿色信贷占比明显提高，绿色金融产品业务创新更加活跃，绿色金融组织机构体系进一步完善	上海市人民政府
2021	《上海银行业金融机构绿色金融评价实施细则》	明确绿色金融评价对象为上海银行业金融机构法人，当前纳入评价范围的绿色金融业务包括境内绿色贷款和境内绿色债券，绿色金融评价工作每季度开展一次，评价结果纳入央行金融机构评级。根据《实施细则》，绿色金融评价指标包括定量和定性两类，其中，定量指标权重80%，定性指标权重20%	中国人民银行上海市分行

续表

出台时间	政策名称	政策内容	出台部门
2022	《上海市浦东新区绿色金融发展若干规定》	上海市首次运用立法变通权在金融领域的有益尝试，为推动浦东新区绿色金融创新发展、打造社会主义现代化建设引领区提供了强有力的法治保障，也是浦东推进国际金融中心核心区建设，推动经济社会发展全面绿色转型的重大突破	上海市人民政府
2023	《上海银行业保险业“十四五”期间推动绿色金融发展 服务碳达峰碳中和战略的行动方案》	提出到2025年，上海银行业保险业将基本建成与碳达峰相适应的绿色金融生态服务体系，形成一批绿色金融行业标杆	上海银保监局（原）和上海市发展改革委等八个部门

（二）市场进展

1. 绿色信贷：2023年同比增长41.8%

2023年，上海市绿色贷款稳步增长，截至12月末，上海市全部金融机构绿色贷款余额为11947.27亿元，同比增长41.8%。全部绿色贷款占上海市本外币各项贷款规模的10.7%，较去年同期上升2.5个百分点。从近三年数据看，绿色贷款余额、绿色贷款占本外币贷款比例均呈稳步上升趋势。2021—2023年，上海市绿色贷款余额分别为6041.09亿元、8423.87亿元和11947.27亿元，绿色贷款占本外币贷款比例分别为6.29%、8.17%和10.70%。

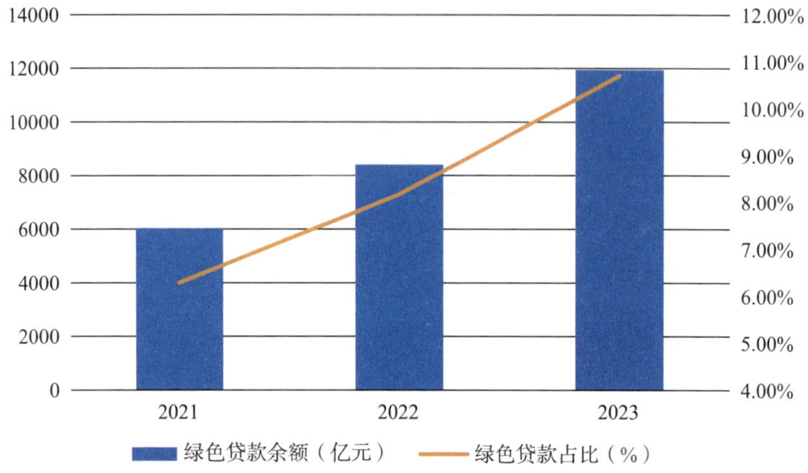

图 2-2　2021—2023 年上海市绿色贷款余额及其占比

绿色信贷定价优势渐显。一方面，2023 年参与上海市金融机构评价的 30 余家机构建立了差异化绿色信贷定价机制，进一步推动了绿色信贷定价优势的形成。另一方面，碳减排支持工具发挥了积极作用。2023 年上海市共有 7 家银行被纳入碳减排支持工具支持范围，此举有助于相关银行为具有显著碳减排效应项目提供较低成本的资金支持，扩大了获益项目范围。截至 2023 年末，上海市已累计发放符合碳减排支持工具要求的贷款 265 亿元。鉴于该专项货币政策工具将延续至 2024 年末，预计将有更多的地方性金融机构及外资金融机构被纳入碳减排支持工具的金融机构范围，政策惠及面有望进一步扩大[①]。

当地银行围绕可持续发展与碳减排创新多项绿色信贷产品。在推动可持续发展方面，2023 年中信银行上海分行牵头筹组国内首笔“可持续发展挂钩和绿色专项”分组银团贷款，关键绩效指标（KPI）聚焦于借款人招商局融资租赁（上海）有限公司及母公司环境友好项目总数和专精特新企业

① 中信银行上海分行牵头筹组国内首笔“可持续发展挂钩和绿色专项”分组银团贷款［EB/OL］.［2023-02-07］.https：//finance.sina.com.cn/roll/2023-02-07/doc-imyewcsr2932390.shtml.

数目，可持续发展绩效目标（SPT）为贷款期内环境友好项目总数相较于2021年基准年末上涨65%，根据实际情况动态挂钩价格调节。绿色银团的投放资金将用以支持高效照明产品、光伏发电、农村人居环境整治、新能源车电池材料和智能电网项目等国家鼓励绿色信贷领域的21个项目[①]。推动碳减排方面，2023年申能集团财务有限公司落地了上海地区首单“减碳贷”碳减排激励贷款，该贷款通过碳减排情况与贷款定价相挂钩，激励项目优化碳排放管理。

除产品创新外，上海金融机构还持续完善自身绿色信贷服务体系。如泰隆银行上海分行不断优化绿色金融体系，建立了绿色信贷管理系统、绿色再贷款专项资金等绿色金融业务配套机制，为绿色信贷业务开展提供保障；该分行还积极推动绿色小微信贷业务开展，主动下沉农村市场，助力农村生态产业发展及生态保护[②]。交通银行将客户ESG表现作为尽职调查的重要内容，并将ESG风险嵌入项目评估审查和审批流程，强化绿色信贷内控管理。

2. 绿色债券：绿债市场逆势扩张

2023年，上海市新发行普通绿色债券（不含资产支持证券）规模达858.9亿元，较去年同期增长64.07%，增速较前一年有所放缓。新发行绿色债券数量为34只，较去年同期略有增加。2023年，在全国新发行绿色债券规模缩减的背景下，上海市仍维持了绿债市场的扩张态势，其中绿色金融债是关键。与2022年的债券结构一致，2023年上海市新发行的绿色债券中，发行规模最大、数量最多的仍是绿色金融债，共募集资金695亿元，绿色金融债发行规模较去年同期增长超一倍。此外，绿色债务融资工

① 发挥园区头雁效应 锻造绿色金融品牌——临港集团落地上海首单可持续发展挂钩国际银团人民币贷款［EB/OL］.［2022-03-29］.https：//www.shlingang.com/lg1/lingangjituan/xwzx/focusnewarea/202203/t20220330_25172.shtml.

② 泰隆银行上海分行：践行绿色小微，“贷”动可持续发展［EB/OL］.［2023-05-12］.https：//m.yicai.com/news/101754908.html.

具（含中期票据、短期融资券）也保持增长，2023年上海市共发行绿色债务融资工具120.9亿元，同比增长13.52%。从募集资金投向来看，上海市新发行绿色债券募集资金用途结构与2022年基本保持一致，募集资金“以多个领域投向为主”的债券规模最大，共计332亿元，其次是清洁能源产业，共有20只债券的募集资金用于该领域，资金规模达119.9亿元。

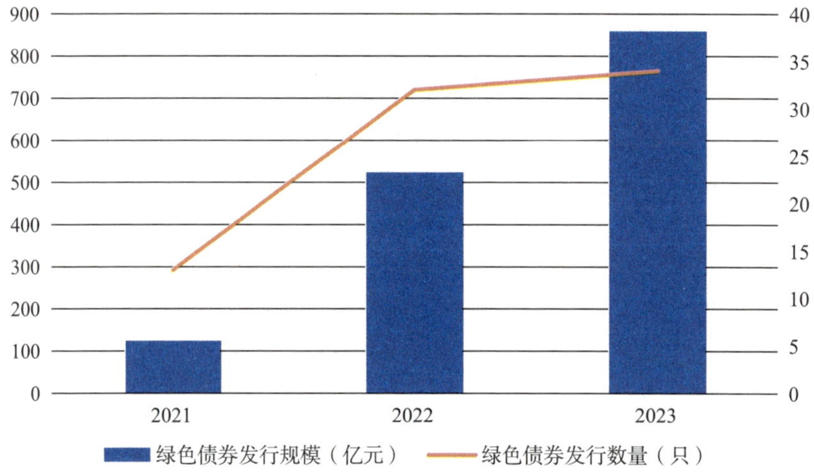

图2-3　2021—2023年上海市绿色债券发行规模及数量

数据来源：中央财经大学绿色金融国际研究院绿色债券数据库

绿色资产支持证券、绿色双币种自贸区离岸债券等是上海市具有代表性的绿色债券。2021年4月，专项用于“碳中和”的融资租赁类资产支持证券（ABS）产品在上海落地，该产品由国泰君安资管公司作为计划管理人，募集资金主要用于支持“碳中和”的绿色产业领域业务发展。此后，绿色个人汽车抵押贷款资产支持证券、工程尾款绿色资产支持专项计划产品等创新绿色ABS产品陆续在上海成功落地。2022年10月，上海临港集团发行了绿色双币种自贸区离岸债券，其中人民币募资规模达10亿元，欧元募集规模达5000万元，募集资金将用于临港新片区重点开发及绿色发展[①]。此外，上海还针对绿色债券发布跟踪指数，如 2023 年 5 月，浦东新区正式发布了“中证浦东新区绿色主题信用债指数”，该指数是全国首个聚焦区域发展的绿色债券指数，其发布将提升资本市场对浦东新区绿色转型贡献较大的公司的关注度，进一步推动区域内企业绿色转型。

专栏 2-5 中证浦东新区绿色主题信用债指数发行情况

2023 年 5 月，中证浦东新区绿色主题信用债指数正式发布。该指数从沪深交易所及银行间市场上市的债券中，选取 100 只注册地为上海市浦东新区，对环境、社会、公司治理表现评价较高的发行人所发行的信用债、绿色转型贡献领域发行人所发行的信用债及绿色信用债作为指数样本，样本规模约 1500 亿元，是境内首只区域绿色主题债券指数。该指数以 2015 年 12 月 31 日为基日，以 100.0 点为基点。从债项评级分布来看，中证浦东新区绿色主题信用债指数持仓 1.04% 为“AA+”级债券，98.96% 为“AAA”级债券[②]。截至报告期（2024 年 11 月），中证浦东新区绿色主题信用债指数报 136.02 点，近一个月上涨 0.39%，近三个月上涨 0.40%，截至目前，表现态势良好。

该指数的样本集中在浦东高新技术行业和绿色低碳领域，有助于直观反映浦东先进生产力发展情况，充分彰显浦东“绿色发展”示范引领效应；同时，该指数通过定期调整方式与时俱进，不断纳入符合规则要求的优质证券，成为绿色引领“风向标”，有助于提升资本市场对浦东绿色转型贡献较大及 ESG 评价较优公司的关注度。

3. 绿色保险：加快落实服务“双碳”目标的行动方案

2022 年，上海市发布了《上海银行业保险业“十四五”期间推动绿色金融发展 服务碳达峰碳中和战略的行动方案》，从发展战略、推进机制、服务产业、创新实践等多方面提出银行业保险业绿色金融发展重点目标与要求。在政策引导及市场自发创新中，2023 年，上海保险业取得诸多成效。

① 新民晚报 . 临港集团成功发行首单绿色双币种自贸区离岸债券［EB/OL］[2022-10-28] .https：//www.shlingang.com/lg1/lingangjituan/xwzx/jtdt/202210/t20221028_27084.shtml.

② 中证浦东新区绿色主题信用债指数报 136.07 点［EB/OL］.［2024-11-14］.https：//www.163.com/dy/article/JGVLQ0OU0519QIKK.html.

在战略规划层面，各保险机构积极建立健全绿色金融发展规划并完善相关组织建设。例如大都会人寿在投资端将ESG投资理念融入企业投融资政策，在运营端融入绿色办公理念，全方位推动绿色战略布局。在服务重点领域方面，聚焦绿色能源、绿色交通、减污降碳、生态环境保护，以及碳市场建设和“碳普惠”推广等关键领域开展多种创新；中国太保产险上海分公司深度参与大型能源集团的光伏、风电、核电等项目；平安产险上海分公司创新绿色保险供给，2023年绿色保险业务整体规模超30亿元，为客户和社会提供近5万亿元的风险保障，并落地多项绿色新型保险产品；英大财险上海分公司聚焦光伏行业，创新开发分布式光伏发电量损失补偿保险，打破保险公司无法通过传统方式对新型风险进行承保的壁垒，探索推进“储能系统容量衰减损失补偿保证保险”，切实保障新建储能系统实际容量低于购销合同约定容量标准所造成的直接损失。此外，2023年浦东新区落地碳资产回购履约保证保险。

专栏2-6　浦东新区碳资产回购履约保证保险概述

2023年11月，在第六届中国国际进口博览会期间，中国太保产险上海分公司与上海环境能源交易所携手，为申能碳科技与中信证券、中金公司的碳资产回购交易提供保险服务。这一合作成功落地了《上海碳市场回购交易业务规则》发布后首单碳资产回购履约保证保险业务，也是全国首例保险公司联合券商为实体企业提供碳回购短期资金融通和保险保障的综合金融服务方案。

碳资产回购是碳资产的持有人为盘活碳资产，将碳资产出售给符合条件的资金提供方，并约定在一定期限后按照约定价格购回所售碳资产，以获得短期资金融通的碳市场融资手段。碳资产回购履约保证保险则是针对碳资产回购交易中可能出现的违约风险设计的专属碳保险。当正回购方未能履行回购义务时，该保险为逆回购方提供损失补偿，确保交易各方的权益得到保障[①]。

① 助力“零碳进博”中国太保创新碳资产回购“证保”模式［EB/OL］.［2023-11-14］. http：//www.cbimc.cn/content/2023-11/14/content_499979.html.

4.ESG 投资：占同期全国 ESG 基金规模的 42.27%

2023 年，受证券市场波动影响，全国 ESG 基金整体规模有所减少。中央财经大学绿色金融国际研究院 ESG 数据库显示，截至 2023 年末，全国 ESG 基金规模为 6,303.19 亿元，同比减少 19.32%。其中，注册地在上海的基金管理人 ESG 基金规模为 2,664.06 亿元，占同期全国 ESG 基金规模的 42.27%；基金规模同比减少 22.47%，占比同比减少 3.9%。虽然 ESG 基金规模整体有所收缩，但 2023 年上海市 ESG 投资生态体系持续完善。一方面，被投企业、上市公司持续完善信息披露和加强 ESG 管理；另一方面，资产管理人积极落实 ESG 相关制度规划，推进 ESG 投资领域创新。从上市企业 ESG 报告披露情况来看，2023 年注册地址在上海的上市企业中，披露 ESG 报告的数量为 222 家，同比增加 12.69%，占全国披露 ESG 报告企业数量的 14.91%，呈逐年上升的良好趋势。从基金公司 ESG 能力建设情况来看，注册地在上海的基金公司表现得颇为积极。例如国投瑞银发布的《2023 年中国资管行业 ESG 发展研究报告》，为国内资管行业践行 ESG 投资提供了借鉴；兴证全球基金不仅发布《兴证全球基金 2023 年度碳中和报告》，还与企业、学界、ESG 研究机构等合作，共同探讨 ESG 和可持续低碳投资议题。

5. 绿色租赁：绿色租赁资产保持稳步增长

2023 年，上海地区绿色租赁资产稳步增长。截至 2023 年 12 月末，上海全部绿色租赁新增投放 3076.10 亿元（其中：金融租赁 1213.00 亿元，融资租赁 1863.10 亿元），余额 6618.17 亿元（其中：金融租赁 3172.00 亿元，融资租赁 3446.17 亿元），同比增长 2.76%；全部租赁公司全年累计发行绿色债券 48 只，发行规模为 446.96 亿元，同比增长 70.35%。

上海租赁业企业积极拓展业务范围，全面推动绿色发展。在绿色交通方面，上海农商银行集团旗下长江金租深度参与新能源换电重型卡车项目，通过与集团“银租联动”，推动交通领域碳减排。在该项目投放过程中，长江金租基于换电重卡的发展潜力以及清洁电力的市场需求，为客户提供针对性融资租赁方案，以电池回租资金支持推动“电池租赁、车电分离”的绿电交通可持续发展，实现租赁物和资金用途“双绿”，赋能交通运输业的绿色转型。2023 年 10 月，该项目获得了首届长三角融资租赁发展大会“长三角融资租赁优秀案例”[①]。此外，多家租赁企业深度布局新能源方面，如中核租赁大力推进“渔光互补”“农光互补”等光伏项目开发，2023 年在光伏、风电、水电及储能等清洁能源领域的投放金额超过 100 亿元，占总投放金额的 95% 以上。中电投融和融资租赁有限公司 2023 年在新能源领域新增投放规模超 400 亿元，并落地全球首例 120 万吨氢冶金示范工程、全国首个光伏行业点对点工业气体项目等。

此外，为更好地适应绿色租赁资产规模迅速增加、管理规模和需求持续升级的趋势，租赁公司也加快了绿色金融与数字金融的融合尝试。如中航国际融资租赁有限公司积极推进新能源管理平台——新能源电站在线系统的建设，通过数智化平台系统实现用科技为新能源资产保驾护航的目标。

6. 环境权益市场：地方碳排放权市场引领多市场发展

上海市试点碳排放权交易自 2013 年启动以来，目前已经运行十余年，市场机制相对成熟，2023 年度上海试点碳市场纳管企业继续顺利完成碳排放配额清缴，创造了连续 11 年 100% 履约的纪录。同年，上海市加快推动水权交易试点建设，2023 年 12 月 14 日，上海市用水权首批交易试点项目签约，来自青浦区和松江区的 5 家企业分别完成了协议签订，通过用水权交易系统圆满完成首批交易试点，高效解决了企业短期取水需求。2023 年 12 月 28 日，上海市用水权交易系统在上海产权和要素市场高质量发展大会上正式发布，标志着该系统正式接入上海公共资源交易中心“一网交易”平台。

---

① 长江金租新能源换电重卡项目荣获“长三角融资租赁优秀案例”[EB/OL].（2024-05-14）[2023-10-27].https：//www.yuflc.com/yuflc/2024-05/14/article_2024051401293322510.html.

二

江苏省绿色金融发展分析

近年来，在“双碳”战略和绿色发展理念的指引下，江苏省以“绿金30条”作为政策纲领，围绕金融支持绿色低碳转型发展和“双碳”目标建设，着力激发绿色金融市场活力，切实提升绿色金融服务水平，绿色金融市场呈现出蓬勃发展的态势，成为推动全省乃至全国绿色低碳转型的重要力量。

（一）政策体系

1. 构建精细化政策体系支持绿色发展

明确总体布局和中长期绿色发展的基本要求。为贯彻落实《国务院关于加快建立健全绿色低碳循环发展经济体系的指导意见》，建立健全绿色低碳循环发展的经济体系，江苏省出台了推动绿色发展的系列政策。2022年1月，江苏省人民政府发布《省政府关于加快建立健全绿色低碳循环发展经济体系的实施意见》(以下简称《实施意见》)，提出从绿色规划、绿色设计、绿色投资、绿色建设、绿色生产、绿色流通、绿色生活、绿色消费、绿色金融等九个方面全方位全过程推进绿色低碳循环发展。《实施意见》还围绕产业结构、能源结构、交通运输结构、用地结构的优化，绿色产业比重的提升等方面设定了到2025年和2035年的具体目标，并以具体的量化指标为后续考核和评估政策实施效果奠定基础。2022年10月，江苏省人民政府印发《江苏省碳达峰实施方案》(以下简称《实施方案》)，明确提出包括深入开展低碳社会全民创建行动在内的“碳达峰八大专项行动”。为保证专项行动的深入实施，《实施方案》提出针对工业、能源、城乡建设、交通运输等领域进行重点突破，建立健全有利于绿色发展的财政、金融、投资、价格等政策体系和管理制度。同时强调在城市、园区、企业三个领域进行碳达峰碳中和试点建设，通过先行先试，探索行之有效的经验做法，形成一批可操作可复制可推广的发展模式和典型经验。

专栏 2-7　江苏苏州工业园区绿色金融发展探索

江苏苏州工业园区坚定不移走生态优先、绿色低碳的高质量发展道路，率先推出全国首个分布式光伏地方补贴，率先开展分布式发电市场化交易试点，率先建设全国首个市场化碳普惠交易体系，率先发布 ESG 产业创新中心，先后获评国家循环经济试点园区、国家低碳工业园区试点、国家级绿色园区、能源互联网示范园区、国家首批碳达峰试点园区等绿色发展荣誉称号。能源绿色低碳转型实践入选国家能源局能源绿色低碳转型案例。自 2023 年 12 月获评国家首批碳达峰试点园区以来，园区在推动碳达峰试点园区建设方面取得了显著成效。

强化部门协同共联，制定行业绿色发展专项政策。在《实施方案》的指引下，江苏省先后出台《省生态环境厅 2022 年推动碳达峰碳中和工作计划》《江苏省财政支持做好碳达峰碳中和工作实施方案》等系列配套文件，全方位保障经济社会绿色低碳循环发展。为保障各行业梯次有序达峰，江苏省政府先后颁布《江苏省重点行业建设项目碳排放环境影响评价技术指南（试行）》《江苏省工业领域碳达峰及重点行业碳达峰实施方案》《江苏省城乡建设领域碳达峰实施方案》《江苏省林业行业碳达峰碳中和实施方案（2021—2060 年）》等实施方案，立足各行业发展现状，制定有针对性的碳达峰碳中和实施方案。各绿色发展专项政策的出台也为金融的介入提供了更清晰的方向。

2. “绿金 30 条”引领地方绿色金融政策体系完善

“绿金 30 条”及“年度绿金重点工作”是全省绿色金融的政策主线。为推动绿色金融高质量发展，2021 年 9 月江苏省人民政府出台了《关于大力发展绿色金融的指导意见》，简称“绿金30条”，是江苏省绿色金融发展的总体规划。“绿金30条”明确提出了构建具有江苏特色的绿色金融政策体系、组织体系、产品体系和风控体系。同时针对每个体系提出了具体的细化措施，如制定专门的绿色信贷管理办法、建立绿色企业评价体系、推动绿色金融产品创新等。随后，各年度绿色金融重点工作以专项推进计划或推进要点的形式印发。2022年，江苏省金融工作议事协调机制办公室出台《2022年全省绿色金融发展重点工作推进计划》，明确提出了建立绿色主体认定和评价标准、健全环境信息披露机制和碳账户体系等20项重点工作。2023年，江苏省金融工作议事协调机制办公室印发《2023年全省绿色金融发展工作要点》，明确了推动城乡建设实现碳达峰目标、完善碳排放权交易市场建设等18项工作要点。从政策内容来看，2022年重点工作推进计划着力强化绿色金融的基础性工作，并通过推动省级绿色金融试验区申报创建形成“以点带面”的区域发展动力。2023年的重点工作在进一步强化“绿色融资主体认定评价标准建设”等基础性工作外，也进一步强化了金融与产业的联动，以及对碳账户体系，创新推广碳配额质押贷款等特色产品等新兴领域的开发。

省内绿色金融试点地区等出台地方绿色金融指导意见。江苏省开展省级绿色金融改革创新试验区试点工作的做法，激励了多地创新区域绿色金融发展模式。在《关于开展省级绿色金融创新改革试验区试点工作的通知》的政策指引下，南京市江北新区出台了《关于支持南京高新区绿色发展的实施细则》，探索绿色发展的“江北路径”。泰兴市在省内率先制定《企业融资绿色评级办法》和《项目融资认定办法》两项认定标准，形成了全省首个地方性绿色金融标准。昆山高新区也出台了《昆山高新区绿色金融发展实施方案》。此外，部分非省级绿色金融试点地区也在积极开展探索，如苏州市已构建“3+N”绿色金融创新改革议事协调机制，由中国人民银行苏州市分行、苏州市地方金融监督管理局、国家金融监督管理总局苏州监管分局共同牵头，发改委、工信局、生态环境局、财政局、农业农村局、科技局等相关部门作为机制成员，实施“一事一议”工作模式，共同推动金融支持绿色低碳转型发展工作中的重大事项，确保跨部门之间形成绿色金融工作合力，为共同推进绿色金融产品及服务创新、完善绿色金融支持政策、优化绿色金融服务渠道提供保障。无锡市出台《关于加快推进无锡市绿色金融发展的指导意见》，提出加大绿色企业上市挂牌培育力度，支持符合条件的绿色企业在主板、创业板、科创板、新三板、区域股权市场等多层次资本市场上市或挂牌，探索发行绿色可转债模式。

专栏 2–8　江苏省首批省级绿色金融创新改革试验区名单

宜兴市、南京江北新区、溧阳市、昆山高新区、邳州市、泰兴市、扬州市江都区、东台市、盐城市亭湖区、连云港徐圩新区、如皋市、沭阳县、扬中市

3. 强化支持转型与生态产品价值实现

积极引导资金向生态领域倾斜。2022 年，江苏省即制定并发布了《江苏省建立健全生态产品价值实现机制实施方案》，鼓励与环境权益融资有机结合，依法依规开展水权和林权等使用权抵押、产品订单抵押等绿色信贷业务，探索“生态资产权益抵押 + 项目贷”“生态产品价值贷”“节水贷”等多元化融资模式，围绕生态产品价值实现开展绿色金融创新试点。2023 年 3 月，江苏省财政厅、省生态环境厅联合印发《关于支持生态环境高水平保护助推经济高质量发展的若干措施》，明确提出要加强与中国清洁发展机制基金、中国政企合作基金等的合作，引导更多金融资本投入生态环境领域。同时，充分发挥绿色发展领域政府投资基金作用，带动社会资本投向污染防治、生态修复、能源资源节约利用和清洁能源等绿色发展领域。对符合条件的项目和企业，积极争取国家绿色发展基金支持。

专栏 2-9《江苏省建立健全生态产品价值实现机制实施方案》

《江苏省建立健全生态产品价值实现机制实施方案》是江苏省深入贯彻习近平生态文明思想，推动生态与经济协同发展的重要举措。该方案明确提出了以建立健全生态产品价值实现机制为核心，通过政府主导、企业参与、市场化运作的方式，加快形成生态产品价值实现的路径。方案设定了至 2025 年初步形成生态产品价值实现的制度框架、基本建立核算体系，以及至 2035 年全面建立完善的生态产品价值实现机制的目标，旨在促进经济社会全面绿色转型，提升生态系统质量和稳定性。

为实现这一目标，方案从生态产品调查监测、价值评价、核算及应用、经营开发、保护补偿等多个方面进行了全面部署。首先，通过推进自然资源确权登记和生态产品信息普查监测，建立生态产品基础信息数据库，为价值实现提供数据支撑。其次，构建生态产品总值和特定地域单元生态产品价值评价体系，细化核算指标体系，并推动核算结果在政府决策、绩效考核、生态保护补偿等方面的广泛应用。同时，方案还鼓励探索多样化的生态产品经营开发模式，提升生态产品物质供给能力和价值增值潜力，并健全生态保护补偿机制，完善纵向和横向的补偿制度，确保生态环境损害得到合理赔偿。

为确保实施方案的顺利推进，江苏省采取试点先行、逐步推开的策略，加强组织领导、政策支持和监督考核等保障措施。通过这一系列举措的实施，江苏省将在解决生态产品价值实现中的难题方面展开探索，推动生态优势向经济优势的转化，为构建具有江苏特色的生态文明治理体系、促进经济社会发展全面绿色转型提供有力支撑。

政策联动强调金融支持转型升级。2023 年江苏省发布《关于深入推进绿色金融促进工业绿色低碳发展的通知》，强调要发挥绿色金融在调结构、转方式、推动经济绿色转型发展方面的积极作用，开发针对钢铁、石化化工、建材、纺织印染、造纸、机械、食品等重点行业绿色化改造、绿色产品推广等方面的金融产品。后陆续发布《江苏省金融支持制造业绿色转型发展行动方案》《江苏省绿色融资主体认定评价标准》，提出提供不低于 5000 亿元新增融资支持，推动融资主体进行绿色认定，每年争创省级绿色工厂不低于 400 家、绿色园区不低于 10 家，以点带面，力争打造支持企业绿色转型的长效机制。

专栏 2-10 《江苏省绿色融资主体认定评价标准》

为落实《2023 年全省绿色金融发展工作要点》"加快推进《江苏省绿色融资主体认定评价标准》制定和应用"工作要求，由中国人民银行江苏省分行、国家金融监督管理总局江苏监管局提出，江苏省数字金融协会归口管理，江苏省联合征信、国网江苏电力、江苏省农村信用社联合社、江苏银行、江苏金租、江苏高领碳信等单位联合编写的《江苏省绿色融资主体认定评价标准》，并于 2023 年 9 月 1 日正式实施。

绿色融资主体指具有融资需求以提高自身绿色表现的主体，包括绿色企业和绿色项目两类。标准采用"先认定、后评价"的流程。首先，通过审核融资主体主营业务与绿色产业的相符性以及经营守信合规性认定融资主体是否是"绿色"；然后，根据融资主体的绿色属性，评价融资主体属于"深绿、中绿或浅绿"。成功获得绿色认定评价的融资主体将纳入"江苏省央行资金重点支持绿色企业（项目）名录库"和江苏省绿色金融综合服务平台的"绿色企业库"或"绿色项目库"。

该标准的实施将有助于规范江苏省绿色融资主体的认定和评价工作，提升金融支持绿色低碳发展的质效。未来，随着标准的不断完善和推广应用，将为江苏省绿色金融的高质量发展提供有力支撑。同时，该标准也将为其他地区的绿色融资主体认定和评价工作提供有益借鉴和参考。

4. 出台引导性政策要求企业重视 ESG

近年来江苏省发布了多项政策，从提升 ESG 能力角度引导上市企业高质量发展。一是江苏省国资委发布了《关于做好省属企业社会责任报告省属控股上市公司 ESG 报告集中发布筹备工作的通知》，督促企业开展相关工作。江苏省国资委将省属企业尤其是省属上市公司 ESG 体系建设纳入重要议事日程。2023 年 12 月印发的《提高省属控股上市公司质量工作方案》中明确要求"2025 年实现省属控股上市公司 ESG 披露全覆盖"，并已被列为省属国有企业深化改革三年行动目标任务。二是加强信息披露。江苏省政府及相关部门出台了多项政策文件，如《江苏省政府关于进一步提高上市公司质量的实施意见》和《江苏省上市公司高质量发展行动计划（2021—2025年）》等文件，明确引导上市公司践行环境、社会和公司治理（ESG）责任发展理念，加强环境保护信息披露。同时要求按照《企业环境信息依法披露格式准则》，细化企业环境信息依法披露内容，规范环境信息依法披露格式。此外，通过强化监管和考核、专题培训和能力提升等持续推动企业ESG能力建设。

5. 围绕环境权益融资、绿色金融奖补等出台专项政策

2022年4月，江苏省印发《关于深化生态保护补偿制度改革的实施意见》，提出开展碳排放权初始分配，成为我国较早提出探索碳排放权有偿分配的省份，碳交易市场迎来新发展阶段。在推进碳交易一级市场发展的同时，推进制定了《江苏省碳资产质押融资操作指引（暂行）》《江苏省生态系统碳汇预期收益权质押贷款业务操作指引》，详细介绍了碳资产、碳汇以及相关融资条件及用途，融资期限、额度和利率、融资程序、贷后管理、激励措施等内容，旨在有效盘活企业碳资产，促进企业节能减排、绿色低碳发展。此外，2023年9月江苏省正式发布实施《江苏省绿色融资主体认定评价标准》，对绿色企业和项目进行认定评价，为绿色投融资发展提供依据。中国人民银行江苏省分行、江苏省财政厅、生态环境厅等部门加强交流协作，围绕环境权益融资、碳普惠等推出了一系列创新型绿色政银产品。“苏碳融”与企业碳账户挂钩，通过低利率贷款、中长期贷款和信用贷款满足绿色企业的多样化融资需求；“环保担”通过对贷款、绿色债券进行担保、再担保、增信等综合金融服务，为符合支持范围的环保企业提供低门槛、低成本的增信服务。2023年，江苏省还发布了《关于组织申报2023年度绿色债券贴息以及绿色担保奖补资金的通知》，不断健全绿色金融激励机制。

表 2-2　江苏省涉及绿色金融的相关政策一览（2021—2023 年）

出台时间	政策名称	政策内容	出台部门
2021	《江苏省绿色再贴现业务实施方案》	创新绿色再贴现模式。探索建立绿色企业和绿色票据认定标准，重点加大对绿色涉农、绿色小微和绿色民营企业支持，有效降低融资成本	中国人民银行南京分行
2021	《关于大力发展绿色金融的指导意见》	简称“绿金 30 条”。明确了江苏绿色金融工作的发展思路和主要目标，提出了搭建绿色金融基础性制度框架、完善绿色金融机构体系、建立绿色金融激励约束机制等 8 个方面 25 条具体措施。强调了绿色金融主要支持领域是推进工业企业绿色升级、加快农业领域绿色发展、推动能源体系绿色转型和促进绿色低碳技术进步。将绿色金融工作纳入省金融工作议事协调机制，并建立全省绿色金融工作督办通报制度，定期通报各地区各部门工作进展情况	江苏省人民政府办公厅
2022	《2022 年全省绿色金融发展重点工作推进计划》	建立绿色主体认定和评价标准、健全环境信息披露机制和碳账户体系、完善货币政策工具、实施碳减排支持工具、突出财政政策引导、发挥监管政策导向作用、指导金融机构创新信贷产品和服务、加强绿色重点项目投融资对接服务、营造绿色金融发展良好氛围	江苏省金融工作议事协调机制办公室

续表

出台时间	政策名称	政策内容	出台部门
2022	《省政府关于加快建立健全绿色低碳循环发展经济体系的实施意见》	强化绿色金融支持。探索绿色产业与绿色金融融合新模式，拓宽绿色项目融资渠道。积极发挥政府投资基金引导作用，壮大绿色低碳领域省级投资基金规模，加强省级相关基金对绿色低碳循环发展工作的支持，鼓励有条件的地方政府和社会资本按市场化原则联合设立绿色低碳类基金。积极争取政策性银行、国际金融组织等低息贷款，鼓励商业银行开发绿色金融产品，探索环境权益类质押融资贷款等绿色信贷产品。支持符合条件的绿色产业企业上市和再融资，引导金融机构法人发行绿色金融债券。加快发展绿色保险，鼓励保险机构参与环境污染风险治理体系建设，探索差别化保险费率机制。积极发展绿色担保，加大对中小企业绿色融资风险担保补偿力度。积极对接国家绿色金融专项统计制度，加大对省内金融机构绿色金融业绩评价考核力度。支持有条件的地区创建国家绿色金融改革创新试验区	江苏省人民政府

续表

出台时间	政策名称	政策内容	出台部门
2022	《关于推动高质量发展做好碳达峰碳中和工作实施意见》	构建具有江苏特色的绿色金融政策体系、组织体系、产品体系和风控体系，引导和激励更多金融资源支持节能减排和绿色发展，积极争取央行碳减排信贷支持计划等政策工具支持，支持创建国家绿色金融改革创新试验区	江苏省人民政府
2022	《江苏银行业绿色金融服务自律公约》	共计26条，其中自律条款9条，从组织架构、管理制度、产品服务、风险披露等方面对江苏银行业机构开展绿色金融服务进行了有效规范和约束。《公约》第十六条明确，要通过流程改造、系统识别、专项审查、定期回检、加强培训等措施，提升绿色认定准确性和数据质量，防范“洗绿、漂绿、染绿”风险，不得虚增绿色金融业务规模；第十八条明确，要加大绿色信贷和绿色债券等产品供给，加强绿色消费、绿色理财、绿色租赁、绿色托管、碳金融等金融服务创新，加强金融科技运用，提升业务办理效率，提高中长期资金支持力度，支持与绿色金融相关的资本项目外汇业务和跨境人民币业务	江苏省银行业协会

续表

出台时间	政策名称	政策内容	出台部门
2022	《江苏省建立健全生态产品价值实现机制实施方案》	全省聚焦重点区域关键领域改革事项，积极推进先行先试，推进1个设区市（宿迁市）和14个县区建立健全生态产品价值实现机制省级试点，在生态产品价值核算应用、生态系统保护修复、供需精准对接、可持续经营开发、权益交易、保护补偿、评估考核等方面开展实践探索	江苏省人民政府
2022	《江苏银行业保险业深化绿色金融服务行动方案》	保障重点领域绿色金融供给；优化绿色低碳金融服务机制；创新绿色低碳金融产品服务；健全绿色金融风险防范机制；营造绿色低碳金融良好环境	中国银保监会江苏监管局（原）
2022	《江苏省“环保担”工作实施方案》	由省财政厅、省生态环境厅、省信用再担保集团有限公司（以下简称“省信保集团”）共同打造的环保产业综合金融服务模式，通过担保、再担保、增信等综合金融服务，实行差别化利率和风险共担机制。建立“环保担”项目库，重点支持八类环保项目。着力解决企业大额环保项目融资担保难面临的困境，引导更多金融资本进入生态环境领域，支持生态环境基础设施建设，协同推进经济高质量发展和生态环境高水平保护，助企纾困稳增长、稳投资、稳市场主体	江苏省财政厅、江苏省生态环境厅

续表

出台时间	政策名称	政策内容	出台部门
2022	《江苏省碳资产质押融资操作指引（暂行）》	共七章三十条，在界定质押融资碳资产种类，明确融资条件、融资期限额度和贷后管理等相关要求的基础上，详细规范了质押融资程序、办理流程和工作要求，防止借碳资产之名搞假质押，并对江苏省开展碳资产质押融资业务的金融机构实行备案管理，强化业务规范和监管评价。 鼓励和支持企业通过碳资产质押融资盘活碳资产，对规范开展碳资产质押融资的给予政策支持和措施激励。 规范了碳资产质押融资业务操作流程，强化碳资产规范管理，充分发挥了全国碳市场作用和碳资产融资功能，助力企业盘活碳资产	人民银行南京分行、中国银保监会江苏监管局（原）、省生态环境厅
2023	《2023年全省绿色金融发展工作要点》	明确了推动城乡建设实现碳达峰目标、完善碳排放权交易市场建设、探索多形式水权交易新路径、推广生态环境导向开发模式等18项工作要点，对2023年江苏省绿色金融发展工作进行了总体部署	江苏省金融工作议事协调机制办公室
2023	《江苏省减污降碳协同增效实施方案》	建立健全清洁生产激励机制，加大对实施清洁生产中/高费方案企业的奖励激励和绿色金融支持	江苏省生态环境厅等六部门

续表

出台时间	政策名称	政策内容	出台部门
2023	《江苏省财政支持做好碳达峰碳中和工作实施方案》	鼓励金融机构积极构建绿色金融体系、创新绿色金融服务，带动社会资本支持绿色低碳发展。同时提出要积极构建具有江苏特色的财政绿色金融政策体系，引导和激励更多金融资源支持节能减排和绿色发展，综合运用“环保贷”“环保担”、绿色债券贴息等政策，引导金融资源向绿色产业和绿色项目集聚	江苏省自然资源和生态环境厅
2023	《关于组织申报2023年度绿色债券贴息以及绿色担保奖补资金的通知》	明确绿色债券贴息、绿色担保奖补的支持对象、贴息金额、申报材料和其他要求	江苏省生态环境厅、江苏省财政厅
2023	《江苏省金融支持制造业绿色转型发展行动方案》	统筹协调、群策群力，以长足发展为目标，系统建立支持江苏省制造业绿色转型的长效机制，提升绿色金融服务质效	人民银行江苏省分行联合江苏省工信厅

（二）市场进展

1. 绿色信贷：2023 年绿色信贷规模近 4 万亿元

近年来，江苏省绿色信贷市场持续快速增长。截至 2023 年末，江苏全省绿色信贷余额 3.9 万亿元，较年初增加 1.16 万亿元，增速 42%，远高于贷款整体增速。绿色信贷占各项贷款比重较年初提升 3.3 个百分点，占江苏省贷款总额中的比重持续上升。2021—2023 年，江苏省绿色贷款余额分别为1.57万亿元、2.4万亿元和3.9万亿元，绿色贷款占本外币贷款比例分别为8.82%、11.77%和16.5%。其中，支持生态环境产业贷款余额6456亿元，较年初增长37%。聚焦污染防治，积极发放固废、危废处置等贷款，支持清洁生产产业贷款余额2164亿元，较年初增长65%。此外，江苏省建立了绿色金融综合服务平台，通过优化金融资源配置，建立包含“金融库+目标库”的绿色低碳项目库，支持重点项目。

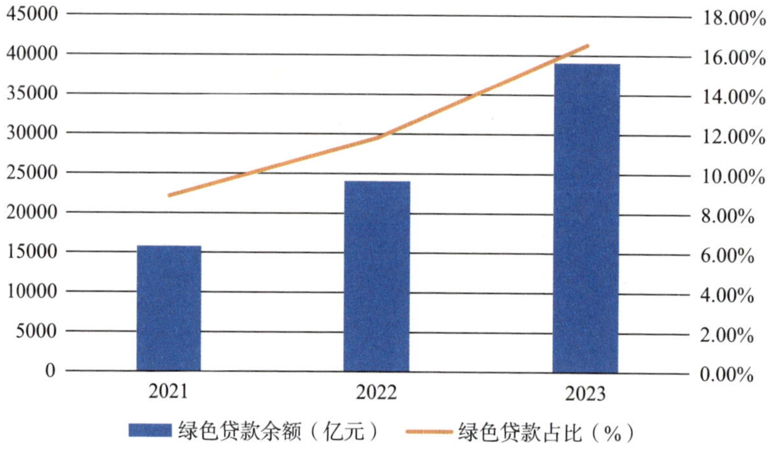

图2-4　2021—2023年江苏省绿色贷款余额及其占比

江苏省聚焦生态、环境权益领域的信贷创新活跃。近年来，江苏省“环保贷”“节水贷”“苏碳融”等政银绿色信贷产品品牌影响力不断扩大。中国人民银行江苏省分行推动碳减排支持工具在江苏增量扩面，创新推出了“苏碳融”政银产品，引导金融机构将信贷支持力度与企业碳表现挂钩；同时依据与相关部门联合制定的《江苏省碳资产质押融资操作指引（暂行）》和《江苏省生态系统碳汇预期收益权质押贷款操作指引》，指导金融机构在碳金融、支持生态价值实现等方面开展创新。如南京银行投放贷款利率与控排企业碳表现挂钩的贷款产品——“鑫减碳”，为华能南京热电有限公司发放3000万元贷款，到期一次性还本付息，最终执行利率将按照企业在贷款期间的碳减排表现，以及全国碳市场的履约情况进行调整。此外，江苏省金融机构尤其关注长江大保护、污染防治及“双碳”目标等关键领域。银行机构通过发放中长期贷款支持生态保护修复和清洁生产产业，支持绿色建筑、绿色交通等基础设施绿色升级。

表 2-3　截至 2023 年末江苏省内绿色信贷创新产品

发行机构	产品名称	创新点
江苏银行	ESG 表现挂钩贷款	该贷款是为企业量身定制的融资服务，产品通过将 ESG 评级结果与利率、期限、风险缓释措施等多要素挂钩，满足绿色企业或项目在价格、期限、担保方式等方面的需求
南京银行	鑫减碳	南京银行成功投放全国首款贷款利率与控排企业碳表现挂钩的贷款产品——“鑫减碳”，为华能南京热电有限公司发放 3000 万元贷款，到期一次性还本付息，最终执行利率将按照企业在贷款期间的碳减排表现，以及全国碳市场的履约情况进行调整
浦发银行苏州分行	碳排放配额质押贷款	2021 年 7 月，浦发银行苏州分行向滁州隆乐新能源有限公司发放全国首笔碳中和挂钩贷款。2021 年 8 月成功落地江苏省内首笔碳排放配额质押贷款业务，贷款金额为 500 万元，利率为 3.8%，为企业节约评估、担保等费用约 20 万元
江苏银行南通分行	紫菜碳汇贷	“紫菜碳汇贷”以紫菜养殖产生的减碳量、固碳量远期收益权为抵押，解决了养殖户抵押担保不足等融资难题，为海洋生态产品价值实现提供了一条全新路径

续表

发行机构	产品名称	创新点
常州市生态环境局、江南农村商业银行	环信融	“环信融”产品是江南农村商业银行向借款人发放的，用于支持企业开展污染防治、生态保护修复、节能环保、碳减排、资源循环利用等环保产业发展的贷款业务。可根据企业和环保项目的具体需要提供流动资金贷款或固定资产贷款。对于已经完工的项目，在提供相关证明材料（如合同、投资备案登记证、环评文件等）的基础上，可在项目完成后一年内申请流动资金贷款用以补充企业日常运营资金需求

2. 绿色债券：2023 年绿色公司债发行规模占比近半数

2023 年，江苏省新发行普通绿色债券 49 只，同比增加 25.64%，合计发行规模约 235.27 亿元，同比增加 1.43%，总体绿色债券市场较去年同期略有扩张，但相比于 2021 年，近两年江苏省内绿色债券发展速度有所放缓。江苏省实体经济的强劲在债市也有所反映，从债券类型来看，绿色公司债是 2023 年江苏省内发行规模最大的债券种类，共募集资金 115.87 亿元，占总发行规模近一半。而 2021 年和 2022 年，江苏省内募集资金最多的债券类型都是绿色债务融资工具（含定向工具、短期融资券、中期票据）。从募集资金用途来看，2023 年新发行绿色债券中流向基础设施绿色升级的资金最多，共计 51 亿元，其次是具有多种用途的绿色资金，用于清洁能源产业的资金规模位列第三。整体来看，江苏省绿色债券支持领域较为多元化，除清洁生产产业以外，近三年其他各个绿色产业均获得了绿色债券的资金支持。

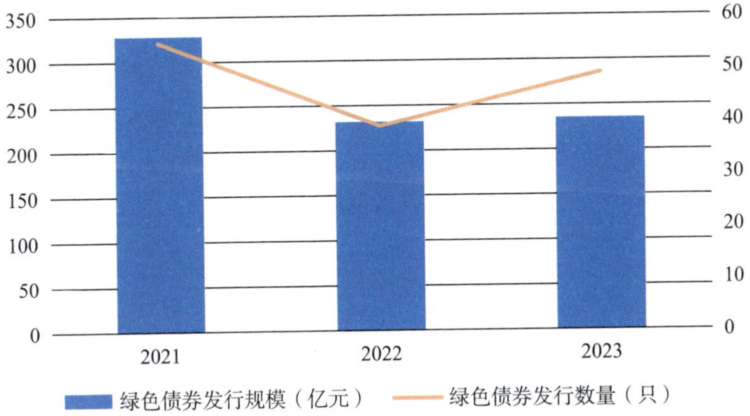

图 2-5　2021—2023 年江苏省绿色债券发行规模及数量

数据来源：中央财经大学绿色金融国际研究院绿色债券数据库

推动“碳中和”等债券的创新应用。自 2021 年以来，江苏省内企业持续探索绿色债券在“碳中和”领域的创新应用。如 2021 年 12 月，华能国际电力江苏能源开发有限公司成功发行全国首单“蓝色 + 碳中和”双品种绿色债券。2022 年 5 月，东吴证券主承了绿色碳中和科技创新公司债券——江苏永钢集团有限公司 2022 年面向专业投资者公开发行绿色科技创新公司债券，该债券发行规模为 1 亿元，募集资金全部用于设备采购、项目建设和运营。2023 年 11 月，东吴证券为无锡云林金投成功发行无锡市首单绿色科技创新债。

表 2-4　2023 年 12 月前江苏省内典型绿色债券

发行时间	债券	代表性
2020 年 3 月	东吴证券主承销并提供信用保护的“江苏凯伦股份绿色双创防疫债券”	绿色创新创业疫情防控公司债券
2021 年 4 月	浦发银行苏州分行主承销“苏州苏高新集团有限公司 2021 年度第三期中期票据（专项乡村振兴）”	乡村振兴永续中期票据

续表

发行时间	债券	代表性
2021 年 4 月	苏银金融租赁股份有限公司发行“碳中和”专题绿色金融债券	非银机构“碳中和”专题绿色金融债券
2021 年 9 月	建设银行苏州分行为江苏盛虹科技股份有限公司发行 5 亿元绿色短期融资券	民营企业绿色短期融资券
2021 年 12 月	华能国际电力江苏能源开发有限公司发行 2021 年度第一期绿色中期票据（蓝色债券 / 碳中和债券）	全国首单“蓝色 + 碳中和”双品种绿色债券
2022 年 5 月	东吴证券主承的“江苏永钢集团有限公司 2022 年面向专业投资者公开发行绿色科技创新公司债券（专项用于碳中和）”	绿色碳中和科技创新公司债

专栏 2–11　无锡市首单绿色科技创新债

无锡市云林金投投资控股有限公司 2023 年面向专业投资者非公开发行绿色科技创新公司债券（第一期）。债券发行规模 6 亿元，最终票面利率为 3.72%。募集资金通过直接投资或以基金投资等方式专项用于对科技创新领域的企业进行股权投资，最终用于投资新能源电池生产线项目，包括极电光能（无锡）新能源有限公司 GW 级钙钛矿电池生产线建设及百吨级钙钛矿量子点生产线建设项目和无锡华晟光伏科技有限公司先进高效异质结生产线项目。债券募集资金专项用于新能源电池生产项目，助力新能源发展，推进节能减排，推动形成绿色低碳的生产方式和生活方式，助力实现实体经济绿色低碳转型。

江苏省绿色债券市场活跃的氛围离不开基础设施的配套建设。江苏省已制定《江苏省绿色融资主体认定评价标准》《化工产业转型融资主体认定评价规范》等制度，建立绿色融资主体库；同时，江苏省完善激励机制，对发行绿色债券的企业给予贴息奖励，对提供绿色债券担保增信的担保机构也给予相应的担保奖励。不断优化具有地方特色的绿色金融财政奖补政策，省财政厅联合生态环境厅推行绿色债券贴息以及绿色担保奖补资金政策，鼓励省内绿色债券的募集和投资，有效降低了企业的融资成本，提高了市场参与度，进一步激发了市场活力。

3. 绿色保险：着力聚焦生态环境开展保险产品的推广与创新

2023 年，江苏省以环境污染责任保险（以下简称“环责险”）为重要抓手，通过保险的风险分担与经济补偿功能，积极推动绿色保险发展，激励企业提升环境风险管理水平。2023 年，江苏全省环境污染责任保险为环境高风险等领域企业提供保险保障 127 亿元，其中江苏省无锡市已形成独具特色的“无锡模式”，通过立法引领、市场主导、企业参与、专家支持的协同运作，目前无锡环责险已经覆盖 22 个行业，截至 2023 年 12 月，无锡环责险累计参保企业超过 1.7 万家次，累计承担责任风险 146.34 亿元，累计保费收入 2.26 亿元，规模在全国地级市排名第一。

专栏 2-12　江苏省“无锡模式”介绍

自 2009 年 6 月江苏省无锡市开展环责险试点以来，无锡市按照“政府推动、市场运作、专业经营、风险可控、多方共赢”的原则，利用保险经济补偿和风险预防功能，逐步建立政策引导、预防为主的运作机制，成功探索出环责险“无锡模式”。

从政策方面来看，无锡市出台多项政策法规推动环责险的发展，明确特定区域和高风险行业企业需购买环责险，并将其纳入制度化、规范化轨道，建立环保信息共享机制，对未投保高风险企业进行联合惩戒，后续还对涉重金属等高风险企业及危废相关单位提出强制投保要求。从市场运作方面来看，无锡市通过委托招标确定了由多家保险公司组成的共保体。保险公司按照规范流程操作，环保部门先排出拟参保企业名单，再由保险公司委托第三方机构免费评级，企业根据评估等级和自身规模选择保障标准并缴费，费率与企业环境风险隐患整改效果挂钩。保险公司提供“1+N”产品形式，包含主险和附加险，同时为投保企业免费提供环境风险管理服务，投保期间如发生事故按流程定损赔付。从风险评估方面来看，无锡市每年从环责险保费中提取资金用于企业应急演练等，常年聘请院校和行业专家成立专家组和专业第三方公司，出具详细报告并编发技术指南和图集，强化环境风险评估工作。

环境风险前置管理和数字化运营是“无锡模式”的特色亮点。无锡市立足防险，逐步构建综合、立体、系统的环境风险管理体系，包括完善隐患排查治理，督促企业整改，并建立衔接机制，重点督查企业存在的环境问题和风险隐患，精准执法，以查促改。此外，无锡市通过建立“无锡环责险环境安全信息云平台”实现多方共赢。政府借助平台大数据分析提升监管精准度；保险公司通过全流程在线操作提高承保理赔效率；参保企业可在平台学习应急处理措施，提升风险防范和应急处置能力，降低事故损失①。

生态环境风险保障是2023年江苏省绿色保险的又一亮点。2023年，太保产险苏州分公司与吴中区金庭镇签署江苏省首单生态绿色环境救助责任保险，为金庭镇所处全国淡水湖泊中面积最大的太湖西山岛提供生态环境损害风险保障，赔偿限额达人民币500万元，保障范围覆盖金庭镇全域。当金庭镇在面临“无人”或“无力”承担生态环境损害赔偿责任的特殊情形时，保险公司将依据保险合同的具体规定承担赔偿责任，为金庭镇的生态环境保驾护航。同年10月，人保财险连云港分公司与云台山风景区林场签订首笔地方财政补贴性林业碳汇价值保险，为林场提供158万元的风险保障，保费由地方政府全额补贴。该保险以林业碳汇储量损失为赔付依据，保障碳汇经济价值，赔付资金用于灾后资源救助、森林培育和生态修复，助力林业碳汇发展。

表2–5 江苏省典型绿色保险示例（截至2023年12月31日）

时间	保险名称
2021年9月	苏州人保财险新区支公司签出全省首单绿色建筑性能责任保险
2022年9月	江苏恒泰新能源有限公司获得发电行业碳超额排放费用损失保险单

① 中国银保监会江苏监督局，中国银保监会无锡监管分局．环责险“无锡模式”实现多方共赢［J］．中国农村金融，2022（9）：16–17.

续表

时间	保险名称
2022 年 11 月	人保财险江苏分公司在南京签发国内首单 CCS 或 CCUS 项目碳资产损失保险
2023 年 1 月	太保产险苏州分公司与吴中区金庭镇签署生态绿色环境救助责任保险，为江苏省首单生态环境救助保险
2023 年 10 月	人保财险连云港分公司和连云港市云台山风景名胜区云台街道办事处林场签订了江苏省首笔地方财政补贴性林业碳汇价值保险

此外，江苏省支持银行保险机构加强协同作用，共同推动绿色保险的发展。通过绿色信贷、绿色债券等金融工具为绿色保险提供资金支持；通过联合开展绿色项目评估、风险管理和资金运作等工作，提高绿色金融服务的整体效率和水平。如昆山市创新运用保险—信贷联动方法开展绿色低碳金融参与社会和企业环保与运行风险的治理，为全国首创绿色金融信保贷模式。在联动模式下，绿色保险为绿色信贷项目提供风险保障，一旦项目发生风险，保险公司将按照合同约定进行赔付，从而减轻银行信贷风险。绿色保险覆盖企业近 4000 家，金融参与生态环境治理作用进一步显现。

江苏省保险机构注重提升风险管理能力，运用大数据、人工智能等新技术加强风险评估和预警。保险公司积极开展风险减量服务，为绿色发展、环境保护等领域生产经营者提供风险管理和服务，助力提升企业风险防控能力。例如无锡人保针对企业环境污染高风险环节制定整改方案，实现企业保费和赔付风险“双减”。此外，以环责险数据库为支撑，无锡市开发“无锡环责险环境安全信息云平台”，构建政府部门、保险公司、投保企业三位一体的环境风险预警与防范系统，有针对性地发出隐患整改提醒，大幅提升无锡环境风险管控效率，形成“政府监督 + 保险排查 + 企业整改”的闭环管理。

4. ESG 投资：绿色产业基金呈增长之势

2023 年，中央财经大学绿色金融国际研究院 ESG 数据库显示，由于注册地在江苏省的基金管理人相对较少，省内暂未有相关 ESG 基金发行。从上市企业 ESG 报告披露情况来看，2023 年注册地址在江苏省的上市企业披露 ESG 报告的数量为 208 家，同比增加 32.48%，占全国披露 ESG 报告企业数量的 13.97%，呈逐年上升趋势。江苏省属企业和省属控股上市公司努力践行 ESG 治理理念，在 2023 年省属企业上市公司中，有 11 家发布了 ESG 相关报告，占比超过 70%，14 家省属控股上市公司已全部完成 ESG 报告。

专栏 2-13　江苏省省属企业 ESG 能力建设重点举措

一是加强组织、建立机制。构建专门的 ESG 治理架构统筹推进，将 ESG 理念整合到企业的整体战略中。江苏国信、华泰证券构建了由董事会、董事会战略委员会、ESG 工作领导小组、职能部门与子公司四层级 ESG 治理架构，确保将 ESG 理念整合到企业的核心战略和日常运营中。苏豪弘业、汇鸿集团、江苏舜天、江苏金租等搭建了 ESG 数据采集与分析机制，归集分析水和电等能源使用和消耗、废物产生和处理、员工健康与安全、劳动权益和培训、员工多样性和包容性等 ESG 工作数据。

二是注重节能减排、绿色发展。江苏新能、江苏农垦、省沿海集团、江苏苏盐井神共同出资组建江苏新能投资管理有限公司，充分利用资源优势，在新能源领域加强合作，对省内新能源项目资源进行集约化、规模化统筹开发，充分发挥国有企业战略支撑和协同作用，打造能源新质生产力，助力能源转型和“碳达峰、碳中和”目标实现。宁沪高速加强目标管理，结合实际工作制定包括温室气体排放、能源消耗等气候相关指标以追踪 ESG 管理成效，设定 2024 年江苏段温室气体排放量、能源消耗量、水资源消耗量、排放物排放量目标均不超过 2023 年相应数值的 105%。苏垦农发注重绿色发展理念，倡导员工节能减排、低碳环保，通过节水节电、无纸化办公、选择绿色环保办公用品等方式，从“节能、节材、低碳”三个方面践行绿色办公，将环保理念融入日常运营中，增强员工环保意识，营造绿色低碳的工作环境与文化环境。

三是夯实内控风险合规治理。通行宝公司等利用ESG工具框架，围绕“强内控、防风险、促合规”目标，深入推进内控、风险、合规管理体制机制改革，制定《企业内部控制基本规范》《内部控制缺陷评价标准》《合规管理办法》《业务风险清单及防控措施》等制度文件，将内控合规管理全面融入公司经营管理的各个环节，全面加强依法合规经营，切实防控各类风险，构建符合公司可持续发展需求的合规管理体系。

四是打造负责任、可持续的供应链。苏能股份在《供应商管理办法》中纳入ESG管理标准，明确供应商准入、考评、退出管理流程和制度规范，有效规避供应链风险，与供应商建立长久互惠共赢的良好合作关系，确保供应商也遵循同样的环境和社会责任标准，搭建可持续的供应商管理体系。

五是坚持以人为本。苏豪弘业期货建立完善的人力资源管理体系，切实保障员工权益，强化员工关怀，在技能提升、业务创新、综合管理、合规发展、安全生产等方面持续开展人才培训工作，打造分层次、促发展、强专业的多维度员工成长平台，持续构建与员工价值共创、风险共担、收益共享的利益共同体，实现企业和员工共同发展。

六是助力地方发展。苏垦农发拥有132支志愿服务队、4325名志愿服务者，公司员工参与志愿活动超过6000人次。志愿服务内容从稳粮保供一线、送农技进村入户，到乡村环境整治、河道清理、爱心帮扶等，共创村企共建、社企共建新局面。

此外，省属企业利用自身优势，先行先试，逐步探索建立有关ESG服务内容。省联合征信对国内外ESG披露体系进行研究，依托江苏省综合金融服务平台，发挥数据聚集优势，积极开展ESG咨询服务、ESG报告编制服务等工作。

从更广范围来看，江苏省绿色产业基金发挥重要作用，相关基金数量和规模均呈稳步增长之势。绿色基金通过集合社会资金，在江苏省的绿色产业发展进程中扮演着极为关键的角色，目前主要投向节能环保、清洁能源等领域。以无锡为例，2022年无锡交能绿色基金落地无锡，作为交通银行首只绿色双碳主题基金，其母基金总认缴规模达20亿元，重点投向清洁能源、节能减排技术、半导体、高端制造等符合国家战略性新兴产业发展和绿色产业发展方向的科创项目。除绿色基金外，江苏省在绿色信托领域也积极探索创新。无锡率先成立全国首只碳普惠绿色发展公益慈善信托，向“碳普惠”平台符合条件的项目发放减排激励资金 3885 份，截至 2023 年末，该平台已累计溯源登记个人、企业减碳量 6242 吨，完成碳销售预售 2.4 万吨，减排资金规模超 100 万元。同时，江苏省各区域间加强合作，共同推动绿色基金的发展。2023 年 11 月，南京市江北新区入选首批省级绿色金融创新改革试验区，成立总规模为 100 亿元的南京江北新区高质量发展产业投资基金，围绕新兴产业及绿色低碳等未来产业，招引集聚知名创投机构，共同助力新区产业发展[①]。

此外江苏省各区域间加强合作，共同推动绿色基金的发展。如南京江北新区作为绿色金融创新改革试验区之一，成立了南京江北新区基金集聚区、保险资管业长三角共享办公中心，充分发挥高质量发展母基金投资赋能支撑产业发展的作用，围绕新兴产业及低空经济、合成生物、绿色低碳等未来产业，招引集聚知名创投机构，共同助力新区产业发展。

5. 环境权益市场：水权成交量与金融创新活跃

江苏省环境权益交易市场多领域均保持发展，尤以水权为典型。在碳排放权交易市场中，除保持较高活跃度外，省内金融机构还通过创新金融产品与服务，为碳市场发展提供更多支持。在排污权交易市场方面，交易数据逐年增长，如 2023 年江阴市完成水权交易总水量 20.64 万吨，交易总金额 18.64 万元，规模位居无锡地区第一。此外，江苏省还定期发布排污权交易情况报告，公布交易数据和市场动态。

在水权交易市场方面，市场建设发展较快。2023 年 12 月，国能江苏谏壁发电有限公司与国家能源集团谏壁发电厂在中国水权交易所平台完成了交易标的为 1500 万立方米的水权交易，这是水利部长江委批准的首例年度结余水量水权交易，也是江苏省 2023 年度单笔水量最大的水权交易。

① 南京江北新区管理委员会 . 南京江北新区成立百亿产业发展母基金［EB/OL］.［2023-10-11］.https：//njna.nanjing.gov.cn/xwzx/xqyw/202310/t20231011_4028926.html.

2023年，江苏省用水权成交量为0.52亿立方米，位列全国第四[①]。同时，还围绕水权交易市场开展了金融产品创新。2023年扬州市积极推广取水权质押贷款“水权贷”等绿色金融产品，有效提升了金融服务效率。例如，亨达（扬州）水务有限公司于2023年初获批江苏首笔“水权贷”500万元并享受3.8%的优惠年利率，企业将贷款投入节水改造、管网更新、水质改善等方面，进一步提高绿色发展效益。同时，扬州市建立健全水行政主管部门提供取水企业白名单、金融机构提供金融产品的部门联动机制，形成“外部评估、业务申报、质押办理、贷款发放”的全流程服务模式；截至2023年11月，9家企业累计获得1.1亿元“真金白银”的支持并享受优惠利率。此外，扬州市创新将取水权作为企业动产进行登记并对外公示，最快1天即可通过央行征信中心动产融资统一登记公示系统办理企业取水权质押登记，既保障了商业银行信贷资产安全，也大幅提高了“水权贷”产品推广和落地效率[②]。

6. 绿色指数：推动绿色投资产品开发

江苏省探索推出绿色金融指数产品，丰富债券指数体系，推动市场绿色投资产品开发。比如，2020年9月，苏农银行联合中央财经大学绿色金融国际研究院，成功发布“苏州绿色发展指数”及“中证中财—苏农长三角ESG债券指数”。其中，苏州绿色发展指数从沪深两市注册地为苏州市的上市公司中，择优选取50只上市公司证券作为指数样本，以反映苏州上市公司证券的整体表现。中证中财—苏农长三角ESG债券指数从主体评级AA+及以上且注册地位于长三角城市群的信用债发行人中，遴选100名债券发行人作为指数样本券，以反映长三角地区绿色债券发行人的整体表现。

---

① https：//iigf.cufe.edu.cn/info/1012/8354.html.

② https：//www.jiangsu.gov.cn/art/2023/11/14/art_87050_11073661.html.

三

浙江省绿色金融发展分析

浙江省发挥绿色金融改革创新先发优势，聚焦有序拓展、部门联动、科技赋能，系统推进绿色金融创新实践，以金融供给侧深化改革服务全省绿色发展，打造了一批具有浙江区域特色的先进模式，为绿色金融地方发展提供了“浙江经验”。

（一）政策体系

1. 产业、金融、环境保护等多领域出台绿色发展的引导性政策

近年来，浙江省围绕绿色发展建立了系列综合性及专项性政策，同时金融政策与产业政策、环境政策的协同性不断提升。在产业节能降碳方面，浙江先后出台《关于金融支持碳达峰碳中和的指导意见》《浙江银行业保险业支持“6+1”重点领域 助力碳达峰碳中和行动方案》《中共浙江省委、浙江省人民政府关于完整准确全面贯彻新发展理念做好碳达峰碳中和工作的实施意见》等政策纲领，统筹经济发展、能源安全、碳排放、居民生活四个维度，推动经济社会全面绿色转型，并提出低碳工业、现代能源、低碳交通运输、绿色建筑、生态农林牧渔、绿色低碳生活和绿色低碳技术的“6+1”领域碳达峰要求。

在绿色金融方面，金融支持与产业政策协同度持续提升。近年来，浙江省金融管理部门陆续出台《关于做好绿色金融支持绿色建筑发展的通知》《关于深化清洁能源全产业链金融服务的指导意见》等政策，聚焦新兴领域的政策创新、重点领域的强化引导、关键环节的实施指导，明确绿色金融支持重点领域的范围、内容、申请条件等规范和工作部署。同时，在2022年浙江省生态环境厅、省发改委等九部门联合发布《浙江省减污降碳协同

创新区建设实施方案》，浙江省发改委、生态环境厅等五部门联合印发《关于严格能效约束推动重点领域节能降碳工作的实施方案》的基础上，2023年，中国人民银行浙江省分行、浙江省生态环境厅等四部门联合出台《关于金融支持减污降碳协同的指导意见》，提出统筹水、大气、固废、温室气体等多领域减污降碳协同要求，发挥多部门政策合力，持续加大对减污降碳协同领域的金融支持力度。

在环境保护方面，以保护生物多样性领域最具代表性。浙江省先后印发《关于进一步加强生物多样性保护的实施意见》《关于开展浙江省生物多样性体验地建设的通知》，提出“建设改造一批管理规范、各具特色的生物多样性体验地”的目标，并推动辖内丽水市、湖州市等生物多样性资源富集地出台《关于丽水市金融支持百山祖国家公园生物多样性保护的指导意见》《金融支持生物多样性保护的实施意见》，积极探索构建包括生物多样性敏感行业及友好清单、生物多样性保护挂钩金融产品、专业机构等系列与生物多样性保护相适应的金融服务体系。此外2023年，浙江省生态环境厅等部门联合印发《关于组织开展省级生态环境导向的开发（EOD）模式试点工作的通知》《关于同意开展浙江省第一批生态环境导向的开发（EOD）模式试点的通知》，开展省级EOD试点建设。

2. 围绕绿色金融评价、信息披露等出台绿色金融专项政策

浙江省是第一批获批国家级绿色金融改革创新试验区的省份，并出台了绿色金融的专项政策推动绿色金融发展。2021年，《中国人民银行杭州中心支行关于印发〈浙江省银行业金融机构（法人）绿色金融评价实施细则〉的通知》要求，引导和支持地方法人银行业金融机构发展绿色金融，提升金融支持绿色低碳高质量发展的能力，并对浙江省内的189家法人银行业金融机构开展了绿色金融评价。2022年，中国人民银行浙江省分行出台《关于2022年浙江省货币信贷工作的指导意见》，明确实施低碳绿色金融服务提升专项行动，引导金融机构聚焦美丽浙江、五水共治等重点服务

领域，持续加大金融支持力度。浙江金融监管局贯彻落实《银行业保险业绿色金融指引》和《绿色保险业务统计制度的通知》文件要求，指导银行机构与保险机构推进健全绿色金融组织管理体系、强化绿色金融内外部能力建设，推进业务数据治理、绿色标的识别与管理等工作。

2023 年，浙江金融监管局继续大力推动《银行业保险业绿色金融政策指引》的落实，发布《关于浙江银行业保险业支持丽水气候投融资试点建设的指导意见》，围绕聚焦重点气候变化领域实施差异化金融支持、推动气候风险管理纳入全面风险管理体系等提出 17 条具体要求，引导和促进更多资金投向丽水气候投融资试点建设；同时联合浙江省能源局出台《关于深化清洁能源全产业链金融服务的指导意见》。中国人民银行浙江省分行积极指导金融机构进行环境信息披露，印发《关于试点编制金融机构环境信息披露报告的通知》，开展金融机构环境信息披露专项培训，推动环境信息披露工作走在全国前列。

此外，地市层面金融管理部门积极探索，形成了对省级政策的有益补充。嘉兴市出台《嘉兴市碳达峰碳中和暨打造绿色低碳循环城市金名片 2023 年工作要点》，在资源配置、基础设施建设等方面提出了要求。如谋划示范区绿色银行分支机构建设，探索将碳表现、碳定价纳入授信管理流程等。金华市发布了《银行碳账户信贷业务管理规范》企业标准。该标准在企业碳排放等级评价、业务管理、信息披露及监督改进等方面提供了明确的规范和指导，指引金融机构及企业科学开展碳账户信贷业务。台州市发布全国首部以“小微企业普惠金融服务促进”为主题的地方性法规，要求市、县（市、区）人民政府有关部门会同中央金融管理部门驻台机构在绿色信贷识别、绿色主体评价、绿色信息共享及信息披露等方面为小微企业提供支持，开展小微企业绿色金融服务工作。

专栏 2-14　中国人民银行浙江省分行积极推动金融机构环境信息披露

2023年，中国人民银行浙江省分行与各地方市分行积极指导环境信息披露数字化平台的开发与应用、开展环境信息披露报告试编制等重点工作。在数字化平台开发与应用方面，在区域间迭代升级长三角绿色金融信息管理系统，开发上线环境信息披露功能模块，在全国率先实现金融机构端环境信息披露报告编制、发布和金融管理部门端跟踪评价的全流程线上化。在地方层面，衢州市依托碳账户数字化平台“衢融通”搭建环境信息披露系统，实现金融机构环境信息披露“数据采集—数据核算—碳效披露”的全流程线上化运行与管理。在报告试编制方面，印发《关于试编制金融机构环境信息披露报告的通知》，开展金融机构环境信息披露专项培训，指导全省银行机构线上分三批（6月末、9月末、12月末）试编制年度环境信息披露报告，推动环境信息披露工作走在全国前列。通过环境信息披露工作，有力提升金融机构环境影响评估能力、碳核算能力、绿色资产管理能力以及绿色金融业务创新能力，为浙江绿色金融高质量发展提供扎实支撑。

3. 绿色金融相关试验区的政策陆续在全省推广

湖州市作为全国首批绿色金融改革创新试验区先行先试、因地制宜探索绿色金融创新发展，自2022年以来先后出台了《深化建设绿色金融改革创新试验区探索构建低碳转型金融体系的实施意见》《湖州市人民政府办公室关于建立金融支持湖州市低碳转型活动监测机制的通知》《关于深化绿色金融改革的若干政策意见》等文件，推进转型金融、绿色普惠金融和绿色金融基础设施协同发展，推动绿色贷款、绿色债券、绿色上市企业培育、绿色保险、绿色投资机构等扩面增量。此外，湖州市还部署了包括转型金融目录、转型方案编制大纲、公正转型评估办法等涵盖转型金融关键要素的政策细则，在持续推动绿色金融体系建设的同时，促进绿色金融与转型金融有序有效衔接。

衢州市作为浙江省另一国家级绿色金融改革创新试验区，出台《衢州市人民政府办公室关于深化基于碳账户的转型金融工作实施意见》《衢州国家林业碳汇试点市建设实施方案（2023—2025 年）》《关于低碳转型目标挂钩贷款的指导意见》等政策，基于碳账户所带来的碳排放信息核算与统计优势，部署了服务于碳汇价值实现的多项政策，提出以数字化改革为牵引，探索林业碳汇价值实现途径，建立资源监管实时化、项目开发数字化、碳汇监测智能化、碳汇管理标准化体系，同时与转型金融产品创新相衔接提出了引导性方针。此外，衢州市还制定了《推动绿色保险“固本强优 提能升级”专项行动方案》，探索开展“保险 + 碳账户”金融服务套餐，引导保险机构聚焦工业、能源、农业、建筑、交通和居民生活六大领域碳账户，从体制、产品、服务三个维度开展创新，围绕应用场景、行业领域开展实践，为市场主体提供阶梯式、差异化的金融产品与服务支持，以绿色保险高质量发展助力经济社会绿色转型。

丽水市以气候投融资、林业碳汇、生态产品价值实现机制三大国家级试点建设为目标。在气候投融资方面，丽水市制定《浙江省丽水市气候投融资工作方案》《丽水市气候投融资实施方案》《浙江省丽水市减缓和适应气候项目遴选原则》，提出推进气候投融资差别化支持模式、创新气候投融资模式和工具、创新气候投融资试点平台载体、创新气候投融资项目全生命周期培育机制等重点任务。在林业碳汇方面，丽水市发布《森林碳汇丽水行动方案（2022—2025 年）》，提出森林固碳增汇、森林碳汇价值转化、林业碳汇先行示范、森林碳汇全民参与等重点任务，目标是到 2025 年，打造长三角地区最大的森林碳库，建设华东区域林业碳汇交易中心，树立全国森林碳汇先行示范标杆。在生态产品价值实现机制试点方面，丽水市制定《丽水市生态产品价值实现“十四五”规划》《基于生态产品价值实现的金融创新指南》等文件，依托当地绿色生态优势和高质量低碳发展优势，发挥创新引领作用，建立生态产品价值核算以及交易制度体系，使生态产品价格得以明晰并形成一本“生态账”，为“绿水青山”打下量化基础，为全省乃至全国的绿色金融发展贡献“丽水经验”。

此外，浙江省注重先进模式的宣传推广，为全省绿色金融工作“由点及面”推进提供经验基础。其中衢州市《银行业生物多样性风险管理指南》立项 2023 年省金融学会团体标准在全省范围推广，湖州市积极推动《“碳中和”银行机构建设与管理规范》《银行机构信贷碳排放计量规范》等标准上升为省级团体标准。

专栏 2-15　丽水金融支持林业碳汇价值实现

丽水金融监管局联合生态环境部门探索金融支持林业碳汇价值实现有效路径，重点以浙江省第一批低碳试点县（碳汇能力提升类）——龙泉市为试点，在全国范围内首次结合林业碳汇交易推进“零碳”金融网点建设，制定全国首个林业碳汇金融业务操作指引，银保联动首创系列林业碳汇金融业务，助力山区林农通过林业碳汇交易、质押等方式实现增收。主要做法如下：

第一，首创结合林业碳汇交易推进“零碳”金融网点建设。丽水金融监管局在全国范围内首次将林业碳汇交易引入“零碳”金融网点建设，指导工行丽水分行、龙泉农商银行试点开展网点低碳建设、日常低碳运营、碳足迹管理等工作，通过购买林业碳汇指标抵消网点自身运营和装修过程中产生的碳排放。经第三方专业机构碳排放核算、林业碳汇交易，丽水市生态环境局为两家银行网点出具了全国首批基于林业碳汇交易的金融网点“碳中和证书”，合计交易林业碳汇减排量 194.87 吨。

第二，银行保险机构联动首创系列林业碳汇金融业务。丽水市金融监管局会同生态环境部门印发《丽水市银行业保险业林业碳汇金融业务操作指引（试行）》，对林业碳汇金融业务的条件、期限、额度、流程等方面进行了具体规定，明确以林业碳汇核证减排量未来收益权作为质押或投保对象，由银行保险机构向符合条件的市场主体办理收益权质押贷款、价格指数保险等林业碳汇金融业务。依托丽水市金融服务共同富裕联合创新实验室，2021 年推动龙泉农商银行和人保财险龙泉支公司合作落地全国首笔林业碳汇“未来收益权 + 保险单”质押贷款 20 万元，用于借款人所承包的 80 亩林地森林抚育；2022 年推动太平洋产险龙泉支公司落地全省首单商业性竹林碳汇价格指数保险，为投保人 60 亩竹林碳汇提供风险保障。

4. 2023 年“碳”“绿”主题绿色金融标准加快发布

绿色金融标准是全省推动绿色金融的重要抓手，自 2021 年以来，浙江省金融学会已经发布《林权抵（质）押贷款工作规范》《银行个人碳账户管理规范》《绿色低碳融资项目评价规范》和《绿色建筑项目贷款认定标准》等多项绿色金融专项标准，同时各市级金融学会、金融机构也探索多元的绿色金融标准，涉及绿色项目贷款标准、碳账户标准等，标准成果数量居全国各省（市）金融学会之首。自 2023 年以来，绿色金融标准化工作持续推进，“转型金融”“生物多样性金融”“碳排放核算”“碳足迹评价”成为团体标准的重要方向。

在转型金融标准方面，2023 年浙江省启动并完成《银行业金融机构转型贷款实施规范》《绿色金融信息服务平台基本要求》等标准的编制工作。除新标准立项外，浙江省还积极推动将条件成熟的省级团体标准升级为国家金融行业标准，目前已有《银行个人客户碳账户服务指南》及《银行业金融机构 ESG 评价管理》等两项团体标准通过全国金融标准化技术委员会金融行业标准立项。

在生物多样性金融标准方面，衢州市于 2023 年 3 月发布国内外首个绿色金融支持生物多样性保护地方标准《银行机构生物多样性风险管理标准》，其中列举了 22 项生物多样性敏感行业的风险审查及管理要点并将其纳入银行信贷全流程。目前，《银行业生物多样性风险管理指南》正式立项为 2023 年省金融学会团体标准。

在碳排放相关标准方面，一是推动碳账户相关标准立项工作，浙江省发布全省居民生活碳达峰领域首个省级地方标准《居民低碳出行碳减排量核算通则》，旨在科学量化居民低碳出行的减排效果，健全绿色低碳生活标准体系。二是分领域明确碳排放核算口径及方法，湖州市探索制定《“碳中和”银行机构建设与管理规范》《银行机构信贷碳排放计量规范》等地方标准，统一银行机构碳排放统计口径及计量方法，明确银行机构自身运营及资产组合的“碳中和”标准，并推动《银行机构信贷碳排放核算通则》上升为省级团体标准。

在碳足迹标准方面，浙江省已研究形成了“通则 + 基础 + 行业 + 产品”的碳足迹标准体系，其中《产品碳足迹评价通则》《产品碳足迹核算方法》《产品碳足迹评价 纺织和服装类》3 项标准已送审，分别为浙江省碳足迹标准体系顶层设计规范、核算技术基础规范及首个重点行业碳足迹评价标准；同时，同步推进多项省级标准的研究，包括光伏、锂电池等重点行业标准及排放因子、数据库等基础通用标准。在其他层面，浙江省积极参与光伏、锂电池、棉纺织等重点产品碳足迹国家标准研制，参与编制国际关注、新兴前沿的其他产品碳足迹国际标准，初步形成了纺织服装、造纸、电动汽车、锂电池等一批行业、团体标准。

表 2-6 浙江省绿色金融领域相关标准一览表（2021—2023 年）

发布时间	标准类别（国家标准 / 地方标准 / 行业标准 / 团体标准 / 企业标准）	标准名称	主要内容
2021 年 11 月	团体标准	《林权抵（质）押贷款工作规范》	本文件规定了林权抵（质）押贷款工作的术语和定义、贷款类型、办理程序、贷后管理、贴息及风险补偿
2021 年 12 月	团体标准	《银行个人碳账户管理规范》	本文件规定了银行个人碳账户管理的基本要求、数据采集、节约碳排放量折算、平台建设、账户评价、账户应用和持续改进等内容

续表

发布时间	标准类别（国家标准 / 地方标准 / 行业标准 / 团体标准 / 企业标准）	标准名称	主要内容
2021 年 12 月	团体标准	《绿色低碳融资项目评价规范》	本标准规定了绿色低碳融资项目的术语和定义、评价原则、评价准备、评价内容、评价等级、评价结果及改进
2022 年 9 月	团体标准	《绿色建筑项目贷款认定标准》	本文件规定了绿色建筑项目贷款管理工作的术语和定义、基本原则、准入要求、管理流程、机制保障等内容。 本文件适用于绿色建筑项目贷款管理工作
2022 年 11 月	团体标准	《银行业金融机构企业融资主体 ESG 评价与信贷流程管理应用指南》	本文件提供了银行业金融机构在开展企业融资主体 ESG 评价中遵循的原则、评价指标体系和评价程序
2022 年 11 月	团体标准	《小微企业绿色评价规范》	本文件给出了小微企业的绿色评价原则、评价指标和评价程序
2023 年 7 月	地方标准	《产品碳足迹核算方法》	本标准对浙江省产品碳足迹核算的术语和定义、核算范围和规范、核算步骤和方法等关键要素进行统一规范
2023 年 8 月	地方标准	《居民低碳出行碳减排量核算通则》	本标准规定了居民低碳出行碳减排量核算的术语和定义、核算基本要求、核算范围与程序、碳减排量计算等内容

5. 持续推动环境权益建设与融资引导

环境权益市场建设是浙江省绿色发展相关政策体系的重要内容。自2022年起，浙江省加快在碳排放权方面的政策研究与制定，同时通过《浙江省生态环境保护条例》为排污权确立了法律依据，并在《浙江省能源发展"十四五"规划》《浙江省水利厅关于加强水利重大项目前期谋划储备的通知》中对用能权、水权交易进行了部署。2023年，《浙江省排污权有偿使用和交易管理办法》《浙江省深入打好长江保护修复攻坚战工作方案》《浙江省2023年度节水行动计划》等政策的陆续出台继续推动了环境权益市场的建设。基于积极发展的环境权益市场，相关环境权益融资的指导性政策也在稳步出台。2022年，中国人民银行浙江省分行、浙江省生态环境厅、浙江省水利厅等部门先后分别发布《关于印发〈浙江省排污权抵质押贷款操作指引（暂行）〉的通知》《关于开展"节水贷"融资服务工作的通知》等文件，对省内金融支持排污权交易、水权交易等提供了规范指引。2023年，地方实践进一步深入，安吉县出台《安吉县排污权专项贷款暨绿色金融助企融资管理办法》，绍兴市发布《绍兴市排污权租赁实施办法》，丽水市发布《丽水市取水权抵质押贷款管理办法（试行）》等，推动了环境权益融资市场的创新实践。

表 2-7　浙江省涉及绿色金融的相关政策一览表（2021—2023 年）

出台时间	政策名称	政策内容	出台部门
2021年5月	《关于金融支持碳达峰碳中和的指导意见》	从重点支持领域、创新服务体系、强化政策保障等方面推出25项金融支持碳达峰碳中和的具体举措	中国人民银行杭州中心支行、浙江银保监局、省发展改革委、省生态环境厅、省财政厅

续表

出台时间	政策名称	政策内容	出台部门
2021 年 7 月	《关于印发〈浙江银行业保险业支持“6+1”重点领域助力碳达峰碳中和行动方案〉的通知》	重点围绕能源、工业、建筑、交通、农业、居民生活等六大领域以及绿色低碳科技创新（简称“6+1”），明确时间表、路线图和具体工作举措。确定 20 条重点任务，形成 38 项重点领域的差异化金融支持具体举措	浙江银保监局、省科技厅、省生态环境厅等十部门
2021 年 9 月	《浙江省碳排放配额抵押贷款操作指引（暂行）》	从贷款条件、贷款程序、贷后管理等六方面为金融机构办理碳排放配额贷款提供指引	中国人民银行浙江省分行、浙江金融监管局、省生态环境厅
2021 年 12 月	《浙江省银行业金融机构（法人）绿色金融评价实施细则》	结合浙江实际，明确了浙江省法人银行业金融机构绿色金融评价的实施原则、覆盖的业务范围、实施责任主体及被考核对象、评价周期、数据来源、评价方法、评价程序、评价结果的应用场景等内容	中国人民银行浙江省分行
2022 年 2 月	《浙江省排污权抵质押贷款操作指引（暂行）》	建立排污权抵押和质押并行的贷款操作指引，规范排污权抵质押贷款业务的申请与受理、价值评估、抵质押登记、交易处置等操作流程，推动上线全省抵质押贷款“一网通办”系统	中国人民银行浙江省分行、省生态环境厅

续表

出台时间	政策名称	政策内容	出台部门
2022 年 2 月	《浙江省委省政府关于完整准确全面贯彻新发展理念做好碳达峰碳中和工作的实施意见》	提出发展绿色金融。充分发挥政府投资引导作用，加大对绿色产业和技术的投融资支持力度。强化对绿色低碳发展的资金保障，稳步提高绿色贷款占比，扩大绿色债券发行规模，推行环境污染责任保险等绿色保险。推动湖州、衢州绿色金融改革创新试验区建设，深化绿色金融地方规范和标准建设。积极争取国家气候投融资试点，推动碳金融产品服务创新，提升环境和气候风险管理能力。鼓励社会资本设立绿色低碳产业投资基金。支持符合条件的绿色企业上市融资和再融资	浙江省委、省政府
2022 年 5 月	《关于开展“节水贷”融资服务工作的通知》	指导全省金融机构为节水工程建设、节水技术改造、非常规水利用等节水项目和企业提供信贷支持	浙江省水利厅、人民银行浙江省分行、省节约用水办公室
2022 年 8 月	《浙江省人民政府关于印发浙江省“十四五”节能减排综合工作方案的通知》	提出健全绿色金融体系，要大力发展绿色信贷、加快绿色债券发展、积极推进环境高风险领域企业投保环境污染责任保险等重点要求	浙江省人民政府

续表

出台时间	政策名称	政策内容	出台部门
2022 年 12 月	《浙江省减污降碳协同创新区建设实施方案》	继续大力发展绿色信贷、绿色保险、绿色债券等金融产品，加快发展减污降碳投融资项目。在丽水市获批国家气候投融资试点基础上，争取温州、衢州等市纳入后续国家气候投融资试点，探索气候投融资模式创新。支持宁波市开展碳资信工作。扩大绿色低碳产品供给和消费，建立绿色消费激励和回馈机制。完善环境信用评价和绿色金融联动机制	浙江省生态环境厅、省发展改革委、省科技厅等九部门
2023 年 1 月	《浙江省促进应对气候变化投融资的实施意见》	支持减缓和适应气候变化，控制工业、农业、废弃物处理等非能源活动温室气体排放，大力发展非化石能源并优化能源结构，增加森林、湿地、海洋等碳汇，以及提高农业、水资源、气象等重点领域的适应能力等	浙江省生态环境厅、省发展改革委、省财政厅等八部门
2023 年 1 月	《关于深化清洁能源全产业链金融服务的指导意见》	提出发展清洁能源产业链供应链金融服务、强化重点产业链差异化金融服务、用好政策工具优化金融供给、优化清洁能源领域保险保障等六大重点任务	浙江金融监管局、省能源局

续表

出台时间	政策名称	政策内容	出台部门
2023 年 3 月	《浙江省排污权有偿使用和交易管理办法》	建立实施全省统一的排污权有偿使用和交易制度，构建全省“一个平台、一套准则”统一管理的排污权交易体系，打造规范高效的排污权交易市场	浙江省人民政府办公厅
2023 年 3 月	《浙江银行业保险业支持丽水气候投融资试点建设的指导意见》	围绕聚焦重点气候变化领域实施差异化金融支持、推动气候风险管理纳入全面风险管理体系等提出 17 条具体要求，引导和促进更多资金投向丽水气候投融资试点建设	浙江金融监管局
2023 年 3 月	《关于金融支持减污降碳协同的指导意见》	统筹水、大气、固废、温室气体等多领域减污降碳协同要求，坚持法治化、市场化和商业可持续原则，发挥多部门政策合力，综合运用信贷、债券、基金、保险等金融工具，持续加大对减污降碳协同领域的金融支持，着力构建减污降碳协同增效多元激励机制，提升金融服务适配性、普惠性	人民银行浙江省分行、浙江省委金融办、浙江金融监管局、省生态环境厅
2023 年 6 月	《关于做好绿色金融支持绿色低碳建筑发展的通知》	明确绿色金融支持绿色低碳建筑发展的支持范围、支持内容、申请条件、服务流程和监督管理等规范及工作部署	浙江省住房和城乡建设厅、中国人民银行浙江省分行、浙江金融监管局、浙江省委金融办

（二）市场进展

1. 绿色信贷：2023 年绿色贷款余额占比近 15%

2023 年浙江省绿色贷款保持高速增长，近半数本地城商行绿色贷款增速超 40%。截至 2023 年末，浙江全省绿色信贷余额为 3.18 万亿元，同比增长 45.35%，其占各项贷款余额比例接近 15%。从近三年数据看，绿色贷款余额、绿色贷款占本外币贷款比例均呈稳步上升趋势。2021 至 2023 年，浙江省绿色贷款余额分别为 1.48 万亿元、2.19 万亿元和 3.18 万亿元，占本外币贷款比例分别为 8.93%、11.53% 和 14.64%。全省气候融资余额 2.80 万亿元，较年初增加 8401 亿元，同比增长 42.93%。横向对比来看，截至 2023 年末，全国 31 个省级行政区中仅江苏、浙江、广东三省绿色贷款余额已达到 3 万亿元以上，分别为 3.9 万亿元、3.18 万亿元、3.1 万亿元。

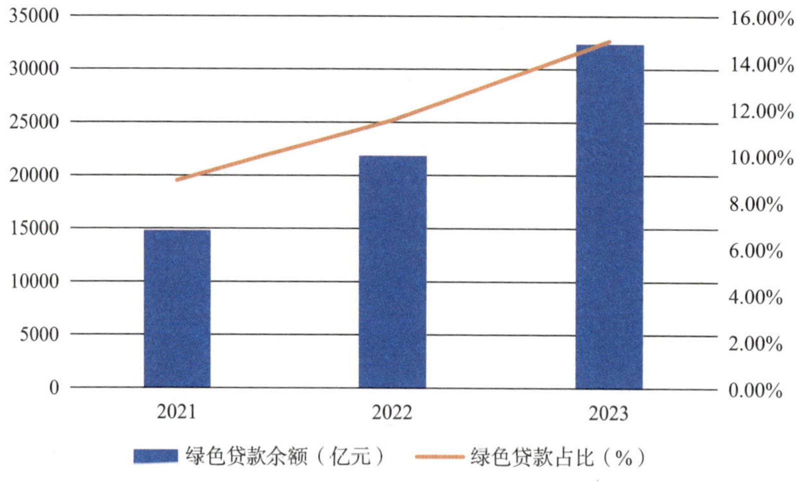

图 2-6　2021—2023 年浙江省绿色贷款余额及其占比

大型商业银行仍是绿色信贷市场的主力军，但浙江省内城市商业银行和农村金融机构的绿色信贷余额也保持高增速。2023 年，省内超半数（57.52%）的绿色信贷余额由大型商业银行的省内分支机构提供，其中中国农业银行浙江省分行、中国工商银行浙江省分行绿色信贷余额较大。同时大型商业银行的绿色信贷规模继续保持高增长，较去年同期增长了约63.46%，其中中国银行浙江省分行、中国工商银行浙江省分行绿色信贷发展速度较快。除大型商业银行外，浙江省内城市商业银行和农村金融机构的绿色信贷余额也保持高增速，分别达到44.28%和66.48%，其中农村金融机构在浙江省内占比不高，但其绿色信贷规模保持高增速，体现出农业农村领域绿色发展的机遇也在加快显现。

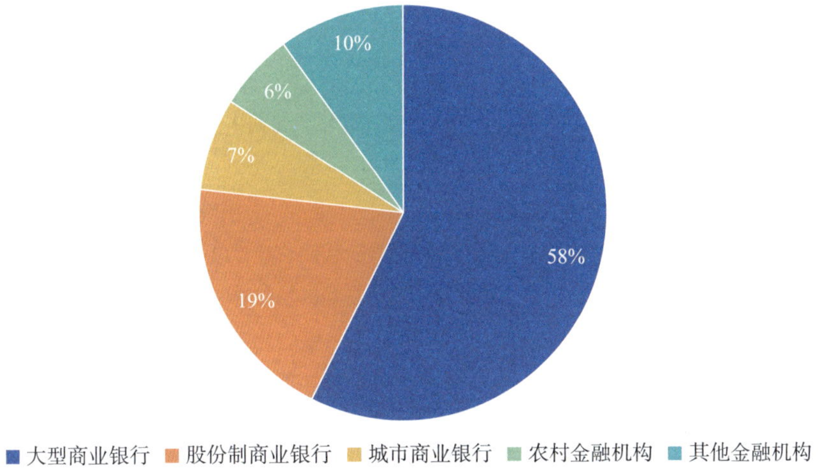

图2-7　2023年末浙江省内金融机构绿色信贷余额分布情况

2023年地方金融机构围绕"碳""生态权益""普惠"等深化创新实践。从市场实践来看，2023年浙江省内金融机构进一步提升服务绿色发展的能力。一方面衢州市、湖州市发挥绿色金融改革优势，丽水生态产品价值实现机制试点、全国气候投融资试点继续发挥创新引领作用，围绕转型金融、绿色普惠金融、生态产品价值实现机制等开展新的深度创新。另一方面，各地市加快扩大依托碳排放权、排污权、用能权、林业碳汇等环境权益类金融产品与服务的覆盖面，同时积极顺应本地区特色化产业发展方向，探索构建下沉至市县层面的适用性好、专业性强、衔接度高的绿色金融与转型金融配套体系，丰富蓝色金融、绿色供应链金融等领域的金融产品，满足更多主体的多元化的绿色低碳融资需求。

表 2-8　浙江省银行机构既有绿色信贷创新产品（截至 2023 年末）

发行银行	发行产品类别
国家开发银行	“碳达峰、碳中和”专项贷款
工商银行	绿水青山贷、排污权抵押贷款、林业碳汇贷、节水贷、节能贷、碳挂钩贷款产品
农业银行	工业碳改贷、竹林碳汇、清洁能源资产贷、绿色银团贷款
中国银行	ESG 可持续挂钩银团贷款、绿色信农贷、绿色循环贷、林地经营流转权抵押贷款
建设银行	碳中和优惠贷、转型金融贷、碳优贷、浙丽碳效贷、碳融贷、碳账户积分应用贷、绿色航运贷、两山惠农贷、两山生态资源贷
邮储银行	邮储绿通贷
浙商银行	超短贷、至臻贷、ESG 挂钩银团贷款，以及光伏贷、龙游生猪、江山智造、三门青蟹、永嘉教玩具等 59 个“数智共富贷”产品
浙江农商银行	林业碳汇贷
光大银行	碳排放配额抵押贷、美丽乡村光伏贷、节能融易贷、林权抵押贷
上海浦东发展银行	可持续发展挂钩贷款
渤海银行	合同能源管理贷款、排污权抵押融资、碳资产质押融资、绿色特定资产支持贷款等
杭州银行	风光贷、节水贷、排污权抵押贷款、“碳兴贷”碳账户贷款、碳排放配额质押贷款
杭州联合银行	节能融、光伏产业贷、林权贷、公益林补偿收益权质押贷款、碳排放配额抵押贷款、闪贷
湖州银行	排污权质押贷、能效贷、绿能贷、碳配额质押贷
绍兴银行	浙里碳效贷、节能减碳技改贷、排污权抵押贷款

续表

发行银行	发行产品类别
江苏银行	低排贷、节水贷、固废贷、碳账户挂钩贷款、ESG 表现挂钩贷款、土壤修复贷款、EOD 项目贷款、特许经营权贷款、光伏贷、合同能源管理贷款
泰隆银行	碳运通、长青贷

2. 绿色债券：2023 年募集资金结构发生变化

受绿色债券“首单”热情减退、“绿色”贴标审核逐渐严格等因素的影响，2023 年浙江省普通绿色债券（不含资产支持证券）发行数量及规模较过去两年均有明显下滑，浙江省新发行募集债券规模约 109.3 亿元，同比减少 69.27%，新发行绿色债券数量为 20 只，同比减少 28.57%。从债券类型来看，绿色债务融资工具（含定向工具、短期融资券、中期票据）募集资金规模最大，共计 48.4 亿元，较去年略有增长，其次是绿色公司债，共计发行 34.9 亿元。值得注意的是 2022 年绿色金融债是浙江发行规模最大的绿色债券类型，高达 238 亿元，而 2023 年该类型债券发行规模仅为 17 亿元，较去年同期显著减少，金融机构的绿色债券市场参与度下滑、存量基础较大、增量开拓有限是 2023 年浙江绿色债券市场发展放缓的主要因素。

从募集资金流向来看，浙江省内绿色债券募集资金用途结构发生了变化，2023 年基础设施绿色升级是获得资金支持最多的领域，共有 45 亿元流向该产业，较去年同期增长近一倍。去年具有多种投向的绿色债券规模是最大的，而今年具有多种投向的绿色债券募资规模仅为 17 亿元，主要原因是绿色金融债发行规模显著下滑。此外，在 2023 年新发行的绿色债券中，也有少量资金流向节能环保及清洁生产产业，但流向这些产业的资金规模较前一年同期都有所下滑。绿色债券支持范围有待进一步扩大。

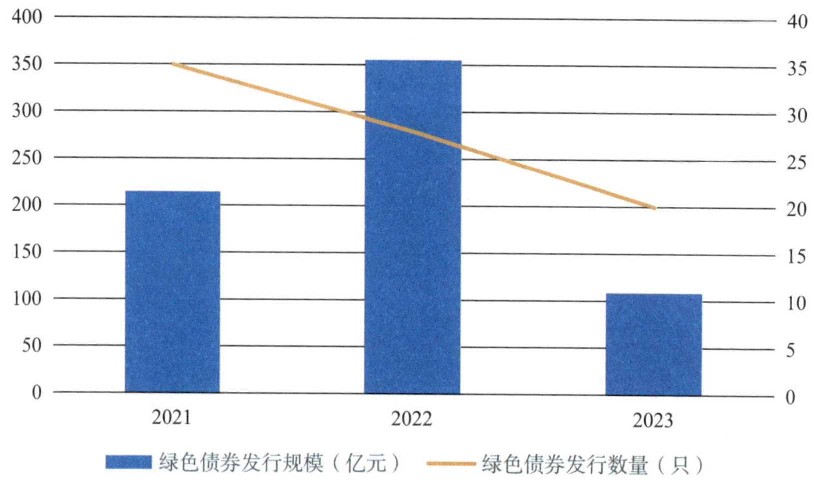

图 2-8　2021—2023 年浙江省绿色债券发行规模及数量

尽管浙江省内绿色债券市场发展速度有所放缓，但省内金融机构针对绿色债券的产品创新态势并未消退。在绿色债券支持低碳转型方面，2023 年 2 月宁波银行发行全国首单碳资产转型债券“23 华光环保 SCP004（转型 / 碳资产）”和全国首单绿色碳资产债券“23 华光环保 MTN001（绿色碳资产）”，募集资金将分别用于天然气热电联产项目运营和惠联垃圾热电提标扩容项目，项目建成后预计每年可减少二氧化碳排放超 30 万吨。在 ESG 主题方面，2023 年 9 月湖州银行发行国内金融机构首单 ESG 主题小型微型企业贷款专项金融债券，募集资金为 20 亿元，部分资金将专项用于推动提升小微企业 ESG 水平，全面提高企业可持续发展水平。

3. 绿色保险：聚焦绿色生产风险等创新绿色保险产品

2023 年，浙江（不含宁波）绿色保险保费收入 163.9 亿元，风险保障达 14.7 万亿元，赔付 87 亿元。全省保险机构在环境社会治理、绿色生产风险、绿色生活服务等方面积极创新保险产品，有力推动了绿色发展。

表 2–9 浙江省保险机构开展的绿色保险产品实践（截至 2023 年末不完全统计）

产品类别	产品名称	发布机构
产业工程险和运营类	森林碳汇遥感指数保险	国寿财险
	巨灾保险	
	船舶污染责任保险	
	玉环文旦低温气象指数保险	
	三门杨梅采摘期降雨指数保险	
	平阳茶叶低温气象指数保险	
	道路危险货物承运人责任险	浙商保险
	沿海内河船舶污染责任险	
	绿色建筑性能责任保险	
	湿地碳汇遥感指数保险	平安产险
	巨灾保险	太保产险
	风电、核电、抽蓄和光伏工程险、运营险	人保财险
	“保险＋服务＋科技＋信贷”绿色建筑保险	
	公益林火灾及自然灾害及病虫害责任险	
	生猪养殖保险	
	水稻完全成本保额补充保险	
	水稻种植保险	
	竹林碳汇价值综合保险	
	竹林碳汇价格指数保险	
	发电行业“碳配额”保险	
基础设施服务类	“灾害＋管养”农饮水设施商业保险	人保财险
民生基础服务类	新能源汽车商业险	国寿财险
	近零碳车险	浙商保险
	商业补充医疗保险（南太湖健康保）共保体	
	农产品价格指数保险	中国大地保险
	住宅全装修质量责任保险	
	新能源车险风险减量	太保产险
	三农特色创新产品	
	乡村振兴综合保障类保险	

续表

产品类别	产品名称	发布机构
绿色保险创新类	仙居县工艺品行业污染综合整治保险	国寿财险
	可持续发展（ESG）保险保单	人保财险
	碳汇类保险	太保产险

从环境社会治理方面来看，浙江省已经明确温州市、台州市、丽水市为巨灾保险试点，建立以台风、强降雨灾害为主的巨灾保险机制。以温州市为例，截至2023年10月，温州市本级与各县（市、区）分别累计投入2000万元与1000万元投保台风和强降雨巨灾指数保险。“巨灾保险在线”软件已上线“浙政钉”，以可视化形式呈现台风及强降雨情况，若达到触发阈值可快速计算触发等级及赔付金额，实现精准及时赔付。与此同时，浙江省积极扩面环境污染相关保险，在衢州等地推广“安环险”，在绍兴等地将生态环境损害纳入环责险赔偿责任。

专栏2-16　宁波市公共巨灾保险概述

自2014年宁波市试点公共巨灾保险制度以来，宁波公共巨灾保险采用“政府主导，市场运作”模式，遵循“广覆盖，保基本”原则，由政府出资购买巨灾保险。人保财险宁波分公司作为首席承保人，联合太保财险、平安财险、国寿财险、大地财险宁波分公司等组成共保体，共同承接公共巨灾保险业务。

在近十年的发展历程中，宁波市不断扩大公共巨灾保险保障范围，以应对多样化的风险挑战。2016年新增火灾、爆炸、恐怖袭击，以及群众性活动中发生拥挤或踩踏等突发公共安全事件。2018年将暴雪纳入自然灾害保障范围，2021年进一步增加突发公共卫生事件保障。目前，宁波已构建起以自然灾害救助保险为主，叠加突发公共安全事件（事故）保险、突发公共卫生事件保险、见义勇为保险的“1+3”保障体系，覆盖近1000万人口、400万户居民家庭住宅。

同时，宁波市持续提升巨灾风险管理能力。在加大宣传以增强公众防灾减灾意识的基础上，宁波市通过“保险＋科技”模式，提升基层防灾减灾能力和灾害救助效率。例如，建立远程定损理赔系统，在易灾易涝区设置579个自动化水位桩，实时监测水位信息。相关部门可根据这些数据及时组织群众转移并开展救援工作①。

从绿色生产风险保障方面来看，截至2023年末，浙江省内保险公司已为4.5万户农户提供风险保障12.6亿元，为核工业、光伏材料、节能环保设备等提供风险保障16.7亿元，针对绿色建筑项目设计、施工、运行等不同阶段提供全流程风险防控服务，2023年共为60个建筑项目提供8442万元风险保障。以湖州市为例，2023年8月，平安产险湖州中支落地辖内首单户用储能项目保险，针对湖州市两山能源发展有限公司投建的天能锂电10MW/20MWh用户侧储能项目一期，聘请风控专家排查并提出增加阻断墙等风险减量建议，为储能电站项目在建设期、运营期的意外损失、救援费用提供1400万元的风险保障。

从绿色生活服务方面来看，浙江省一是推进新能源汽车保险提质降费，2023年车均保费下降，保费收入和三者险保额增长；二是拓展电动车保险，纳入综合治理体系，围绕重点场景推广，为460万辆非机动车提供4465亿元风险保障；三是积极推动市民提高对相关保险的认知和接受程度，例如人保财险长三角一体化示范区（浙江）支公司在电动自行车淘汰置换活动中设咨询点宣传保险。

4. ESG投资：政府引导基金和市场化基金协同发展

由于注册地在浙江省的基金管理人较为有限，2023年，根据中央财经大学绿色金融国际研究院ESG数据库统计，注册地在浙江省的基金管理人ESG基金规模为41.32亿元，同比减少22.56%，占同期全国ESG基金规

① 张逸龙，宁安.宁波公共巨灾保险撑起群众“保护伞”[J].宁波通讯，2024（12）：26-27.

模的 0.66%，占比同比增加 23.68%。从上市企业 ESG 报告披露情况来看，2023 年注册地在浙江省的上市企业披露 ESG 报告的数量为 256 家，同比增加 21.33%，占全国披露 ESG 报告企业数量的 17.19%，呈逐年上升趋势，体现了省内企业对 ESG 理念关注度的提升。

尽管 ESG 基金规模目前相对有限，但浙江省广义的绿色基金发展较为活跃，着重表现在大力推动政府引导性和市场化绿色基金的协同发展。在政府引导基金方面，浙江省积极参与国家绿色发展基金。该基金由财政部、生态环境部和上海市人民政府三方共同发起设立，其中浙江省认缴出资 12 亿元，截至 2023 年底，已出资 2 期 4.2 亿元，同时浙江省争取国家基金在浙江落地 6 个项目，累计协议投资额 37.17 亿元。在市场化基金发展方面，浙江省积极推动绿色发展。以财通证券下属的财通资本为例，通过成立常山柚富、杭州萧通、温岭财鑫、湖州新长合等一批绿色基金和共富基金，聚焦绿色投资，基金内募投项目主要包括新能源、数智低碳、大健康等绿色产业，截至 2023 年末，相关存续基金规模超 26 亿元。

5. 环境权益市场：排污权市场创新取得成效

2023 年，浙江省深化推进各类环境权益市场建设，各市场建设均取得一定成效。在碳排放权方面，2023 年浙江省强化温室气体排放报告及核查，除对全省纳入全国碳市场的企业温室气体排放报告开展核查复查工作之外，绍兴、义乌等市也顺利开展了非碳交易纳入企业的温室气体排放报告核查项目的相关工作。此外，省生态环境厅组织编制了《浙江省温室气体重点排放单位数据质量管理实施方案》，强调利用物联网和区块链等信息化手段，打造浙江省碳市场数据质量数字化监管模块。在用能权方面，市场化交易平缓发展。2023 年，浙江省用能权全年累计交易 53 笔，交易量较 2022 年减少 17 笔，单笔交易量从 730.40 吨标煤至 12.98 万吨标煤不等，交易形式主要包括政府出让给企业、政府从企业回购以及小规模的企业间二级市场交易。水权方面，2023 年浙江省的水权成交量为 0.53 亿立方米，交易成交金额为2515万元，分别位列全国第三和第二。在排污权方面，作为全国首批排污权交易试点之一，排污权制度建设和市场交易与创新成效显著，截至2023年底，全省累计排污权有偿使用和交易20.38万笔、有偿使用和交易金额达170.6亿元，在全国处于领先地位。

基于环境权益交易市场的积极发展，环境权益融资活动也持续创新。如围绕取水权，2023年3月，丽水采用“取水权质押+双边登记”的融资模式，创新推出取水权质押贷款“取水贷”；同时，创建“取水贷”审批查询登记系统，开通线上申请办理平台，建立水资源生态信用数据库，进一步拓宽水资源生态产品价值实现路径。截至2023年12月，“取水贷”授信额已达307亿元，实际融资101.8亿元。在排污权方面，截至2023年底，浙江省累计有1282家企业办理排污权抵押贷款3281笔、贷款金额896亿元，占全国九成以上。

四

安徽省绿色金融发展分析

安徽省聚焦全省经济社会绿色发展和低碳转型中的金融需求，突出从构建标准体系、完善激励约束机制、创新产品服务等方面综合发力，引导各地立足区域特点，全力书写绿色金融高质量发展“皖”美答卷，全省绿色金融整体呈现量增质优的良好发展态势。

（一）政策体系

1. 出台碳达峰碳中和系列政策

安徽省委、省政府立足打造“三地一区”战略定位、锚定“七个强省”建设目标，大力完善绿色低碳高质量发展政策体系。2022年，出台

《中共安徽省委安徽省人民政府关于完整准确全面贯彻新发展理念做好碳达峰碳中和工作的实施意见》(以下简称《实施意见》)和《安徽省碳达峰实施方案》(以下简称《实施方案》)，明确碳达峰碳中和目标任务，提出碳达峰时间表、路线图、施工图。其中，《实施意见》从总体要求、重点任务、保障措施三个层面提出落实举措，是《实施方案》的进一步细化，立足碳达峰阶段性目标任务，重点实施“碳达峰十二大行动”。2023年出台《以数字化转型推动制造业高端化智能化绿色化发展实施方案（2023—2025年）》及相关支持政策，大力实施绿色制造协同升级工程，对获评国家级绿色工厂、数字化改造项目贷款等业务给予奖补、贴息支持；印发《创优营商环境对标提升举措（2023版）》，提出构建多层次绿色金融组织体系，加快绿色金融产品和服务创新；出台《支持社会资本参与林业发展若干措施》，明确免税、上市补贴、用电优惠、发展林权贷款产品等财税、金融支持政策；审议通过《安徽省新能源汽车产业集群发展条例》，鼓励金融机构设立汽车产业特色机构，建立适应汽车行业特点的产品创新、信贷管理和专业化评审等机制。省直相关部门大力实施绿色低碳行动，印发《安徽省重点领域节能降碳改造推进方案》，创新以能耗节约量为标准给予奖补，强化政策引导和撬动作用；印发《安徽省关于深化排污权交易改革工作的意见》，从明确实施范围、合理核定权属、规范工作流程、健全交易机制、加强监督管理5个方面构建全省排污权交易体系；制定《碳普惠体系建设工作方案》《安徽省2023年推动城乡建设绿色发展工作要点》《关于完善能源绿色低碳转型体制机制和政策措施的实施意见》《关于财政支持做好碳达峰碳中和工作的实施方案》等政策文件，强化对美丽安徽建设重大工程的财税、金融、价格等政策支持。

2. 加强绿色金融专项政策体系与发展机制建设

安徽省金融系统以支持绿色低碳发展为主线，以推进绿色金融与转型金融协同发展为目标，顶格协调改革事项、项目化推进改革举措、清单式落实改革任务。成立绿色金融工作专班，细化对金融机构绿色信贷、绿色金融债、绿色金融服务的分类指导，鼓励加快绿色产融对接，推动全省银行机构绿色信贷业务全覆盖。按季度对全省163家法人机构，按年度对27家省级非法人机构开展绿色金融评价，将评价结果分别纳入央行评级和综合评价，及时向金融机构反馈评价结果并采取培训、约谈、通报、督导等多种方式，指导参评机构完善绿色金融发展机制。

印发《安徽省适应气候变化行动方案》，提出完善气候和环境信息披露制度，鼓励金融机构扩大绿色信贷投放；出台《关于扎实推进安徽银行业保险业一体化建设和支持加快融入长三角一体化发展的指导意见》等系列文件，引导辖内金融机构完善绿色金融体制机制，加强气候风险防控。辖内各市因地制宜，积极推进绿色金融改革创新，淮南市出台《关于淮南市绿色金融发展工作的指导意见》，马鞍山市出台《关于推动绿色金融发展的实施意见》，安庆市出台《安庆市绿色金融服务生态产品价值实现的指导意见》，亳州市出台《金融服务农业绿色转型的实施意见》，滁州市制定《滁州市气候金融业绩评价方案》，对市辖区14家银行机构开展评价并择优确定气候投融资试点银行等，形成了一批具有地方特色的绿色金融模式，有效推动了安徽省绿色金融高质量发展。

3. 完善绿色金融和转型金融标准体系建设

2023年，人民银行安徽省分行印发《安徽辖内金融机构环境信息披露工作试点方案》，通过专题培训、定期调度、监督检查等方式加强披露质量管控。中国银行、建设银行安徽省分行，兴业银行、光大银行、杭州银行合肥分行等省级非法人金融机构，徽商银行、合肥科技农村商业银行、新安银行、皖能财务公司以及各市109家法人金融机构积极参加环境信息披露试点；淮北、亳州、阜阳、淮南、滁州、六安、芜湖等市实现法人银行环境信息披露全覆盖。辖内相关地市围绕生态产品价值实现机制探索构建金融支持标准体系，安庆市出台《安庆市碳富贷操作指引（试行）》《安庆市环境导向型（EOD）贷款指引（试行）》；黄山市出台《黄山市特定地域单元生态产品价值实现金融贷款机制试行方案》及《黄山市“VEP 绿色贷”试点方案》，为金融产品落地提供制度遵循。

安徽辖内部分地市立足资源禀赋和产业发展特点开展转型金融探索，形成了一批示范成果。蚌埠市出台《关于银行业支持蚌埠市经济发展和转型升级的指导意见》，建立健全辖区转型金融工作机制、配套政策、服务体系、融资模式；编制《融资主体转型方案编制大纲》，明晰企业转型发展路径，为开展转型金融服务提供标准化模板；动态建立“两单一库”（转型产品和服务项目清单、重点碳排放企业监测名单、碳减排重点领域后备企业项目库），指导金融机构围绕高碳企业低碳转型融资需求制定差异化金融服务方案。淮北市印发《淮北市转型发展金融建设实施方案（试行）》，明确“建立转型金融标准、设立转型企业碳账户、强化金融机构转型金融管理、创新转型金融产品和服务、推动企业低碳转型发展”五项重点任务，并针对转型金融“数据获取难”和“识别难”的问题，配套编制企业碳账户建设指南和《淮北市转型发展金融支持目录》，建立该市首批转型金融项目库。淮南市印发《淮南市转型金融支持行业目录（2023 年版）》，建立转型金融支持项目库，涵盖煤炭开采、火电、煤化工、水泥、钢铁等 5 个行业、8 项细分领域、30 余项转型技术或路径，覆盖全市 70% 的重点能耗企业。亳州市印发《亳州市金融服务农业绿色转型的实施意见（试行）》，确定提供农业绿色转型信息支撑、做好重点领域金融服务和强化金融产品服务改革创新三大任务。马鞍山市出台《马鞍山市转型金融支持行业目录（2023 年版试行）》，选取转型意愿强、转型路径相对明确的重点企业、重点项目先行先试，重点推进，鼓励金融机构对接，努力打造转型金融项目示范标杆。

4. 在企业端推进 ESG 能力建设

安徽省将 ESG 作为加强企业绿色发展意识的抓手，通过加强政策宣传引导、强化交流分享、发挥示范引领带动作用等，推动省内 ESG 能力建设及实践发展。一是在日常监管过程中，积极鼓励上市公司，尤其是头部公司、国有企业充分发挥带头示范作用，通过践行 ESG 理念实现企业长期价值增长，全面披露年度 ESG 报告。二是推动安徽上市公司协会，通过微信公众号宣传政策与案例、培训解读等方式加强政策解读引导，督促上市公司践行企业使命和责任，提升 ESG 管理水平、改善 ESG 报告质量，助力提升上市公司投资价值。截至 2023 年末，安徽上市公司披露 ESG 报告数由 2021 年的 45 家增至 66 家，披露数占比由 2021 年的 30.41% 增至 2023 年的 37.71%，企业信息披露意识显著增强。多家公司 ESG 实践获认可，如国元证券入选“中国 ESG 上市公司先锋 100”榜单，海螺水泥入选“国有企业上市公司 ESG · 先锋 100 指数（2023）”榜单，皖通高速的《“皖美高速”让出行更完美》入选 2023 年度交通企业“卓越案例”等。

5. 深化排污权管理制度建设

2023 年 9 月 28 日，安徽省生态环境厅联合多部门印发《安徽省关于深化排污权交易改革工作的意见》，把“谁污染、谁治理”“谁减排、谁受益”落到实处，推动市场化配置排污权等环境要素。2023 年 12 月 29 日，安徽同时发布《安徽省排污权有偿使用和交易管理办法（试行）》《安徽省排污权交易规则（试行）》《安徽省排污权储备和出让管理办法（试行）》《安徽省排污权租赁管理办法（试行）》，规范了安徽省排污权有偿使用、交易、储备和出让、租赁等行为，明确了相关管理要求和操作流程，标志着安徽省排污权交易改革工作进一步深化，有助于推动环境要素市场化配置。

表 2-10　安徽省涉及绿色金融的相关政策一览表（2019—2023 年）

发布时间	政策名称	政策内容	发布机构
2019	《安徽省企业环境信用与绿色信贷衔接办法（试行）》	引导金融机构将企业环境信用信息与银行业金融机构的信贷挂钩，强化环境监管，优化信贷结构，防范信贷风险	人民银行安徽省分行（原合肥中心支行）会同生态环境厅等部门

续表

发布时间	政策名称	政策内容	发布机构
2021	《关于进一步加强绿色金融发展 助力碳达峰碳中和的通知》	推动建立绿色金融专项工作机制、保障机制	安徽金融监管局
2022	《安徽省“十四五”循环经济发展规划》	加强绿色金融产品创新，加大绿色信贷、绿色债券、绿色基金、绿色保险对循环经济有关企业和项目的支持力度	安徽省人民政府
2022	《安徽省“十四五”节能减排实施方案》	健全绿色金融体系，扩大绿色信贷规模，用好碳减排支持工具和支持煤炭清洁高效利用专项再贷款。推动建立绿色贷款财政贴息、奖补、风险补偿、信用担保等配套支持政策	安徽省人民政府
2022	《安徽省碳达峰实施方案》	提出“绿色金融支持降碳行动”，具体包括：用好碳减排支持工具、强化绿色金融产品创新、完善绿色金融体制机制	安徽省人民政府
2022	《中共安徽省委安徽省人民政府关于完整准确全面贯彻新发展理念做好碳达峰碳中和工作的实施意见》	加强投融资政策支持。充分发挥政府投资引导作用，严控高碳项目投资，激发市场主体绿色低碳投资活力。用足用好碳减排方面的金融支持政策，建立绿色低碳项目库，加强项目储备对接，完善激励约束机制，引导金融机构对符合条件的项目提供融资支持。鼓励绿色低碳金融产品和服务创新，扩大绿色债券发行规模。在全省上市后备资源库中标识绿色企业，支持符合条件的绿色企业在多层次资本市场上市挂牌。加强社会信用体系建设，健全企业环境信用评价、修复和信息披露机制。支持创建国家级绿色金融改革创新试验区。鼓励设立多种形式的碳达峰碳中和产业投资基金及林业碳汇基金	安徽省委 安徽省人民政府

续表

发布时间	政策名称	政策内容	发布机构
2023	《关于推进安徽辖内金融机构环境信息披露试点的意见》	制定金融机构环境信息披露模板，引导金融机构基于资产规模、能力建设情况选择定性披露版、经营活动版、投融资版、压力测试版之一进行披露试点	中国人民银行安徽省分行
2023	《安徽省关于深化排污权交易改革工作的意见》	明确实施范围、合理核定权属、规范工作流程、健全交易机制、加强监督管理	安徽省生态环境厅、安徽省发展和改革委员会、安徽省财政厅联合
2023	《安徽省排污权有偿使用和交易管理办法（试行）》	明确4类污染物的排污权有偿使用和交易、政府储备管理、交易规则、排污权租赁等有关具体内容，建立全省统一的制度体系	安徽省生态环境厅、安徽省发展改革委、安徽省财政厅、安徽省地方金融监管局
2023	《安徽省排污权交易规则（试行）》		
2023	《安徽省排污权储备和出让管理办法（试行）》		
2023	《安徽省排污权租赁管理办法（试行）》		

（二）市场进展

1. 绿色信贷：2023 年绿色信贷余额同比增长 47.17%

2023 年安徽省绿色信贷保持平稳增长。截至 2023 年底，安徽省绿色贷款余额为 9155.02 亿元，同比增长 47.17%，绿色贷款余额占各项贷款余额比例为 11.74%，较上年增长 2.52 个百分点。从资金用途来看，安徽省绿色信贷主要投向基础设施绿色升级、生态环境、节能环保、清洁能源等产业。其中，基础设施绿色升级贷款余额为 2603.26 亿元，占全部绿色贷款余额的 28.44%，同比增长 45.99%；生态环境产业贷款余额为 2559.10

亿元，占全部绿色贷款余额的 27.95%，同比增长 42.88%；节能环保产业贷款余额为 1969.01 亿元，占全部绿色贷款余额的 21.51%，同比增长 39.91%；清洁能源产业贷款余额为 1741.03 亿元，占全部绿色贷款余额的 19.02%，同比增长 66.72%。

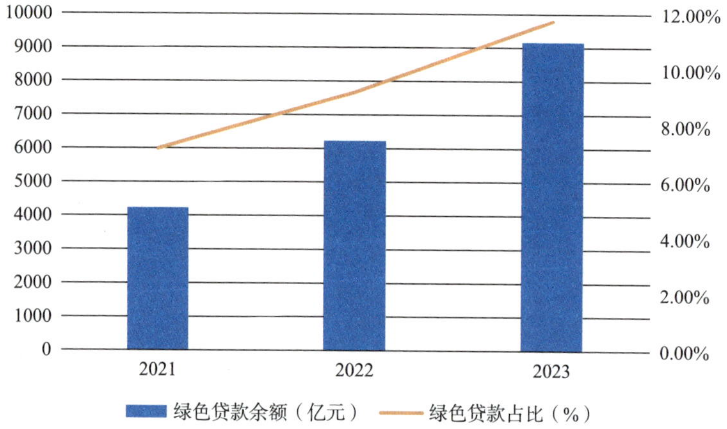

图 2-9　2021—2023 年安徽省绿色贷款余额及其占比

充分发挥碳减排支持工具、支持煤炭清洁高效利用专项再贷款的带动作用。安徽省持续推进碳减排支持工具项目摸排与调度工作，指导金融机构健全配套措施。将徽商银行、合肥科技农村商业银行、马鞍山农村商业银行等 3 家地方法人银行纳入碳减排支持工具支持范围并快速推动政策落地。交通银行安徽省分行将获得央行碳减排支持工具纳入绿色金融专项考核，每投放 1000 万元，加 1 分；平安银行合肥分行对碳减排支持工具项下贷款适用最低 2.63% 的 FTP 优惠利率；中信银行合肥分行等对符合碳减排支持工具的业务给予 50 ~ 100bps 不等的经济利润补贴。截至 2023 年 12 月末，碳减排支持工具引导全国性银行在皖分支机构累计发放碳减排贷款 363.25 亿元，加权平均利率为 3.40%；支持煤炭清洁高效利用专项再贷款引导全国性银行在皖分支机构累计发放支持煤炭清洁高效利用贷款 146.08 亿元，加权平均利率为 2.72%。

优化绿色金融组织体系，创新“VEP+”等绿色贷款产品。一是优化绿色贷款管理机制。引导金融机构对绿色项目授信给予优先受理、优先审批、优先投放、优惠利率的“四优政策”保障，通过配置绿色贷款专项规模、实行绿色信贷内部资金转移定价补贴、设置绿色贷款专项考核等机制，推动金融资源向绿色领域集聚。二是创新信贷模式。鼓励金融机构创新基于碳排放权、排污权、用能权等环境权益抵质押融资模式，落地“碳中和挂钩贷款”“绿色创新投资组合贷款”①；完成VEP收益权质押贷款项目投放，实现生态产品价值“权益申请—VEP核算—评估授信—风险补偿”闭环运行。

专栏2-17　全国首单VEP收益权质押贷款项目落地安徽黄山

特定地域单元生态产品价值（value of ecological products，简称“VEP”），指某一特定地域内基于各类经营权产生的生态系统生态产品的市场价值，其核算主要用于经营开发、担保信贷、权益交易等市场发挥作用的生态产品价值实现领域。

根据《黄山市特定地域单元生态产品价值（VEP）绿色金融贷款机制方案（试行）》，VEP收益权质押贷款的总体思路为在确定特定地域单元和适宜的生态产业项目后，将生态资产收益权作为开发要素授予项目实施主体，通过“权益申请—VEP核算—确权颁证—申报贷款—评估授信—登记放款—风险补偿”路径，以VEP收益权为质押向项目实施主体提供贷款、形成闭环，以市场化路径实现生态产品价值。

2023年7月，黄山市为“祁门祁红”茶产业链开发（一期）项目颁发了首张“黄山市特定地域单元生态产品价值权益证”；9月，市农发行为该项目下达3.1亿元贷款审批书，并成功投放首笔贷款1.83亿元，期限为25年，利率为LPR下浮10个基点（4.1%），贷款资金主要用于祁红低山茶园生态修复工程、祁红生态茶园田园综合体乡村振兴示范工程建设等。这标志着全国首例特定地域单元生态产品价值（VEP）收益权质押贷款项目正式落地安徽，为生态价值转化多元化提供了一条可复制、可推广的新路径，也是安徽深入践行“两山”理论的一次有益探索。

---

① 由中国清洁发展机制基金和商业银行，为加强国家层面应对气候变化和节能减排工作助力绿色低碳发展而设计的绿色投资创新组合贷款产品，用于支持中国境内有利于产生应对气候变化效益的产业活动。

2. 绿色债券：2021—2023 年间市场活跃度提升

2023 年，安徽省新发行 6 只普通绿色债券，同比增加 50%，合计规模约 62.15 亿元，同比减少 13.92%，占全国同期发行规模的 1.58%。总体而言，2022 年和 2023 年债券发行规模较 2021 年有 6 ~ 7 倍的显著提升，市场活跃度正在逐步显现。从债券类型来看，2023 年绿色债务融资工具和绿色金融债是安徽绿色债券市场发展的主要力量，发行规模分别为 27 亿元和 25 亿元，其次是绿色企业债。结合过去两年来看，绿色金融债一直是安徽绿色债券市场的重要组成部分。从募集资金用途来看，在 2023 年新发行的绿色债券中，募集资金分别用于节能环保产业、清洁能源产业及多种用途，各领域获得的资金支持力度相对均衡。

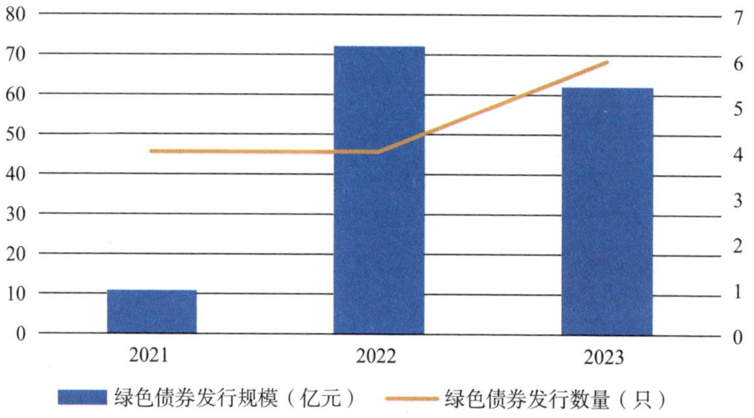

图 2-10　2021—2023 年安徽省绿色债券发行规模及数量

通过债券市场发展绿色直接融资是安徽省绿色金融的亮点之一。从绿色债券创新角度来看，2023 年 3 月，安徽芜湖成功落地了绿色“熊猫债”——中国海螺创业控股有限公司成功发行 2023 年第一期绿色中期票据，该债券开创了“绿色债 + 熊猫债 + 债券通”的组合模式，发行规模 12 亿元，募集资金所支持的项目建成后预计实现年温室气体减排量 26.69 万吨[①]。同月，奇瑞徽银汽车金融股份有限公司发行2023年第一期绿色金融债券，该债券是全国汽车金融公司首单绿色金融债券，发行规模为10亿元，募集资金将用于发放新能源汽车贷款。从完善绿债市场基础设施角度来看，自2021年以来，中国人民银行安徽省分行、安徽省发改委、省生态环境厅等部门持续加强合作，共同建立绿色债券发行主体储备库、发债企业服务平台以及“两高”项目联动机制，切实加强绿色低碳产融对接。

3. 绿色保险：聚焦农业和生态保护扩面创新多项绿色保险

作为农业和自然资源大省，2023年，安徽省聚焦农业发展和生态保护，积极推动多个绿色保险产品的研发和扩面。截至2023年末，安徽省绿色保险保额规模达8.05万亿元，业务涵盖环境、社会、治理（ESG）风险保险，生态环境产业、清洁能源、基础设施绿色升级、节能环保产业等绿色产业，新能源车险和绿色生活相关非车险。

在气候变化应对方面，目前安徽省农业保险产品责任已涵盖暴雨、洪水、内涝、风灾、雹灾、旱灾等主要自然灾害，以及泥石流、山体滑坡、火灾等意外事故和病虫鼠害等生物灾害，同时，为满足多元化保障需求，引导辖内保险公司因地制宜开发林木火灾保险、桃低温冻害指数保险、野生动物致害政府救助责任保险等创新产品。如国元农险已开展了生态种植业、林业、畜牧业等生态农业类保险200多个，创新研发一系列特色涉农保险产品，包括农产品溯源保证保险、优质农产品品质保证保险、茶园病虫害绿色防控保险、高标准农田保险、农机保险、农房保险、农业雇主责任保险，水稻高温热害、桃低温冻害和蓝莓天气指数保险等，有效应对农业生产面临的自然灾害风险，减少农户因灾损失，稳定农业生产收入。在巨灾保险领域，安徽金融监管局与应急、财政、农业、住建等部门开展政策研究，出台安徽自然灾害综合保险试点实施方案，创新整合民生保险和

① 中部六省首单绿色“熊猫债”落地芜湖［EB/OL］.［2023-03-25］. http：//ah.people.com.cn/n2/2023/0325/c358428-40351237.html.

巨灾保险专项工作。

在环境和生态保护方面，绿色保险正在发挥更加重要的作用。以安徽省黄山市为例，2023年新安江流域综合环境污染强制责任保险试点正式启动，将产生、排放影响新安江水质污染物的重点企业纳入强制投保范围。平安财产保险、人民财产保险、太平洋财产保险黄山分公司为18家环境污染风险企业提供风险保障1380万元。在生态价值保护方面，碳汇保险作为生态价值实现的有力支撑，安徽省内保险机构也开展了积极实践。2023年国寿财险安徽省分公司落地省内首单森林碳汇价值保险，保障森林因自然灾害、意外事故或病虫害导致的林木碳汇价值降低风险。赔款专项用于林业碳汇资源拯救、碳源清理、森林资源培育与生态修复，为森林碳汇价值实现与生态可持续发展筑牢保险“堡垒”。

4. ESG投资：政府引导基金撬动大投资

由于注册地在安徽省的基金管理人较少，中央财经大学绿色金融国际研究院ESG数据库显示，省内暂无ESG基金。从上市企业ESG报告披露情况来看，2023年注册地址在安徽省的上市企业披露ESG报告的数量为71家，同比增加24.56%，占全国披露ESG报告企业数量的4.77%，呈逐年上升的良好趋势，意味着省内企业群体对可持续发展的关注度在不断提升。

安徽省近年来着力于发展绿色基金，以社会资本引导的绿色私募基金①和以政府引导的绿色产业基金②规模持续增长。绿色私募基金方面，安徽省紧密围绕新能源汽车及新能源产业布局。2023年新设立3只绿色私募基金，总规模为15.6亿元。其中安徽省新能源汽车和智能网联汽车产业基

① 绿色私募基金：由于缺乏统一的绿色私募基金的统计口径，安徽省绿色私募基金定义为名称中含有“绿色”“新能源”“碳中和”关键词的私募基金。数据来源于安徽证监局。

② 政府引导基金：（1）设立年份为省科技成果转化基金转承时间以及其他15只母基金工商登记时间；（2）基金规模为母基金认缴金额，包含社会资本认缴出资。数据来源于安徽省财政厅。

金主要投向新能源汽车和智能网联汽车，单基金规模均在6亿元左右，而安徽鲁信皖能绿色动能股权投资基金明确要求至少70%资金投向与绿色能源、绿色环保、能源科技和碳科技等领域及产业链相关的国家战略性新兴产业，规模为3.5亿元，为产业发展提供有力支持。

政府引导的产业基金方面，2023年安徽省共新设16只新兴产业引导基金，总规模达885亿元（含社会资本认缴出资），其中多只基金聚焦绿色和战略性新兴产业，体现了安徽省在推动产业结构调整、促进绿色发展方面的坚定战略。具体来看，新成立的安徽省新能源和节能环保产业基金总规模为120亿元，重点投向新能源与节能环保相关产业，包括储能、下一代太阳能技术、风电、核能、氢能源、节能新材料、节能照明、节能技术设备、污水处理、大气污染控制、固废/危废处置、环保设备及服务、环境监控等细分领域。安徽省绿色食品产业主题投资基金总规模为83.4亿元，重点围绕农业相关产业展开投资布局，涵盖农业农村绿色发展、农村新能源及光电农业、农业农村基础设施建设等多个方面。安徽省新能源汽车和智能网联汽车产业基金总规模为40.4亿元，致力于推动新能源汽车和智能网联汽车产业的发展。

此外，省内各市也积极响应绿色发展号召，大力推动区域内绿色基金的发展。黄山市设立新安江绿色发展产业引导基金，通过政府和社会资本合作、融资贴息等方式，吸引社会资本投入。淮北市则重点关注金融生态建设，提出围绕碳信贷、碳保险、碳债券、碳基金、碳资产证券化等设计绿色转型金融产品体系与发展模式，构建绿色转型金融创新“淮北模式”，探索“生态资源—生态资产—生态资本”循环发展模式等。

五

长三角生态绿色一体化发展示范区绿色金融发展分析

（一）政策体系

1. 制度改革释放一体化改革红利

2019 年，《长三角生态绿色一体化发展示范区总体方案》正式印发，该方案提出将上海市青浦区、江苏省苏州市吴江区、浙江省嘉兴市嘉善县（简称“两区一县”）作为一体化示范区，以“生态优势转化新标杆”“绿色创新发展新高地”“一体化制度创新试验田”“人与自然和谐宜居新典范”为战略定位，探索跨行政区域共建共享的新路径。金融改革积极发力，2020 年示范区执委会印发了《关于在长三角生态绿色一体化发展示范区深化落实金融支持政策推进先行先试的若干举措》，其中明确提出了推进同城化金融服务、试点跨区域联合授信、提升移动支付水平、支持设立一体化金融机构、推进区域公共信用信息共享、推进一体化绿色金融服务平台建设、推进一体化科技金融服务、建立金融信息共享合作机制等八大方面的 16 条建议。2021 年 12 月，示范区执委会联合其他部门印发了《长三角生态绿色一体化发展示范区绿色保险实施意见》，进一步提出鼓励保险机构以共保体模式承保，通过三地共保联治，实现“跨区同城化通赔”的融合发展要求。截至目前，各项一体化工作有序推动，示范区已积极推动 10 家保险机构成立示范区绿色保险共保体，落实“跨区同城化通赔”制度。

2. 分头围绕绿色金融总体方案部署地方工作

2021 年，一体化示范区执委会印发了《长三角生态绿色一体化发展示范区绿色金融发展实施方案》，提出了“绿色金融产品和服务创新的先行区”“气候投融资和碳金融应用的实践区”“绿色产业和绿色金融融合发展的试验田”的努力目标。近年来，两区一县陆续出台相关政策或建立机制以推动目标的实现。中国人民银行嘉兴市分行联合市金融办出台《金融支持长三角生态绿色一体化示范区建设若干意见》，引导金融资源向嘉善县倾斜，向上对接获批5100亿元的省级机构授信规模，专项用于支持示范区绿色发展[①]。青浦区长三角金融产业园利用绿色金融发展机遇，引入多机构多产品落地金融产业园，以绿色金融支持长三角地区形成具有国际竞争力的绿色产业链集群。苏州市吴江区金融监管局印发《吴江区关于大力发展绿色金融总体方案》，进一步明确以建立健全区内纺织行业碳账户体系及优化完善“工业企业绿色发展评价体系”为重点的十一项具体任务，分解细化各项任务职责分工及试点工作进度。

专栏2-18　长三角生态绿色一体化发展示范区发展成效

在“双碳”目标的指引下，绿色发展理念不断深化，绿色金融已成为长三角生态绿色一体化发展示范区实现高质量发展的核心驱动力。上海市青浦区、苏州市吴江区和嘉兴市嘉善县（以下简称“两区一县”）积极探求绿色金融的发展道路，陆续推出一系列切实可行的政策措施，并取得了显著成效。

上海市青浦区积极出台多项政策文件助推绿色发展，包括《上海市青浦区碳达峰实施方案》和《青浦区建筑领域碳达峰实施方案》，并建设双碳研究示范基地，牵头编制《长三角生态绿色一体化发展示范区碳达峰实施方案》，为绿色金融发展提供政策支持。同时，青浦区还印发了多项任务清单和整治方案，以实现加强生态环境治理，推进“无废城市”建设。相关金融机构积极参与绿色金融标准体系建设，创新推出多种绿色金融产品。例如，绿色光伏贷、草莓贷等创新型贷款，为光伏能源企业及生态农业的发展提供金融服务。

① 人民银行嘉兴市分行：“四大创新”全书书写绿色全面金融服务篇章［EB/OL］.［2023-12-29］. 资料来源：http：//camlmac.pbc.gov.cn/goutongjiaoliu/113456/113475/5184522/index.html.

苏州市吴江区在推动绿色金融产品与服务方面成效显著，特别是在新材料产业领域，已成功突破千亿级规模，培育了一批国家级、省级绿色工厂，以及多个国家级服务业制造示范企业和企业技术中心。吴江区与上海青浦区携手，共同完成了全国首个跨省统一标准、共同认定的示范幸福河湖元荡及江浙地区首个跨界幸福河道（小天圩）的联合创建。此外，吴江区还积极推动联合河湖长制的规范化建设，率先牵头编制了《长三角生态绿色一体化发展示范区联合河湖长制工作规范》，确保了示范区河湖长制的规范化、制度化运作。同时，吴江区在村级层面设立了联合河长制工作站，拓宽了联合治水的社会参与范围，构建了更广泛的合作网络。

嘉善县秉持生态保护优先的原则，积极推进主体功能区战略的实施，将生态环境分区管控的具体要求细致地融入《长三角生态绿色一体化发展示范区嘉善片区生态环境保护和绿色发展规划》《生态环境保护"十四五"规划》以及《嘉善县国土空间生态修复规划（2021—2035年）》等关键性规划之中。通过全面链条式的应用，嘉善县在"生态修复筑牢绿色基底—高效集约提升生产空间—导入激发新兴产业动能"的发展路径上取得了显著成果。2022年，嘉善县通过持续优化河长制"1+X"水质通报制度、推进祥符荡生态环境提升工程、促进青吴嘉三地的联合保护与治理、实施萤火虫"回嘉"行动计划等一系列措施，县域内的水质得到了显著提升。祥符荡等水域的水质已达到Ⅱ类水标准，水体透明度超过2米，沉水植被的覆盖度达到了70%，展现了嘉善县在生态环境保护与修复方面的卓越成就。

3. 发布《示范区绿色银行分支机构建设指引》

2023年示范区执委会印发了《长三角生态绿色一体化发展示范区绿色银行分支机构建设指引》（以下简称《指引》）并确定了6家金融机构为首批示范区绿色银行分支机构，分别是中国银行股份有限公司浙江长三角一体化示范区支行、江苏银行股份有限公司上海青浦支行、中国农业银行股份有限公司上海长三角一体化示范区支行、中国建设银行股份有限公司上海长三角一体化示范区支行、中国建设银行股份有限公司浙江长三角一体化示范区支行、交通银行股份有限公司苏州长三角一体化示范区分行。《指引》明确了新设示范区绿色银行分支机构贷款总占比不低于35%，原有支行改造为绿色支行且绿色贷款占比不低于20%，更名后5年内不低于35%，对示范区内注册或经营企业的绿色贷款不低于绿色贷款总量的60%。

（二）市场进展

1. 发展金融同城化服务联盟等推动要素跨区域流动

2023年是长三角生态绿色一体化发展示范区建设4周年，“两区一县”围绕基础设施互联互通、科技和产业协同创新、生态环境联保共治、公共服务共建共享、市场统一开放等开展多项合作，也为金融要素的流动奠定了良好基础。“长三角生态绿色一体化发展示范区文创产业发展联盟”“长三角生态绿色一体化发展示范区金融同城化服务创新发展联盟”“长三角生态绿色一体化发展示范区跨省域高新技术产业开发区”等落地示范区，强化合作联动。其中，金融同城化服务创新发展联盟于2021年11月在上海成立，由21家金融相关单位作为创始成员共同发起，联盟成立之初即与青吴嘉三地政府签署了《金融赋能长三角生态绿色一体化发展示范区高质量发展战略合作协议》，成立“科创金融、普惠金融、绿色金融、同城化金融”四个专业委员会。联盟成员积极推动区域间要素流动，如交行为服务示范区一体化改革创新“试验田”，已推出区域转账手续费减免、同城化授信等专属制度政策，参与了示范区碳普惠联动机制和双碳信息平台建设，区内经营机构积极践行绿色理念首批获颁“零碳网点”，培育出一批包括“交政通”政务跨省通办进网点、E企融·信易贷平台数据赋能普惠产品、基于“智慧大脑”数字底座的“信用+医疗”等产品创新成果①。

2. 构建长三角绿色金融信息管理系统促进区域互联互通

2020年2月，中国人民银行等多部门和上海市政府联合发布《关于进一步加快推进上海国际金融中心建设和金融支持长三角一体化发展的意

① 资料来源：https：//baijiahao.baidu.com/s？id=1785129626008377574&wfr=spider&for=pc.

见》，明确提出“在长三角推广应用绿色金融信息管理系统”。据此，中国人民银行上海总部、江苏省分行、浙江省分行、安徽省分行就绿色金融信息管理系统的推广应用组织研讨，达成了在长三角地区分步建设推广的整体思路，并由中国人民银行浙江省分行牵头进行具体方案的制定和落实。

2020年末，长三角绿色金融信息管理系统在长三角三省一市全面上线部署，完成了长三角跨地区的绿色金融数字化监管基础设施的搭建，并与湖州版本的人民银行绿色金融信息管理系统全面实时对接。既保留了现有湖州版本的先进性，又建设了一套符合长三角一体化推广的新系统。初步实现了长三角地区人民银行与辖区金融机构的信息直连、各省市人民银行绿色金融数据的互联互通，大幅提升了金融管理部门和金融机构管理绿色资产的及时性和有效性，为后续开展统一环境信息披露、环境风险管理打下坚实基础。

2023年，中国人民银行浙江省分行对长三角绿色金融信息管理系统进行迭代升级，开发上线环境信息披露功能模块，在全国率先实现金融机构端环境信息披露报告编制、发布和金融管理部门端跟踪评价的全流程线上化。

专栏 2–19　长三角绿色金融信息管理系统介绍

长三角绿色金融信息管理系统包括人民银行管理端功能和商业银行服务端功能，实现绿色金融数据可视化展示及长三角地区互联互通和数据共享、绿色金融业绩评价线上化、绿色金融信息发布与共享三大功能。

搭建数据采集及管理流程。实现基于绿色信贷专项统计制度要求的各项数据采集，主要涵盖基于人民银行调统数据（A3327报表）的采集以及商业银行环境效益数据报送。系统自动基于采集到的数据进行加工、分析处理，并根据业务需求得出各层级、各维度的指标数据。

可视化逐级展示辖内绿色金融业务发展。通过绿色金融大屏及驾驶舱可视化展示辖内各地区、各金融机构的绿色金融业务发展情况，包括绿色贷款的规模、投向分布、行业分布、贷款质量等等，并对地区和机构进行排名。

提供多维度统计分析功能。为人民银行各级地市分行提供辖内绿色金融统计数据的报表展示，可根据金融机构、下辖地区等条件进行数据过滤查询。

实现绿色金融业绩评价流程自动化。系统提供绿色金融业绩评价模型、指标、评分及权重的管理与计算，实现绿色金融业绩评价定性评价流程线上化、定量评价自动化、评价结果分析可视化。同时，支持三省一市人民银行根据当地实施细则进行调整，实现长三角地区绿色金融评价标准基本统一。

建立三省一市数据共享机制。在三省一市分别部署的情况下，建立数据共享机制实现长三角地区应用数据的互联互通。单省市的绿金系统通过API接口进行数据分发，部署在其他所在地的绿金系统接收数据并进行可视化展示。

3. 多银行聚焦示范区金融服务开展专项行动

在示范区建立后，多家银行将服务示范区协同发展作为重点工作，在信贷流程优化、授信优化、平台建设等方面采取了多项具体举措。如中国银行出台《长三角生态绿色一体化发展示范区业务发展行动措施》，由上海总部与上海、浙江、苏州分行共同努力，推动示范区金融服务一体化，2023年积极参与示范区“E企融”信易贷服务平台建设，持续上线平台20余款普惠金融特色产品。农业银行加强三地资源整合，以“园区批次贷”“抵押e贷”“房抵e贷”等拳头产品为抓手，扩大普惠金融服务覆盖面。上海农商银行浙江长三角一体化示范区支行2011年落地嘉善，作为首批加入长三角生态绿色一体化发展示范区金融同城化服务创新发展联盟的成员，携手上海地区支行为企业提供金融服务。

专栏2-20　中信银行设立长三角区域协调发展小组

2018年，长三角区域一体化发展正式上升为国家战略。中信银行紧跟国家战略，紧扣“一体化”和“高质量”两个关键词，设立长三角区域协调发展领导小组，统筹协调区域内各分行及子公司实现金融服务一体化。中信银行上海分行作为系统内首家分行，中信银行长三角区域协调发展领导小组办公室也设立在上海分行。上海分行牵头推动落实长三角区域协调发展各项工作，统筹协调区域内分行协同服务重点企业、联合落地重大协同项目。

中信银行上海分行积极牵头助力长三角生态绿色一体化发展示范区建设。2023 年，上海分行落地首笔绿色金融业务领域 CCER 质押融资贷款，有效盘活客户存量资产；杭州分行设立绿色专营支行和“碳中和”银行试点机构，扎实推进“碳中和”银行体系建设；南京、苏州、合肥、宁波分行秉承“绿水青山就是金山银山”的生态文明建设理念，指引绿色金融业务发展，为区域内重要项目提供金融支持。

4.“长三角一体化发展示范区债”助力示范区基础设施建设

2023 年 11 月，长三角一体化发展示范区债发行，充分体现资本市场对长三角一体化发展建设的高度支持。本期债券发行规模 15 亿元，期限为 3+2 年期，募投项目为上海西岑科创中心和长三角绿洲智谷·赵巷园区；其中，西岑科创中心是国家发展改革委《长三角生态绿色一体化发展示范区总体方案》及《长三角生态绿色一体化发展示范区重大建设项目三年行动计划（2021—2023 年）》中的先行建设项目；长三角绿洲智谷·赵巷园区是上海市西软件信息园的先行启动区和核心承载区，对推进长三角地区的协同发展具有重要意义。此次债券的成功发行是债券投资业务服务实体经济绿色发展的有益实践，为后续更多“一带一路”、大湾区建设、长三角一体化等类似主题债券创新提供了范例，有助于吸引更多社会资本投入支持长三角、京津冀、粤港澳大湾区等国家战略区域重点项目，提升示范区基础设施建设水平。

5. 长三角共保机制探索区域生态环境共保联治

长三角绿色保险共保体的发展展现了区域绿色金融创新的独特性与实践性。2021 年 11 月，长三角生态绿色一体化发展示范区执行委员会会同各区域金融管理部门印发《长三角生态绿色一体化发展示范区绿色金融发展实施方案》，其中明确了要创新发展绿色保险的重要任务，提出要探索区域内共同投保绿色保险的创新模式，制定共保工作机制和服务方案，落实

“区内通赔”等制度，探索推进一体化示范区保险市场一体化[①]。2021年12月，长三角生态绿色一体化发展示范区执行委员会印发了《长三角生态绿色一体化发展示范区绿色保险实施意见》，提出到2022年10月前，成立绿色保险共保体，并逐步扩大生态绿色环境救助保险和环境污染责任保险覆盖范围，不断完善绿色保险保障内容、服务内容、理赔程序、争议处理等推进绿色保险的工作路径，并计划到2024年10月前，在示范区全面推广生态绿色环境救助保险和环境污染责任保险的基础上，逐步推广助力生态保护、应对气候变化、支持绿色转型、引导低碳发展的绿色保险创新产品，发挥环境污染责任保险和绿色生态救助保险在生态环境保护中的全过程监督管理作用，建立健全保障到位、服务专业、市场认可的高水平绿色保险服务体系，打造具有代表性和示范性的绿色保险创新发展引领区[②]。截至目前，各项一体化工作有序推动，示范区已积极推动10家保险机构成立示范区绿色保险共保体，落实“跨区同城化通赔”制度。

专栏 2-21　长三角示范区绿色保险“跨区同城化通赔”制度的主要特点

政府推动，市场运作。示范区执委会协调上海市青浦区、江苏省苏州市吴江区、浙江省嘉兴市嘉善县政府将绿色保险组织实施纳入年度工作安排，通过市场化运作，建立健全绿色保险运行模式，明确政府部门和保险机构市场化运营服务的工作边界，依法依规运行。

完善机制，创新服务。建立绿色保险专业经营机制，在客户准入、业务流程、绩效考核、理赔管理等方面实行专业化经营。逐步完善示范区绿色保险服务机制，积极推广环境污染责任保险和生态绿色环境救助保险，加大绿色保险险种开发创新力度，将水域、湿地、植被纳入绿色保险范围，丰富绿色保险产品供给。

---

① 新华日报．长三角示范区出台相关实施方案 打造绿色金融产品创新先行区［EB/OL］．［2021-11-18］．http：//ah.people.com.cn/n2/2021/1129/c401574-35027484.html.

② 上海青浦报．公共数据共享 绿色保险通赔［EB/OL］．2021．［2022-01-28］．http：//58.40.19.126：8088/report/guest/detail/index？articleId=4028803678b731f6017eb9d929230a62.

跨域共保，融合发展。鼓励保险机构以共保体模式承保，通过三地共保联治，实现“跨区同城化通赔”，突出生态环境保护“一盘棋”的理念，促进一体化示范区生态环境持续改善。建设长三角跨区域金融信息管理系统，推动气候与环境信息披露、共享。制定同城化承保方案，共保体负责拟定统一的承保方案、确定统一的事故预防服务内容、保险费率、理赔处理流程和第三方风险管理机构等相关内容。构建三地协同的绿色保险服务体系，两区一县保险机构加强协同，为市场主体提供“事前预警、事中响应、事后减损”的全流程风险保障和风险管理服务。

重在防控，助力监管。通过引入专业的第三方机构巡查服务，搭建环境风险管理系统，为政府和企业提供监测、提醒和预警服务。建立“一河三湖”等主要水体环境污染防治机制和环境监测机制，通过专业化风险管理服务，加大事故预防力度，降低监管成本，提升管理效率①。

2023 年印发的《长三角生态绿色一体化发展示范区生态环境专项规划（2021—2035 年）》进一步提出，要推动绿色保险在污染源综合管理方面的创新，并探索建立生态环境共保联治的成本共担和利益共享机制，大力推广示范区绿色保险，为长三角地区的生态环境与保险协同发展指明了清晰的方向与路径。上海保险业积极响应绿色一体化发展战略，2023 年加入了长三角生态绿色一体化发展示范区金融同城化服务创新发展联盟，努力发挥商业保险机制在绿色生态环境保护和社会综合治理方面的功能，落地生态环境救助责任险，并致力于运用动态感知技术推动新环污责任险、碳汇保险等绿色保险的创新研究②。

① 上海发布．长三角一体化示范区最新事项这里看［EB/OL］. 2022. http：//www.cnr.cn/shanghai/gstjshanghai/20220124/t20220124_525724258.shtml.

② 张瑾．上海探索优化长三角保险生态［EB/OL］.［2023-11-22］. http：//www.cbimc.cn/content/2023-11/22/content_500563.html.

专栏 2-22 《长三角生态绿色一体化发展示范区生态环境专项规划（2021—2035 年）》概述

2023 年 7 月，沪苏浙“两省一市”生态环境部门会同示范区执委会联合印发实施《长三角生态绿色一体化发展示范区生态环境专项规划（2021—2035 年）》(以下简称“规划”)，规划范围包括上海市青浦区、江苏省苏州市吴江区、浙江省嘉兴市嘉善县全域，面积约 2413 平方公里。规划近期至 2025 年，展望至 2035 年。《规划》在生态功能和格局建设、污染治理、绿色产业创新发展、监管制度和管理体系统筹完善等方面提出了要求。

生态空间布局优化。精准划定生态保护红线，锁定关键生态区域严禁违规开发；构建生态廊道网络，促进生态要素流通与物种迁徙；打造特色生态功能区，依据区域特性实施差别化管理，稳固生态本底与系统稳定性。

环境治理多维度推进。水生态治理方面，水环境整治、水资源利用与水生态修复协同开展，控源截污提升水质，调配资源保障水量，修复湿地等改善生态；大气环境治理方面，通过源头严控工业、移动、生活等污染源，并建立联防联控机制应对跨区域污染；土壤与固废管理方面，详查土壤污染状况，管控农用地与建设用地风险，完善固废分类收集、转运及处理处置体系，实现减量化、资源化、无害化。

绿色发展与监管协同共进。大力扶持生态农业、绿色制造业、生态旅游业等绿色产业发展，促进产业结构绿色升级；构建统一监测网络与跨区域执法联动机制，强化生态环境协同监管，同时借助政策保障、资金投入与公众参与，保障生态建设持续推进与规划有效落实。

第三章

长三角部分市（区）的绿色金融实践

一

上海市

（一）浦东新区

上海市浦东新区是上海国际绿色金融中心建设的核心区，是全球金融要素市场最完备、交易最活跃的地区之一。2022 年 6 月，上海市第十五届人民代表大会常务委员会第四十一次会议通过了《上海市浦东新区绿色金融发展若干规定》（以下简称《规定》），强调提升浦东新区绿色金融服务水平，促进绿色金融和普惠金融、科创金融的融合发展，打造上海国际绿色金融枢纽，加快经济社会发展全面绿色转型。《规定》出台后，浦东新区倾力打造绿金“试验田”，鼓励加大绿色金融创新产品力度，推动实施绿色证券、绿色租赁计划，加快推进相关标准制定和平台建设。截至 2023 年末，人民银行口径下 21 家中外资银行浦东地区绿色贷款余额 3342.8 亿元，同比增长 51.0%，增幅高于上海全市绿色贷款余额的 8.2%。同时浦东新区作为全国首批气候投融资试点，成立工作领导小组和气候投融资促进中心，全面推进气候投融资的体系建设、标准开发、产品创新、产融协同等各项平台工作，支撑区域低碳产业和绿色技术发展。

1. 典型做法一：落地多项首单、发布区域绿金指数、加快绿色租赁计划

2023 年，浦东新区倾力打造绿金“试验田”，促进相应金融市场活力和产品规模不断提升。一是鼓励加大绿色金融创新产品力度。评选推出绿色金融创新十大案例、绿色金融发展十大案例，全球首批绿色双币种明珠

债、全国首创 ESG 外币回购业务、全国首单碳资产回购履约保证保险等十余个全国首单、首创案例发布，并推动新一批近百亿绿色金融项目签约落地浦东。二是推进实施绿色证券计划，首创发布两大区域绿色指数“中证浦东新区绿色 50ESG 指数”和“中证浦东新区绿色主题信用债指数”，是我国首个聚焦区域发展的绿色股票指数和绿色债券指数，有助于提升资本市场对浦东新区绿色转型贡献较大及 ESG 评价较优公司的关注度，更好支持浦东优质实体产业做大做强。截至 2023 年末，浦东绿色 50ESG 指数涵盖 50 个注册地在浦东的上市公司样本，合计总市值超 2.1 万亿元。三是推进实施绿色租赁计划。上海市十六届人大常委会第四次会议表决通过《上海市促进浦东新区融资租赁发展若干规定》。在绿色租赁领域就强化授信支持、加强货币工具运用、推进离岸租赁、监管制度创新、鼓励环境信息披露等方面进一步强化法制保障、开展探索创新。截至 2023 年底，浦东绿色租赁资产余额规模约 6300 亿元。

2. 典型做法二：构建标准、平台、激励、人才为一体的配套机制

在推动绿色金融发展方面，浦东新区围绕细化标准、搭建平台、提供激励、吸引人才等构建了一体化的配套机制。浦东新区生态环境局和金融局积极推进各项相关标准的研制。一是制定《上海市浦东新区金融机构碳排放核算与信息披露指引（试行）》，明确企业及金融机构碳排放核算和披露标准。二是推进浦东新区气候投融资项目库、数据库和产融对接平台的建设。平台汇集气候投融资产品信息和服务，打通项目需求对接渠道，引导金融机构主动匹配项目并提供优质金融服务。目前，首批气候投融资项目入库工作正在积极推进中，基本形成涵盖申报、入库、评价、更新、退出的全周期管理体系。目前已有不少企业陆续申报了项目库，范围涉及可再生能源开发、农业废弃物循环利用、低碳服务等，通过绿色金融工具助力绿色低碳新质生产力发展，促进地区绿色转型发展。三是搭建综合服务平台，服务和保障绿色金融发展。制定《浦东新区“十四五”期间支持中

小微企业政策性融资担保财政扶持实施办法》和《关于“十四五”期间浦东新区中小微企业担保费用补贴项目的申报指南》，在“浦东创新贷”中专门设立“绿色低碳专项包”，对符合条件的绿色企业和项目给予保费补贴；依托《浦东新区节能低碳专项资金管理办法》积极宣介绿色建筑示范项目、超低能耗建筑、既有建筑节能改造、绿色生态城区方面的政策机遇；依托《浦东新区关于促进金融人才发展的实施意见》，为绿色金融人才落户、子女入学、安居、出入境和停居留等方面提供全方位便利服务。

（二）虹口区

近年来，上海市虹口区金融业发展势头强劲，北外滩财富管理高地建设独树一帜，已成为集资产和财富管理等特色为一体的金融产业高地。与此同时，虹口区在贯彻落实国家“碳达峰碳中和”目标要求中，结合自身发展特点和区域特色，积极融入和服务上海市国际绿色金融枢纽建设的发展战略。2022年8月，上海市虹口区出台了《虹口区促进碳金融产业发展的实施意见》，在鼓励碳金融类企业和功能性机构落户、提升碳金融产业发展环境等方面加大支持力度，推动碳金融领域的企业和功能性机构集聚，近年来已吸引了绿色技术银行、绿色金融60人论坛等一批重点项目落户。2023年3月，上海市虹口区出台《虹口区碳达峰实施方案》，组织实施“碳达峰八大行动”，锚定“上海北外滩、浦江金三角”，推动虹口实现高质量发展、高品质生活、高效能治理。

1. 典型做法一：将绿色环保的金融支持融入多项政策

为助力企业高质量发展，虹口区出台了一系列政策文件，如《虹口区促进民营经济高质量发展的若干政策措施》《关于虹口区通过“拨投结合”模式推动新兴科技企业发展的工作方案》《虹口区“投贷联动”工作方案》和《虹口区财金融合服务企业贷款风险补偿资金池实施方案》等，旨在强化“信易贷”“虹企贷”“科技履约贷”之间的“三贷联动”战略。围绕企业全生命周期，从初创期、成长期到资本市场期，提供了多元化、精准化的金融服务。以“虹企贷”为例，虹口区财政局在《虹口区“虹企贷”批次担保业务实施意见》中明确了意见适用范围，将新材料、绿色环保等产业列入重点支持范围，同时将高能耗、高污染、高风险、低产能的企业列入淘汰名单，通过提供财政补贴、税收优惠等激励措施，支持绿色企业的集聚和发展。

2. 典型做法二：央地协作，与中国三峡上海院、上海市联交所签署战略合作协议

2022 年 8 月 25 日，上海市虹口区举办“潮涌浦江”投资上海全球分享季之“央地合作 碳讨未来”中国三峡上海院、上海市联交所、虹口区战略合作签约会。会上，三峡上海院参与的《打造北外滩“双碳”示范区路径研究》成果发布，北外滩成为上海首个提出打造“双碳”示范区的地区。三峡上海院长期扎根虹口，历史悠久，专业齐全，业绩卓著，在水利、水电、新能源、生态环保、智慧工程等板块优势明显，技术领先，将充分发挥决策咨询、项目策源作用，为实现“双碳”目标提供整体解决方案，助力虹口区以北外滩开发建设为引领，打造绿色低碳示范高地。作为身处上海的创新型、科技型企业，三峡上海院在新能源与新型电力系统、生态环保、数字工程、城市更新、既有建筑改造等领域，深化与高校、科研院所、各类所有制企业以及虹口区的长期科研合作，注重“政产学研用”协同创新，提升虹口在降耗减排、清洁能源等领域的显示度、贡献度。会上，虹口区发展改革委还与上海市经济信息中心签署了《虹口区碳达峰路径方案研究》专项委托协议。

（三）宝山区

近年来，宝山区聚焦“北转型”，加快推进“一地两区”“四个城区”建设，以绿色低碳产业布局推动区域绿色低碳转型。一方面，建设以碳中

和产业园为主要承载区的绿色低碳供应链核心功能区，带动辐射吴淞创新城、南大智慧城等重点区域绿色低碳转型；另一方面，不断完善绿色低碳供应链公共服务平台，以数据库和标准体系赋能绿色低碳产业生态圈发展。2023 年 3 月，宝山区人民政府发布《上海市宝山区碳达峰实施方案》，方案强调科技创新在碳达峰工作中的重要作用，同时紧密结合宝山区的实际情况，提出了具有地方特色的碳达峰措施，例如，利用宝山区在科创方面的优势，推动绿色低碳技术的研发和应用；结合宝山区的产业特点，推动传统产业绿色升级改造和培育发展新能源和节能环保产业等。2023 年 5 月，宝山区人民政府印发《宝山区提信心扩需求稳增长促发展行动方案》，锚定“科创中心主阵地、国际大都市主城区、绿色低碳转型样板区”发展定位，对绿色园区、绿色工厂、绿色供应链、绿色产品提供资金支持。

1. 典型做法一：打造专属绿色金融产品，“贷”动区域低碳转型发展

自宝山区奋力推进“北转型”以来，宝山区政府与中国银行上海市宝山支行先后通过加强对碳减排重点领域研究、绿色金融行业分析、调研宝山绿色低碳转型产业发展方向等，围绕碳减排领域痛点难点，形成专属风险评估模型，建立优先审批通道，优化信贷配置资源，针对宝山绿色产业推出“宝山中银碳惠贷”，多维度缓解宝山绿色产业企业发展资金压力，将企业发展和金融助力相融合。一是实现全覆盖。产品对所有绿色产业企业开放，授信主体成立满一年，在央行企业征信系统和个人征信系统中信用记录良好即可申请该产品，降低了申请门槛。二是强调差异化。支持企业在绿色工厂、清洁能源、节能环保、碳减排技术等领域加大投入力度，助力宝山区产业绿色转型。三是创新担保方式。该产品项下的信贷业务可采用信用、抵押、质押等风险缓释方式叙做，鼓励企业采取“碳排放额度”和“国家核证自愿减排量”质押等创新型风险缓释方式，既给企业减轻了贷款的质押物负担，又实现“配额变现”、盘活“碳资产”，充分挖潜碳资产金融属性，拓宽企业融资渠道。

2. 典型做法二：锚定绿碳方向，成立国内最大规模碳中和主题基金

建设银行上海宝钢宝山支行、中国宝武与宝山区政府共同发起成立宝武绿碳私募股权投资基金，认缴规模 100 亿元。通过绿色金融、产融结合与资本运作，推动碳中和领域技术创新快速发展，支持中国宝武打通钢铁行业低碳发展路径，推动中国宝武钢铁生态圈实现碳中和，带动钢铁行业万亿级绿色低碳产业高质量发展。宝武绿碳基金在投向上聚焦新能源、新材料、绿色技术、节能环保、污染防治等板块，重点投资于中国宝武碳中和产业链方向的优质成熟标的，以及其他碳中和领域市场化标的。围绕着实现碳达峰碳中和目标的两条主要路径，即减少碳排放和增加碳吸收，基金开展了积极投资。在减少碳排放方面，绿碳基金的投资领域主要涉及增加光伏、风能、氢能、核能、水电等清洁能源使用；在增加碳吸收方面，绿碳基金的投资领域主要涉及技术固碳，如碳捕集、利用与封存技术等。通过投资钢铁行业以及其他行业碳中和减排产业链、节能环保等领域，促进经济社会发展全面绿色转型。

二

江苏省

（一）南京市

近年来，南京市大力发展绿色金融，通过为生态增“绿”、产业提效添“绿”、金融发展赋“绿”等创新“三抹绿”，不断激发城市金融创新活力，为金融业绿色发展贡献“南京样本”。2023 年 2 月，南京市地方金融监管局等十一部门联合印发《关于支持绿色金融发展的若干措施》，提出加快形成节约资源和保护环境的产业结构、能源结构和生产生活方式，充分

发挥南京作为长三角特大城市在低碳发展中的示范引领作用。政策出台后，南京市持续打造“一核两翼、多点联动”的金融业空间布局，完善绿色金融体系，创新绿色金融产品。截至2023年三季度末，全市绿色贷款余额为8087.39亿元，同比增长39.39%，比同期各项贷款增速高出25.6个百分点。此外，南京江宁经济技术开发区入选国家发展改革委首批碳达峰试点名单，江北新区入选江苏省首批省级绿色金融创新改革试验区名单，绿色金融创新探索成效显著。

1. 典型做法一：“绿金政策 + 绿色主体”支撑地方试点

2023年10月30日，国家金融监督管理总局江苏监管局和中国人民银行江苏省分行联合下发《关于公布江苏省首批省级绿色金融创新改革试验区名单的通知》，江北新区成为南京市唯一入选地区。江北新区自成立以来，就高度重视绿色金融体系建设，并于2019年成立绿色金融发展领导小组，先后出台包括“绿金十条”、绿色银行星级评定办法等在内的多个专项政策，制定绿色信贷奖补、绿色债券贴息、绿色担保奖补等10项面对不同主体的具体支持举措，以政府财政的“小”投入，带动社会资源的“大”联动，进而构建起多维度、全方位发展绿色金融的健康生态。在绿色主体方面，随着绿色金融相关智库与平台的落地，一批绿色金融业务部、“星级绿色银行”等专营机构涌现，多维度、全方位发展绿色金融的健康生态在江北新区逐步成型。经过多年积累，新区已培养了新材料科技产业园、南钢等一批绿色园区和绿色工厂，辖区内企业也成功发行境内首单非金融企业气候债券、全国首单碳中和绿色科技创新公司债券等一批多样化绿色债券，在全市乃至全国范围内都发挥了积极的首单带头作用。

2. 典型做法二：江宁开发区加快推动国家首批碳达峰试点建设

2023年11月，国家发展改革委公布国家首批碳达峰试点名单，江宁开发区凭借园区高产出低能耗的绿色发展基础、智能电网产业在全国绿电使用上的关键作用、数实融合赋能先进制造业的特色优势和园区在科技创新上的全国领先水平而入选。江宁开发区锚定“122”总体目标思路，设定“场景建设、资源整合、招商引资、能碳管理、落地实施”五项重点工作，制定“两手抓”行动战略。为推动企业转型，江宁开发区制定了南京市首个绿色发展专项政策《江宁开发区促进绿色发展专项办法》。根据此次试点任务，园区又对该专项政策进行了进一步修订，在支持技术创新、能源利用等基础上，新增企业低碳管理、企业绿色高质量发展、科技创新等内容，从项目开发、资质创建、上市支持等多个方面，对园区企业绿色低碳发展提供全方位支持。江宁开发区作为国内少有的不含钢铁冶金、石油煤炭、化学化工等重工业的园区，结构优、效益好、消耗少，目前已成功打造了绿色智能汽车、智能电网、新一代信息技术、高端智能装备等创新型制造业集群，一批企业成为绿色发展先行军。

（二）无锡市

近年来，无锡市深入推进绿色金融改革创新试验区申建，聚焦政策、组织、市场、基础设施等方面，市级层面先后出台《关于加快推进无锡市绿色金融发展的指导意见》《无锡银行业保险业深化绿色金融服务助力“零碳城市”建设行动方案》《关于推进绿色普惠金融工作的意见》等政策文件，充分营造绿色金融发展的优良生态。下辖宜兴市作为江苏省首批省级绿色金融创新改革试验区，率先发布《宜兴市绿色企业认定管理办法》《宜兴市绿色项目认定管理办法》，通过“自主申报 + 评价认定”的方式，有效解决绿色企业和绿色项目认证评级落地难问题。截至 2023 年末，全市绿色贷款余额为 3100.39 亿元，同比增速 38.75%，高于全市贷款平均增速约 25 个百分点；累计发行绿色、转型债券规模超 130 亿元，先后落地全国首单转型碳资产债券、全国首单绿色碳资产债券、全国首笔可持续发展挂钩混合型科创票据、全省首笔符合《可持续金融共同分类目录》的绿色债券等；与省农发行达成 300 亿元绿色领域战略合作，精准识绿、增绿、扩绿的能力有效提升。

1. 典型做法一：创新建立碳普惠平台，探索“慈善信托 + 碳普惠”发展模式

无锡市建立的首个碳普惠公益平台——“碳时尚”，通过动态采集公众的绿色低碳行为数据，并换算生成碳积分，实现低碳行为的价值转换，不断提高公众参与绿色低碳城市建设的积极性，实现碳普惠制的正向循环；通过购买碳普惠平台社会减排量抵消大型会议产生的全部温室气体，实现“碳中和”，购买的费用通过捐赠的形式反馈给大众，完成“碳普惠制”的反向循环，双循环模式共同助力无锡“零碳”城市发展。“碳时尚”平台自上线以来，参与人数已超 120 万人次，截至 2023 年末，平台已累计溯源登记个人、企业减碳量 6242 吨，完成碳减排量预售 2.4 万吨，减排资金规模超 100 万元，助力无锡 2023 年世界物联网博览会、第十五届中国（无锡）国际新能源大会等 8 次大型活动碳中和。

为进一步扩大“碳普惠”平台的受众范围，引导居民绿色生活方式，2023 年无锡市成立全国首只碳普惠绿色发展公益慈善信托，首期规模为 100 万元，参与绿色生活与消费的市民、提供绿色低碳产品与服务的商家平台、建设节能减排项目的企业园区，都能通过开设碳账户来报送碳减排相关数据，符合条件的可以申请碳减排激励资金。截至 2023 年末，该信托用于向“碳时尚”平台符合条件项目发放减排激励资金 3885 笔。通过创新探索“慈善公益 + 碳普惠”的模式，开启了无锡碳普惠机制的新征程，实现了无锡碳普惠机制建设所用资金的有效扩充，有助于提高减排价值。

2. 典型做法二：着力发展 EOD 融资模式，助力生态价值实现

近年来，无锡市认真贯彻国家有关生态环境治理模式创新和环保产业发展要求，大力推动生态环境导向开发模式（EOD）项目，构建市级 EOD 项目储备库，并积极推动入选国家级、省级库。同时，无锡市紧盯项目谋划实施，组织生态领域保护、产业发展、金融等领域的专家开展全程指导：

项目启动时，主动靠前服务，对有意申报的项目进行政策解读和技术指导；在项目申报过程中，主动靠上服务，帮助解决专业技术问题、优化项目发展思路；项目落地后，积极对接争取各类政策支持，推动政府、金融机构、社会资本全方位支持EOD项目发展。目前无锡有EOD项目储备22个，项目储备数量为全省最多，总投资规模达192.5亿元。

其中较为典型的有无锡大美阳山生态环境修复与农文旅融合开发（EOD）项目（简称“大美阳山EOD项目”）。大美阳山EOD项目是成功入选第一批国家生态环保金融支持项目储备库的项目，依托阳山镇重点片区水环境综合治理工程、国家现代农业产业园水蜜桃产业配套升级工程、文创产业园区建设、阳山生态休闲旅游度假区配套提升4个子项，通过持续改善区域生态环境质量，为水蜜桃产业提供保障，推动水蜜桃产业园区化、规模化、绿色化、智慧化、融合化发展，同时强化江南水韵和惠山文化、旅游产业开发，实现产业开发项目反哺生态环境治理项目投入、生态环境治理与关联开发项目有效融合。大美阳山EOD项目总投资21.4亿元，其中生态环境治理投资8.3亿元，产业开发投资13.08亿元。项目授信总额为12亿元，贷款期限为23年，宽限期为3年。2023年6月，中国农业发展银行无锡市分行投放大美阳山EOD项目1亿元“到账”，是全国EOD项目由试点调整为常态入库以后江苏省首个资金投放到位的EOD项目。

（三）苏州市

近年来，苏州市围绕金融支持绿色低碳转型发展和双碳目标建设，着力激发绿色金融市场活力，切实提升绿色金融服务水平，持续推动地区绿色金融高质量发展。自2021年以来，苏州市出台多项政策，促使绿色金融体系化、制度化、规范化发展。2021年，苏州市在全省率先出台《关于苏州市绿色低碳金融改革创新工作的意见》，围绕金融支持制造业和生态环境治理的关键目标，提出绿色低碳金融倍增计划。2022年，发布《关于苏州市绿色低碳转型金融重点工作部署的通知》，明确年度绿色金融发展建设目标，提出十大重点工作方向。2023 年，发布《苏州市绿色低碳转型金融重点创新工作要点》，明确金融支持绿色低碳转型的重点创新工作，稳步推进区域绿色金融高质量发展新格局。此外，苏州市积极运用货币政策工具，持续推广碳减排支持工具、绿色再贴现等工具；构建“3+N”绿色金融创新改革议事协调机制，实施一事一议工作模式。截至 2023 年底，苏州市绿色信贷余额为 8005 亿元，占全省绿色信贷余额的 20% 以上，同比增速 42.2%。

1. 典型做法一：持续完善绿色金融配套机制建设

苏州市持续优化绿色金融服务渠道，已形成较为完善的绿色金融配套机制。一是建设绿色低碳综合金融服务平台。苏州市依托“苏融通”，上线运行“绿色金融”板块，定期更新绿色金融项目库，依托线上发布金融机构绿色金融创新产品、实现线上线下银企双向对接，并通过展示创新产品，充分展示苏州地区绿色低碳金融产品及服务成果。目前，该平台已引入“绿色发展贷”“绿色智造贷”等多项绿色金融产品，实现地方法人金融机构环境信息披露全口径上线公布，并实现金融机构减碳排放数据计算公开。二是建设金融机构绿色低碳转型服务中心。2021 年，苏州市首批 10 家金融机构完成“苏州市绿色低碳转型金融服务中心”建设，覆盖银行、证券、保险等行业，兼顾法人与非法人、国有大行及中小银行等机构，为绿色金融产品和服务创新提供载体支持。截至 2023 年末，8 家银行业金融机构“服务中心”绿色信贷余额为 3447 亿元，占苏州地区绿色信贷余额比重为 43%，同比增速 51%，为地方经济绿色低碳转型发展作出了表率作用。三是创设苏州市绿色低碳金融实验室。苏州市开展“苏州市绿色低碳金融实验室”及产品培育基地建设，鼓励金融机构和地方金融组织产品创新。苏州市绿色低碳金融实验室重点培育项目已进入收尾阶段，所有项目已于 2023 年底培育完成。其中，“盛泽镇纺织行业低碳转型及金融创新指南项目”荣获第四届“IFF 全球绿色金融奖创新奖”，兴业银行苏州分行“绿色 IDC 节能降碳项目”荣获 2022 江苏省数字化绿色化协同转型发展典型案例奖。

2. 典型做法二：全面开展全域法人金融机构环境信息披露

苏州以《金融机构环境信息披露指南》为标准，结合地区实际，在全省率先制定《苏州金融机构环境信息披露操作手册（试行）》，在苏融通“苏州绿色低碳综合金融服务平台”上线金融机构环境信息披露系统，有力提升了金融机构环境信息披露能力。分层分步骤开展环境信息披露工作，自 2020 年以来，苏州市法人金融机构环境信息披露工作已先后经历自主披露、试验期披露、过渡期披露、常态化披露阶段。从 2022 年起推动全域 21 家银行业（类）法人金融机构每年完成至少一次环境信息披露报告并通过苏州绿色低碳综合金融平台对外发布，完成苏州地区环境信息披露总报告，梳理亮点、总结经验、加强复制推广，进一步提升机构环境信息披露水平。通过环境信息披露工作示范效应，进一步提升公众对绿色金融的认识，达成对环境信息披露重要性和作用的共识。苏州市分行持续加强环境信息披露工作监督，2023 年发布《关于强化金融机构环境信息披露工作的通知》、开展环境信息披露能力培训，进一步扩大披露对象范围，提高环境信息披露质量，推动区域经济绿色低碳转型发展。

三

浙江省

（一）湖州市

2017 年 6 月，湖州市成为全国首批绿色金融改革创新试验区之一，高质量推进绿色金融改革创新形成“湖州经验”。湖州市建立了完善的技术规范引导绿色金融资源配置，近年来，中国人民银行湖州市分行先后推动建立绿色金融地方性规范 14 项，牵头制定省级团体标准 3 项，为在全国推动实施银行可操作、企业得实惠的绿色金融标准积累了宝贵经验。湖州市以产品创新提升绿色金融供给，近年来累计创新绿色金融产品 180 余款，24 个创新案例被人民银行收录，金融机构和企业发行贴标绿色债券 59 单、金额达 394.1 亿元。湖州市以科技赋能助推绿色金融供给，建设“湖州金融信用信息数据库”，实现对企业的绿色低碳智能画像，截至 2023 年累计为 2.2 万家企业开展 ESG 评价，评定绿色企业 6945 家，帮助 5.1 万家企业对接银行授信超 5900 亿元。截至 2023 年末，全市绿色贷款余额达 3388.29 亿元，同比增长 39.1%，高出全部贷款增速 19.23 个百分点；占全部贷款比重为 32.13%，高于全国平均 19.71 个百分点；绿色贷款不良率仅 0.001%，两次被国务院评为促进工业稳增长和转型升级成效明显市，绿色低碳发展的成效和经验被第 26 届联合国气候变化大会纪录片列为专题内容讲述。

1. 典型做法一：“数智绿金体系”打造绿色金融全周期服务场景

湖州市迭代升级“数字绿金”平台，提升银企对接效率。以需求为导向，健全绿色金融综合服务平台，完善“识别绿、服务绿、支持绿、跟踪绿”等绿色金融全周期服务场景。一是建设金融机构环境信息披露系统。在率先实现全域银行机构环境信息披露的基础上，集成上线“环境信息披露”功能。按照《金融机构环境信息披露指南》标准，制定标准化智能化模板，上线碳排放和碳减排核算工具，实现规范化信息披露。对各机构信息披露的及时性、准确性、有效性进行 1 ~ 5 星评价，结果用于全市绿色金融评价、“碳中和”银行建设等场景，相关成果已在全省复制推广。二是迭代升级“数字绿金”体系。依托湖州金融信用信息数据库和金融数据引擎，深化建设“数字绿金”平台，推动绿色金融业务流程再造，实现绿色低碳智能画像、银企对接智能匹配、金融政策精准直达、金融风险智能预警，降低绿色金融识别成本、交易成本和获客成本。该平台获评省数字化改革最佳应用、“中国改革年度市域改革案例”、第五届“新华信用杯”全国优秀信用案例。三是打造“碳账户”综合服务平台。针对企业碳核算成本高、效率低、标准不一等难点，打造企业“碳账户”平台，采用碳核算金融联盟（PCAF）准则推荐的基于物理活动获取碳排放数据的方法，贯通政府部门数据资源，批量采集电、热、气、煤、油等能耗数据，推动银行机构线下采集企业经营数据，高效核算企业碳排放量、碳排放强度。归集1万余家企业碳排放数据，覆盖全市生产端80%的碳排放，基本实现重点行业、重点企业全覆盖。

2. 典型做法二：首创绿色金融“绿税通”平台，推动融资供给侧改革

国家税务总局湖州市税务局、湖州市人民政府金融工作办公室，在全省率先推出联名款绿色金融服务“绿税通”平台，通过节能降碳等指标综合赋分，帮助企业对接金融机构，获取相应低息信用贷款。依托跨层级、跨地域、跨系统、跨部门、跨业务的多跨协同机制，该平台成为全省信用数字化改革成果的重要展示窗口。一是以税收大数据精准绘制“绿色低碳画像”。通过企业涉税信息处理，归集企业能源消耗、化石能源燃烧数据，结合企业经营的能耗、亩均税收、资产、负债等多重数据维度，充分对接湖州ESG评价系统和碳账户综合支撑平台，绘制企业“碳图谱”，全景式展现企业能源消耗情况，引导企业加大环保投入力度。二是以“数字税务”助推金融服务创新。助力金融机构根据企业“碳图谱”等指标创新开发“绿税贷”产品，在贷款额度、利率定价等方面为企业提供优惠，通过数据直连和大数据分析降低贷款风险系数，助力银行后续管理和风险防控，让银行“敢贷、愿贷”，让纳税人“能贷”，实现银企双赢。三是以“绿税贷”产品服务企业发展。企业可以在“绿税通”的银税互动专区实现线上一键式查询全市各家银行机构的“绿税贷”产品，通过自身的节能降碳、高效发展获得银行低息信用贷款。同时企业根据“碳图谱”，可更精准地定位自

己在碳达峰碳中和行动中的行业位置，通过一段时间碳效等级的变化自查涉税风险、环保风险、金融风险，实现自我更新、绿色成长。自“绿税通”服务平台开通以来，累计为企业提供授信超25亿元，成为湖州碳达峰碳中和高质量发展示范样本。

（二）衢州市

衢州市绿色金融改革将“打造绿色金融与普惠金融融合发展集成示范”作为四大工作目标之一，自2023年以来，紧紧围绕“让绿色更普惠、让普惠更绿色，推进普惠主体绿色低碳转型”的工作思路，积极试点推动绿色普惠金融融合发展工作，出台国内首个《绿色金融与普惠金融融合发展试点工作方案》，在推动普惠金融服务过程中坚持绿色低碳发展方向，引流绿色金融资源精准滴灌普惠对象，充分发挥绿色金融与普惠金融两者相互支撑、相辅相成的协同效应。横向来看，衢州市重视生物多样性风险管理与绿色金融特色机构建设。2023年4月4日，中国人民银行衢州市分行印发《关于试点〈银行机构生物多样性风险管理标准〉的通知》，要求全市银行业金融机构在开化县开展标准试点工作，根据生物多样性保护条款监督客户从避免、最小化、修复、补偿四个层级落实风险防范措施。制定《关于建立银行绿色特色分支机构评估机制》，采取“4M”指标体系评估绿色特色分支机构绿色金融成效，强化“3C”评估结果运用，对绿色特色分支机构实施标准化、动态化管理，推动绿色特色分支机构持续深化绿色金融“八专”机制建设。截至2023年末，衢州市共有绿色特色机构、事业部合计69个，其中，银行包括27个绿色金融事业部和29个绿色金融特色支行，保险包括12个绿色金融事业部和1个绿色金融特色机构，数量居各试验区之首。

1. 典型做法一：运用法开署主权贷款保护钱江源生态系统

衢州市开化县钱江源国家公园体制试点是长三角地区唯一的国家公园

体制试点，拥有世界罕见的大面积低海拔常绿阔叶林植被带，具有丰富的野生动植物资源，是中国东部重要的生物基因库。衢州市创新性采用“法开署贷款 + 欧盟赠款 + 财政补助 + 自筹资金”的筹资模式，共筹资 10.26 亿元人民币，项目资金来源于国内外，大大降低了筹资风险。同时，法开署主权贷款项目有较多政策红利，可以享受进口设备减免税等政策，且贷款期限长，贷款利率低，资金来源稳定有保障。该项目分别从马金溪水系、阔叶林生态廊道、废弃矿山修复整治三个层面系统性提升生态服务功能，扩大了生物多样性保护范围，增强了生物多样性保护效果，形成 270 公顷的高质量林地。另外，百里金溪森林生态系统保护和修复项目增加林地 533.33 公顷，森林树种基因库项目增加 119 公顷各类苗圃。项目建成后将吸引游客数量 57 万人，投产年营业收入 2.31 亿元，预计贷款年内累计营业收入达 28.44 亿元。随着国家公园知名度与竞争力逐渐扩大，还将联动餐饮、酒店、交通等产业发展，提升开化县第一、第二、第三产业的品牌溢价，贡献经济增长。

2. 典型做法二：探索以碳账户金融为核心的转型金融衢州框架

2022 年，衢州市发布《衢州市人民政府办公室关于深化基于碳账户的转型金融工作实施意见（2022—2026 年）》，以 G20 转型金融五大支柱为指导，探索出以碳账户金融为核心，转型标准、信息披露、金融工具、激励政策和公正转型为五大支柱的转型金融衢州框架，有效解决“政府低碳转型治理、企业精准减碳管理、金融低碳资产识别”的三难问题。一是政策先行，构建碳账户金融“1+6+N”政策体系。建立以《衢州市碳账户金融建设实施方案》为统领、六大领域碳账户建设方案为支撑的碳账户金融“1+6+N”政策体系，实施转型金融强基、激励、创新、数字智治及产研合作五大工程。二是科技赋能，创设碳账户金融 5e 数智系统。依托衢州市绿色金融服务信用信息平台，构建碳账户金融 5e 数智系统，包括碳排放 e 本账、碳征信 e 报告、碳政策 e 发布、碳金融 e 超市、碳效益 e 评估五大功能模块，实现能源数据采集、碳数据核算、碳强度评价、碳结果应用、碳绩效跟踪全流程线上化。三是创新驱动，首创碳征信报告及基于碳账户的环境信息披露制度。通过归集碳账户碳排放总量、强度、贴标结果等重要指标，创新建立企业碳征信报告，为低碳投资和风险管理提供权威数据支持。四是数字智治，打造一站式在线碳金融服务。以数字化手段将碳账户信息嵌入客户准入、授信管理、利率定价、风险控制等信贷全过程，创新低碳贷、减碳贷及零碳贷三类金融产品，形成碳金融线上超市，企业通过碳金融 e 超市可获得“一站式”在线金融服务。五是先试先行，持续优化完善个人碳账户体系。全领域、多场景推进个人碳账户体系建设。全市共推出个人碳贷款产品 28 款，贷款余额达 119.36 亿元。

（三）丽水市

丽水市以扎实推进国家级普惠金融服务乡村振兴改革试验区为契机，重点聚焦丽水市获批的生态产品价值实现机制改革试点、林业碳汇试点、气候投融资试点、百山祖国家公园创建等“国字号”改革试点，实现绿色金融和普惠金融融合发展，全面推进绿色金融创新。在《浙江省丽水市普惠金融服务乡村振兴改革试验区总体方案》各项任务全面落地实施的基础上，浙江省人民政府印发《浙江省丽水市普惠金融服务乡村振兴改革试验区实施方案》，重点就省级层面支持推进的改革任务和目标进行了细化，为改革试验区改革成果落地丽水市提供了指导。围绕改革试点总目标，丽水市将助推生态产品价值实现的“生态产品抵质押标准”、助推环保行为正向激励的“生态信用贷”、助推碳中和先行区建设的“浙丽林业碳汇贷”等与绿色金融相关的内容列入改革试验区十大标志性改革任务，助推改革试验区发展。截至 2023 年末，丽水市绿色贷款实现快速增长，增速达到 68.77%，位列浙江省第二；绿色保险保费收入 4.03 亿元，提供风险保障 2895.2 亿元，获批全省首批巨灾保险试点。

1. 典型做法一：加快推进全国首批、全省唯一气候投融资试点建设

丽水市聚焦能源、工业、建筑、交通、农业、居民生活、科技创新“6+1”重点领域，围绕气候投融资“八大任务”，探索具有丽水特色、可复制推广的有效路径。一是构建气候投融资推进机制。在政策制定方面，出台丽水市气候投融资试点工作方案等15项气候投融资政策，强化政策协同。在体系建设方面，不仅建立了气候投融资联合创新实验室，创新金融产品和服务30余个；还成立了气候投融资专业委员会，开展气候投融资领域前瞻性研究；同时实施气候投融资“揭榜挂帅＋晾晒比拼”机制，激励、倒逼金融机构开展58项创新。二是丰富气候投融资金融模式。积极打通从“固碳”到“卖碳”的林业碳汇价值转化路径，累计开展31笔森林经营碳普惠交易，抵消24083.54吨碳排放量；首创“碳普惠＋生态信用”机制，将碳信用积分转化为融资增信；开展“气候投融资＋减污降碳＋生态品牌”的生态产品价值实现新模式实践；结合“企业碳效码”实施差异化金融政策，发放“浙丽碳效贷”157.91亿元；落实碳减排支持工具，加大对绿色低碳企业贷款和票据支持力度，碳减排重点领域贷款22.8亿元。三是提升气候投融资服务质效。上线气候投融资金融综合服务平台，建立浙江省首个企业碳效分类等级融资情况可视化驾驶舱，对全市1090家规上工业企业融资情况实现全覆盖动态监测，积极打造气候投融资“数智监管工具”。建成各类气候投融资特色网点47家，实现气候投融资机构9县（市、区）全覆盖。四是培育气候投融资重点项目。印发《浙江省丽水市气候投融资项目入库指南》，聚焦减污降碳协同等全省“十百千”低（零）碳试点示范体系，培育筛选气候投融资重点项目40余个，2023年度实施光伏、风电、抽水蓄能电站等74个重大能源项目，总投资达526.27亿元。召开丽水市气候投融资试点推进会，会上签约75.2亿元、授信108亿元，涉及项目总投资超350亿元。五是强化气候投融资交流与合作。与国家气候战略研究中心签订气候投融资战略合作协议，为气候投融资试点建设提供智力支持。

2. 典型做法二：探索推进金融支持生态产品价值实现与普惠金融有机融合

2019 年 1 月，丽水成为全国首个生态产品价值实现机制试点市。2023 年丽水市以普惠金融服务乡村振兴改革试验区发展为契机，探索推进金融支持生态产品价值实现与普惠金融有机融合，形成了一批具有丽水特色、可复制推广的创新服务模式。一是创新“取水贷”。制定印发《丽水市取水权抵质押贷款操作指引（试行）》，以“取水权”作为抵押物，结合水电站电费收益，创新推出“取水贷”模式，获评 2023 年全国基层治水十大经验。截至 2023 年末，全市已发放经金融主管部门质押登记备案的“取水贷”74 笔、金额 19.67 亿元，实现全市 9 县（市、区）业务全覆盖。二是创新“不动产 + 生态价值”融资服务模式。制定印发《丽水市“不动产 + 自然生态价值”融资改革工作推进方案》，创新建立了包含“不动产 + 生态价值”项目目录、价值评估、抵押贷款机制为主要内容的融资服务模式。截至 2023 年末，顺利发放全市首批贷款 3200 万元。三是创新 EOD 等开发性金融支持生态产品价值实现模式。通过区域、资源、项目“三统筹”，提升生态项目市场化融资能力。截至 2023 年末，遂昌、青田已分别获得开发性融资支持 2 亿元、1.45 亿元，庆元国储林项目获得 9.6 亿元授信支持。此外，丽水市创新企业生态信用贷模式，截至 2023 年末全市生态信用贷余额达 41.74 亿元；推进“生态抵质押贷”扩面增量，截至 2023 年末全市生态抵质押贷余额达 306.77 亿元；创新推出“浙丽林业碳汇贷”，运用丽水市林业碳汇交易平台创建林业碳汇交易资金闭环监管机制，得到央视宣传报道；拓宽农村产权抵押融资渠道，完善配套机制，推出云和雪梨、庆元甜橘柚等国家地理标志商标质押贷款和生猪等活体抵押贷款，截至 2023 年末全市农村产权抵押融资贷款余额超 124 亿元；创新建立“两山”金融服务站，协助开展生态信息采集、评定以及“生态信用贷”等信贷产品宣传、发放，截至 2023 年末全市已设立“两山”金融服务站 782 家。

四

安徽省

（一）淮北市

近三年来，淮北市在绿色金融领域取得了稳步进展。市政府及金融监管部门相继出台了《淮北市转型发展金融建设实施方案（试行）》等政策文件，从政策端明确了绿色转型的主要任务和金融支持方向，并在全省率先实现法人金融机构2022年度环境信息披露全覆盖。截至2023年末，淮北市绿色贷款余额增长至232.63亿元，较上年增长71.13%，此外，转型金融是淮北市探索的重要方向之一，目前已经构建了“目录＋项目库＋白名单”的转型金融推进路径。

在市场层面，淮北市建立了转型金融工作牵头行制度，重点围绕碳减排贷款、企业ESG评价等领域开展绿色转型金融创新，创新推出“碳排放配额质押贷”“碳排放权履约贷”“可持续发展挂钩贷”等转型金融产品。截至2023年末，淮北市金融机构共发放66笔符合转型金融支持方向的贷款，贷款余额为37.49亿元，惠及采矿、电力、煤焦化、制造等多个行业的22家企业，显示出金融资源对绿色转型领域的关注度进一步提升。

1. 典型做法一：完善转型金融政策与标准体系

一是强化标准界定。中国人民银行淮北市分行联合相关部门出台《淮北市转型发展金融建设实施方案（试行）》，明确将建立转型金融支持标准、设立企业碳账户、完善金融机构转型战略、创新转型金融产品、推动企业低碳转型作为五大任务；编制《淮北市转型发展金融支持目录》，确定了转型金融支持的六大行业、19项细分领域，据此建立首批《淮北市转型金融项目库》，筛选节能、减碳、节水等类别共53个项目，初步解决了转型活动“识别难”问题；提供数据支撑，编制转型企业碳账户建设指南。结合本市工业企业常用能源类型，选择原煤、洗精煤、用电、天然气等12项能源指标，对融资企业能耗进行监测，建立企业碳账户核算基本框架。二是深化组织建设。淮北市成立市转型金融工作领导小组，由市委常委、常务副市长任组长，多部门参与，共同协调探索推进建立并完善转型金融项目库和企业库、制定重点行业转型目标规划、编制融资主体转型方案模板、建立企业碳排放量监测体系、拓展碳账户多场景应用等工作。三是完善激励政策。构建财政金融协同支持机制，每年从淮北市支农支小再贷款中单列1亿元转型金融专项再贷款额度，并由市财政给予25bp的贴息，每笔可享受3年贴息支持。开展绿色转型金融案例评比活动，对创新效果显著的金融机构和个人给予一定奖励。

2. 典型做法二：创新绿色转型融资模式

一是探索构建绿色转型金融创新“淮北模式”。中国人民银行淮北市分行与北京林业大学加强“产学研融”合作交流，基于绿色转型发展战略，围绕当前碳交易市场发展情况、碳金融与绿色金融创新发展、淮北碳金融发展路径等进行座谈交流，推动碳金融产品体系构建与发展模式设计。围绕碳信贷、碳保险、碳债券、碳基金、碳资产证券化等设计淮北市绿色转型金融产品体系与发展模式，构建绿色转型金融创新“淮北模式”，探讨生态资源—生态资产—生态资本的循环发展模式等。二是探索创新转型金融信贷管理模式。为推动金融机构对信贷客户开展可持续发展全面评价，淮北市金融学会牵头制定《金融机构煤化工行业融资主体可持续发展评价与信贷管理指南》，研究内容包括煤化工企业融资主体可持续发展评价原则，评价指标体系和评价程序，以及基于评价结果的信贷产品创新模式。适用于银行业金融机构开展煤化工行业企业融资主体可持续发展评价及挂钩产品设计。

（二）滁州市

滁州市的绿色金融行动工作起步早，首创性突出。2022年8月，滁州市获批全国首批23个气候投融资试点城市地区之一，为安徽省唯一试点城市。为深入贯彻落实党中央关于碳达峰、碳中和的重大战略决策，探索建立气候投融资“滁州模式”，滁州市人民政府先后出台《安徽省滁州市气候投融资试点工作方案》《安徽省滁州市气候投融资试点实施方案》《滁州市气候投融资试点2023年重点工作要点》《滁州市气候信息披露指引》等工作方案与指引。政策出台后，滁州市建立气候投融资支持平台与项目库，精准支持气候投融资项目建设，取得突出成果。截至2023年末，滁州全市气候总投资额为6985亿元，位列全国第一，入库项目数265个、单体平均投资额为26.36亿元，均位居全国第二。此外，滁州市积极探索绿色金融创新产品，出台全省首个林业碳票管理办法、首个碳减排贷款业务指引，发放多笔“全国首单”。

1. 典型做法一：提升绿色金融服务能级，助力气候投融资试点建设

滁州市自获批全国首批气候投融资试点城市以来，全市金融系统创新产品、完善设施、专项对接、优化服务、严格考核，扩大绿色贷款总量，提升绿色金融服务能级，撬动多元资金流入应对气候变化领域，为经济高质量发展厚植绿色底色。滁州市打造“气候投融资支持平台”，建成“网上金融超市”，为政银企三方提供环境信用信息整合、银企线上对接撮合、气候友好型项目入库、气候投融资信息线上披露、政策智能匹配等特色服务。平台共入库气候友好型项目265个，入驻金融机构40家，发布气候信贷产品11款，发放气候信贷金额79.31亿元。滁州市开辟全新应用场景，助力绿色低碳发展，注重引导各类资金进入应对气候变化领域。新增新能源和节能环保产业企业18家，滁州经开区整区屋顶分布式光伏试点建设稳步推进，建成远景定远电化学储能电站。此外，滁州市积极推动工业绿色转型

升级，截至2023年末，累计获批国家级绿色园区2个，国家级绿色工厂9家，省级绿色工厂26家。

2.典型做法二：加大行业化个性化产品创新力度，聚焦转型行业和绿色生态领域

滁州市加快绿色金融业务标准化建设，率先在省内出台《碳减排贷款业务指引》。创新“碳中和挂钩贷款”“碳减排双挂钩贷款”，开发“绿色金融制造贷”“排污权质押贷”“碳票生态贷”，助力节能减碳产业和林业碳汇发展，出台全省首个林业碳票管理办法，发放全省首单林业碳汇权证质押贷款，落地全国首笔“碳中和挂钩贷款”1.09亿元，投放首笔10年期2700万元“碳减排双挂钩贷款”，发放全省首笔国家储备林项目贷款。创新货币政策工具“滁碳易”，引导金融资源积聚绿色低碳领域。创新制定绿色项目价差补贴机制，为绿色企业和项目开放绿色通道，形成了一系列气候信贷正向激励机制。截至2023年末，已累计创新10款气候信贷产品，投放气候投融资贷款731.3亿元，占全部绿色贷款的95.5%，同比提升4.1个百分点，全市中长期绿色贷款占全部绿色贷款的86.5%，同比上升43.6个百分点，贷款平均利率低于企业贷款利率25个bp。

（三）黄山市

黄山市以入选省级绿色金融发展试点、生态产品价值实现机制省级试点为契机，加快推动绿色金融体系建设，创新推出绿色金融产品，有力促进绿色金融交流合作，不断激发绿色经济后发潜力。在产业发展上，黄山市出台《黄山市绿色金融发展试点工作实施意见》，为黄山市绿色金融发展定调筑基，开发生态环境建设与保护贷、劝耕贷、光伏贷、旅易贷、名茶贷等绿色信贷产品，积极拓宽抵质押物范围，推进林权、民宿经营权、水电站电费收益权、污水处理应收账款、旅游景区收费权益等担保方式创新。在生态发展方面，黄山市大力发展精致农业、新型工业、全域旅游，推动

绿色生态产业壮大。同时建设全市农权、新安江流域水排污权交易平台，支持探索碳汇、水权交易。黄山市依托得天独厚的资源禀赋，不断激发绿色经济后发潜力，让绿色金融为全市经济开辟产业发展新“路”、生态发展金“路”和绿色发展稳“路”。

1. 典型做法一：推广“村落徽州”项目，开创绿色金融赋能乡村振兴新模式

2022 年 4 月，徽州区与农发行黄山市分行先行试点“村落徽州”绿色金融项目，一期总投资 4.77 亿元，其中农发行黄山市分行授信 3.8 亿元，助力徽州区浪漫乡村发展有限公司打造艺“蔬”临河、生态坑上、康养蜀源、红色石岗等 4 个主题品牌徽州村落。该项目立足乡村振兴，利用政策性金融资本，统筹发挥各类经济主体优势，积极打造乡村产业新业态，创新实现生态产品价值转化，入选“中国改革 2023 年度地方全面深化改革典型案例”。一是创新运营模式。黄山市推进县、乡、村三级注册成立具有市场主体地位的乡村运营公司，形成国企主导、分工协作、自主发展三种乡村运营模式。2023 年，507 家县、乡、村三级乡村运营公司实现营业收入 2.8 亿元，直接带动村集体增收 3892.6 万元。二是创新金融赋能。创新实施“村落徽州贷”产品，解决乡村运营资金“最先一公里”难题。“村落徽州贷”项目已在全市范围内推广，截至 2023 年底累计获批项目 9 个，授信金额合计 40.95 亿元，贷款累计投放 15.6 亿元。三是推动三产融合。发挥各级乡村运营公司专业操盘优势，23 个村入选全省第一批和美乡村精品示范村创建名单，实施“微改造”项目 1.7 万余个，培育“五微”村 216 个，认定景区村庄 12 个。2023 年，全市发展休闲农业和乡村旅游经营主体 3059 个，实现营业收入 402.78 亿元、接待游客 5182.61 万人次，同比分别增长 22.43%、17.53%。

2. 典型做法二：绿色金融推动生态产品价值实现可持续发展

黄山市围绕生态产品价值实现机制，以金融支持的标准体系及指引规

范构建为抓手，推动产品及服务的多元化发展。在绿色贷款方面先后出台《黄山市特定地域单元生态产品价值（VEP）实现绿色金融贷款机制试行方案》《特定地域单元生态产品价值核算技术规范》《黄山市特定地域单元生态产品价值（VEP）收益权质押贷款试点操作指引（试行）》等制度文件，探索以 GEP 核算框架为基础，创新 VEP 核算体系，以 VEP 评估结果为依据，健全“权益申请—确权颁证—申报贷款—评估授信—登记放款—风险补偿”闭环路径，推动形成生态资产、生态资源权益抵押的绿色信贷机制。此外，黄山市以茶叶产业为着力点，建立茶产业金融服务专员制度，形成茶叶企业信用信息数据库，探索供应链融资场景运用，实现由传统抵质押贷款的“点”融资向供应链金融的“线”融资转化。2023 年末，推动全国首例特定地域单元生态产品价值 VEP 收益权质押贷款——祁门祁红茶产业链开发（一期）项目 3.1 亿元正式落地黄山。开发菊花、泉水鱼、中药材等特色信贷产品 161 项，基本覆盖全市种植、养殖和地方特色农产品。在绿色保险方面，黄山市试点专项保险，持续推进全域茶园病虫害绿色防控，投保率超过茶园绿色防控面积的 70%，通过“茶叶基本险 + 专项保险”模式提高保障水平，扎实推进茶叶保险试点，累计为 25.5 万户茶农、茶叶企业投保茶园 170.8 万亩，风险保障 11.4 亿元，保险范围实现市辖区县全覆盖，为茶产业快速发展提供风险保障。

第四章

长三角绿色金融的机构实践

一

银行机构

（一）绿色金融科技升级扩面

利用数字化技术优化绿色金融服务是重要的政策方向，也是市场的现实需求。《金融科技发展规划（2022—2025 年）》明确提出，要加强金融科技与绿色金融的深度融合，创新发展数字绿色金融，提升与扩大绿色金融服务的精准度与覆盖面。长三角地区在利用金融科技赋能绿色金融发展方面开展了先期实践，或凭借发达的数字经济产业基础，重点探索利用大数据、人工智能技术优化绿色信贷风险评估模型；或借助物联网技术实现绿色供应链金融的深度拓展。如平安银行杭州分行、中国建设银行苏州分行、徽商银行等机构，积极投身于绿色金融科技的创新实践中。

1. 平安银行杭州分行：数字化提升绿色金融“精准性”

2023 年，平安银行杭州分行紧跟总行“一行一策”的战略部署，将绿色金融视为未来发展的核心增长极。在科技赋能方面，分行深度运用大数据分析技术，精准匹配“三张地图”，根据区域和客群特点，对绿色金融客群进行细致分类与深度挖掘。针对晶科、正泰等重点客户，量身定制专属金融服务方案，实现从营销前端到贷后管理的全流程精准服务。同时，借助数字化手段厘清监管认定标准，建立敏捷沟通机制，确保各部门在绿色信贷业务推进过程中高效协作。在资源配置方面，利用科技平台强化绩效考核，根据团队绿色信贷占比结构精准分配 FTP 补贴、RWA 额度等资源，充分调动团队拓展绿色金融业务的积极性，有效提升了绿色金融服务的精准度和效率。

2. 中国建设银行苏州分行：升级 GIS 系统衔接绿色金融与转型金融

2023 年，中国建设银行苏州分行在 2022 年绿色金融 GIS 系统的基础上，成功将其升级为“绿色金融 GIS 管理系统 2.0”。该系统借助先进的地理信息技术和大数据分析能力，进一步扩充潜在绿色客户识别渠道。通过对苏州区域内全量企业进行智能识绿，将原本未被充分关注的转型金融领域企业纳入服务范围，为有转型需求的企业提供精准金融支持。在风险管理方面，系统从环境、社会和治理三个层面构建多维度指标体系，对企业进行全面评分，实现对 ESG 风险的精细化管理。同时，引入外部环境相关处罚、预警信息，及时提示风险，帮助经营人员迅速调整授信策略，有力提升了金融机构应对环境和社会风险的能力。

3. 徽商银行：科技赋能绿色金融“智能化”

2023 年，徽商银行成功投产上线绿色金融管理系统，运用大数据、云计算等先进技术，实现绿色资产的智能识别、环境效益的精准测算、碳核算以及 ESG 管理等多项功能。该系统与其他业务和管理系统深度交互，打通了绿色金融业务全流程的信息壁垒，实现了业务的系统化、线上化和可视化。此外，徽商银行依托金融科技打造多层次、广覆盖的绿色金融产品谱系，推出“矿山生态修复绿色贷款”“碳排放权质押融资”等一系列特色产品。通过科技赋能，徽商银行不仅提升了绿色金融服务质效，还在区域绿色金融发展中发挥了重要引领作用。

专栏 4-1　徽商银行多方位推动绿色金融快速发展

徽商银行积极把握政策窗口，依托地方特色设立绿色金融组织架构，加强对外合作交流，全方位驱动行内绿色金融业务发展。

一是应用碳减排支持工具、差异化定价、贷款利率补贴等政策组合拳，持续加大对绿色信贷的支持力度。截至 2023 年末，徽商银行绿色贷款余额为 824 亿元，较 2022 年末增加 278 亿元，增幅 51%。

二是依托本行发展战略和地方特色产业构建绿色金融组织架构。徽商银行明确发展绿色金融的战略地位，建立跨部门工作协调机制，设立绿色金融团队；锚定安徽新能源汽车“首位产业”设立汽车专营支行。截至 2023 年末，为新能源汽车产业 1285 户上下游企业提供授信超 785 亿元。

三是积极开展对外合作交流。徽商银行连续两年发布环境信息披露报告，先后加入中小银行绿色金融联盟、中国金融学会绿色金融专业委员会，签署《长三角绿色金融一体化金融机构合作备忘录》《银行业金融机构支持生物多样性保护共同宣示》等，广泛开展同业交流，逐步成为安徽省内绿色金融事业的重要倡导者。

（二）深入实践将 ESG 纳入绿色金融全流程

推动环境、社会、治理因素纳入绿色金融全流程，是近年来金融机构发展绿色金融的重要举措，是提高环境信息披露和评估质量的重要手段。长三角地区高度重视将 ESG 纳入授信管理体系，相关地方通过与国际 ESG 标准接轨、推动 ESG 评价体系的本土化融合，完善地方信息共享机制，推动企业 ESG 信息披露建设等方式共同推动相关工作的开展，同时在交通银行上海分行、工商银行浙江省分行等机构间也开展广泛应用，江苏银行杭州分行、中国银行上海市分行等也落地了 ESG 挂钩贷款。

1. 交通银行上海分行：全方位嵌入 ESG 打造绿色信贷流程闭环

交通银行以 ESG 为着力点健全绿色信贷管理举措，促进绿色贷款余额增长，截至 2023 年末，绿色贷款余额为 8220 亿元，同比增长 29%。在绿色信贷管理中，严格执行 ESG 准入制度，将 ESG 风险评估作为项目评估审查和审批的关键环节，实施“一票否决制”。在信贷资金拨付管理上，将客户 ESG 风险状况作为重要依据，确保资金流向绿色、可持续发展的项目。在尽职调查过程中，深入考察客户 ESG 表现，形成初步意见并记入报告，同时建立授信客户 ESG 风险动态评估机制，借助系统定期评估，及时调整信贷策略。此外，交通银行还强化绿色信贷内控管理，将 ESG 相关制度执行情况纳入内部审计和内控检查范围，确保 ESG 理念在绿色信贷业务中得到有效贯彻，打造从准入到贷后管理的绿色信贷闭环。

2. 江苏银行杭州分行等：创新 ESG 挂钩贷款

2023 年，浙江省多家金融机构推出了与 ESG 标准挂钩的贷款、基金和保险产品。如江苏银行杭州分行结合 ESG 评级体系，加大对“ESG 表现挂钩贷款”推广力度，结合各行业、企业的 ESG 可持续发展水平，将企业 ESG 表现纳入审批、定价决策，激励企业提升对绿色可持续发展的关注及重视，同时分行成功发放了人防工程设备制造行业的首笔“ESG 表现挂钩贷款”。同年 9 月，中国银行上海市分行携手相关机构，成功推出我国航运业首单 ESG 挂钩银团贷款。此次合作以中远海运能源运输股份有限公司为服务对象，贷款总额达 15 亿元人民币，期限为 3 年。在贷款设计方面，依据中远海能的可持续发展战略规划，结合了《流动资金贷款管理暂行办法》和《可持续发展挂钩贷款原则》[①]，从环境和社会两个维度分别遴选出几项关键绩效指标（KPIs），具体包含环境维度下的二氧化碳单位周转排放量、氮氧化物单位周转排放量、有害废弃物单位周转排放量；社会维度下员工受训百分比、因工死亡比率、责任性重特大生产安全事故数。该贷款不仅为航运企业提供了全新的融资思路，还在行业内树立了将 ESG 理念与金融业务紧密结合的典范。

---

① https：//www.allbrightlaw.com/SH/CN/10454/68d3ab97c57563e9.aspx.

（三）利用 EOD 等拓展金融支持生态新模式

发展和保护相统一的理念，是我国生态文明体制改革重要战略的核心理念之一，发挥绿色金融在支持生态环境保护中的重要作用，也是绿色金融的重要使命。在多部门协同与多市场主体合作的努力下，金融支持生态保护、修复与利用的模式正在成为银行发展绿色金融的重要方向。长三角地区依托良好的生态、活跃的市场等，开展多方面的探索。如国家开发银行浙江省分行、工商银行江苏省分行、马鞍山农村商业银行等的金融实践，为区域生态经济发展提供了有力支撑。

1. 国家开发银行浙江省分行：助力洞头 EOD 项目绘就生态共富画卷

浙江省于 2022 年发布《浙江省美丽海湾保护与建设行动方案》，聚焦部分海湾生态系统健康状况不佳等问题，选择温州洞头诸湾等单元开展先行先试。2023 年，国家开发银行浙江省分行牵头组建 23 亿元银团贷款，全力支持洞头诸湾 · 共富海上花园 EOD 项目。在项目实施过程中，通过区域统筹，将洞头区 4 个街道、1 个镇和 1 个乡纳入项目范围，全面摸清码头、滩涂等 7 类资源“家底”，并探索闲置资源盘活路径。在项目模式统筹方面，聚焦生态环境保护与产业融合，以生态环境治理类工程为基础，配套全域旅游、海上休闲运动、康养产业等开发工程，通过产业发展产生的经营性收入、租赁收入反哺生态环境投入，实现区域生态、经济和社会效益的整体平衡。同时，协助洞头区建立规范化项目管理制度，完善借款人公司治理，确保项目可持续发展，为其他地区开展 EOD 项目提供了宝贵经验。

2. 中国农业银行浙江省分行：围绕土地综合整治、水利、环保等多领域推动生态价值转化中国农业银行浙江省分行通过完善“1+2+10+N”的绿色专营体系[①]及与省政府和多个厅局签订战略合作协议，围绕“千万工程”“五水共治”等重点领域，全面推动浙江绿色低碳发展。在金融产品创新方面，以全域土地综合整治与生态修复工程为切入点，创新推出“土地整治＋现代农业”“土地整治＋乡村旅游”等金融服务模式，并配套“生态修复贷”产品，为农村地区生态修复和产业发展提供有力支持。针对水利、环保等不同领域，还推出了“治水贷”“绿色普惠贷”等产品，精准支持小微企业发展，有效促进了生态产品价值的市场化转化。

3. 工商银行江苏省分行：支持海洋牧场项目探索生态经济新路径

江苏省盐城市滨海县致力于打造“首个国家级海洋牧场示范区”，工商银行江苏省分行积极支持滨海县现代化海洋牧场项目。该项目总投资 4.1 亿元，贷款期限为 15 年（含宽限期 1 年）。在项目建设过程中，工商银行通过多种方式保障项目顺利推进。在运营模式上，促成项目主体与大连现代海洋牧场集团有限公司强强联合，保障项目建设质量；通过资本合作，成立合资公司运营项目，保障运营收益。在项目效益方面，项目将海洋生态修复与渔业产业发展有机结合，实现了“生态效益＋经济效益”协同发展，为沿海地区发展现代渔业、推动海洋经济可持续发展开辟了新路径[②]。

4. 马鞍山农村商业银行：推动生态经济融合发展

马鞍山农村商业银行实施绿色发展动态工程，陆续推出光伏贷、生态循环贷、技改贷、合同能源管理贷、碳排放权质押贷、可持续发展挂钩贷等绿色信贷产品，针对污水处理项目不同阶段融资需求推出“清源贷”，与美国劳伦斯伯克利国家实验室共同开发绿色住房按揭贷款产品，发行在岸市场首单获气候债券标准认证的绿色金融债券。2023 年，马鞍山农村商业

---

① 在省分行公司部挂牌 1 个绿色金融事业部负责全行绿色金融管理体系建设；在湖州、衢州分行设立 2 个绿色金融事业部对接当地绿色金融创新改革试验区建设；在其余 10 个二级分行落实专职绿色金融单元；在 N 个经营行客户部门落地绿色金融业务。

② 资料来源：农业农村部现代设施农业投融资模式和案例。

银行对照 IFC《生物多样性金融参考指南》完成了生物多样性资产盘查，超过 12% 的对公贷款符合该指南映射关系。截至 2023 年底，该行累计投放绿色信贷超过 220 亿元，服务客户超过 540 户，其中超过 70% 的融资主体为小微企业客户。绿色信贷支持项目年节约标准煤 548.73 万吨，减少二氧化碳当量 1146.97 万吨。

（四）加快探索转型金融

做好绿色金融和转型金融的有效衔接是当前我国绿色金融深化发展的重要方向。自 2022 年以来，相关部委已经陆续在《关于印发促进工业经济平稳增长的若干政策的通知》《关于完善能源绿色低碳转型体制机制和政策措施的意见》等相关文件提及要发展转型金融，引导金融机构加大对具有显著碳减排效益项目的支持力度；鼓励发行可持续发展挂钩债券等。2023 年，长三角地区围绕转型金融的探索较为集中，其中协同推进等方面的经验具有典型性。如浙商银行、苏州农村商业银行、邮储银行蚌埠市分行、兴业银行合肥分行等积极探索，为高碳行业转型提供了金融助力。

1. 浙商银行：数字赋能、优化 ESG 评价、细化高碳转型融资服务的绿金综合实践

浙商银行充分发挥金融科技优势，积极探索高碳行业转型金融服务。通过打造“行业化 + 嵌入式”的绿色供应链金融服务体系，运用区块链、物联网、大数据等技术，整合绿色产业上下游企业信息，提供综合金融支持。2023 年，浙商银行针对煤炭、水泥、平板玻璃、钢铁、电解铝等稳妥控制行业开展名单制管理，定期调整授信政策，提供精准金融服务，有效减缓高碳行业低碳转型风险，推动行业可持续发展。

2. 苏州农村商业银行：政府精准治碳 + 企业精准减碳 + 金融精准支持

纺织业是苏州市传统优势产业之一，为推动纺织行业绿色发展和低碳转型，苏州农村商业银行与盛泽镇人民政府合作开展“纺织行业低碳转型

及金融创新指南”项目。该项目建立了“纺织行业温室气体减排方法学”，填补了国内纺织行业全流程碳减排核算空白；搭建了能耗与碳排放监测平台，为政府、企业和服务机构提供数据支持；设定了“碳信码”评价标准，实现对规上纺织企业的精准评价；编制了低碳最佳实践技术指南，为企业技术升级提供指导。基于此，该行推出专项信贷产品“碳信融”，根据企业“碳信码”级别提供差异化金融服务，推动纺织行业低碳转型，截至2024年5月底，已对接300余家规上纺织企业，挂钩信贷资金超50亿元。

专栏4–2 “政府精准治碳、企业精准减碳、金融精准支持”工作机制

一是建立一套核算方法：温室气体减排方法学。该项目系统梳理了纺织产业链主要排放环节、减排方向和核算方法，使用统一标准量化企业实施节能技改措施带来的减排量，明确适用范围、核算边界、排放源、减排量计算、事先确定参数和事后监测参数，为后期评估监测奠定了坚实基础，有效填补了国内纺织行业全流程碳减排核算的空白。

二是搭建一个数据平台：能耗与碳排放监测平台。该项目依托吴江工业互联网资源优势，搭建“纺织产业能耗与碳排放监测平台”①。平台分为“政府端—企业端—服务端”三部分：第一，政府端总揽全镇企业能耗与碳排放强度分布，展示企业碳达峰预警值、区域负荷及年度总用电量等信息，为政府把握总体碳排放来源、细分企业碳消耗情况和优化产业链碳排放管理提供数据基础；第二，企业端为每个企业提供多种能源数据的实时监测画像，进行个性化碳排放分析及核算碳减排绩效；第三，服务端发布碳中和政策更新、绿色金融与纺织行业最新动态，提供行业新闻、节能产品和技术、行业标准以及相关政策法规参考。

三是设定一套评价标准：碳排放评价标准“碳信码”。根据盛泽镇纺织行业规上企业的经济和能耗信息，该项目分别核算化纤生产、织造、印染、后整理（含涂层）及服装生产五大环节企业单位生产总值的碳排放强度，实现规上企业“碳信码”评价全覆盖。经专家论证，采用经济参数对规上企业单位GDP的碳排放强度进行了分级分类。“碳信码”分为三个等级，取前30%、中间50%和最后20%的企业分别代表本地区同行业碳绩效最佳水平、优秀水平和基础水平，为差异化金融支持提供精准名单。

---

① 资料来源：http：//sz.mrny365.com.

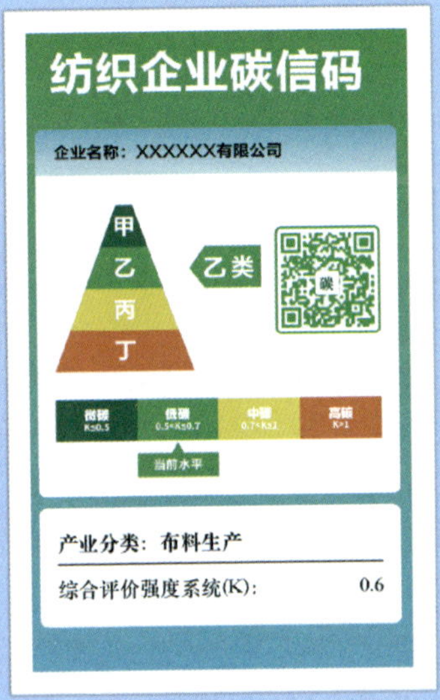

图 4-1 纺织企业碳信码示例

四是编制一部技术指南：低碳最佳实践技术指南。该项目结合纺织行业现状分析和碳排放特征，开发编制《盛泽地区纺织行业碳减排推荐最佳适用技术（BAT）指南》，梳理总结了在2030年前适用、实践可行且易大规模推广的最佳节能减排技术。技术指南包括27个大类115项子类技术，详细介绍了各技术路线的原理、国家标准、评估指标、实践案例等，给出了预估的投资金额与成本回收期，为企业技术升级改造提供了具体指导。

五是制定一揽子金融赋能方案：专项信贷产品“碳信融”。苏州农商银行基于碳排放评价标准“碳信码”，开发配套专属金融产品“碳信融”，通过匹配不同企业“碳信码”级别，提供不同优惠程度的绿色金融服务产品，服务企业日常经营和减碳项目。

3. 邮储银行蚌埠市分行：创新“绿色生物制造 + 可持续发展挂钩贷款”

为解决生物制造产业面临的能源消耗高、生产效率低等问题，邮储银行蚌埠市分行为蚌埠市某聚乳酸产业公司投放“绿色生物制造 + 可持续发展挂钩贷款”，授信金额为1亿元，期限为3年。该行推动企业编制减碳转型方案，明确转型目标和投资计划。依据国际贷款市场协会发布的原则，设定借款人关键绩效指标，并预设可持续发展绩效目标。同时实施双向价格调整机制，根据企业目标完成情况调整贷款利率，每半年由专业机构核验。该贷款推动企业采用先进技术减排降碳，加快了生物制造产业低碳转型进程。

专栏 4-3 “绿色生物制造 + 可持续发展挂钩贷款”具体产品设计条款

项目贷款的关键绩效指标（*KPI*）为借款人单位产品电耗，预设可持续发展绩效目标（*SPT*）为截至 2024 年 12 月 31 日借款人生产丙氨酸的单位产品电耗不高于 2600.00 瓦时 / 吨。邮储银行蚌埠市分行以 2023 年 12 月 20 日对应的一年期 *LPR* 作为定价基准（3.90%），附加双向利益与惩罚机制。根据贷款协议约定，若贷款项目实现既定目标，银行则于第 3 个计息年度将贷款利率下调 10*bp*。若未达到预设指标，银行则于第 3 个计息年度将贷款利率上调 10*bp*。

4. 兴业银行合肥分行：“绿创组合贷款”助力绿色项目发展

兴业银行合肥分行运用“绿创组合贷款”[①] 产品，为中国海螺创业控股有限公司旗下子公司繁昌海创环保科技有限责任公司提供创新金融服务。针对“繁昌县水泥窑综合利用固废项目”资金缺口大、对融资利率敏感的特点，该行制定“项目贷款 + 绿创贷”产品服务方案，提供总敞口 5000 万元、期限 5 年的项目贷款，并申请绿创贷 2197 万元。通过兴业银行向清洁基金出具融资性保函，清洁基金以委贷形式放款，贷款利率为合同签署当日 *LPR*–58.75*bp*。该模式既解决了项目资金难题，又降低了企业融资成本，是安徽省首笔该类业务，为绿色项目融资提供了创新范例。

---

① 绿色创新投资组合贷款业务，简称“绿创组合贷款”，是由中国清洁发展机制基金管理中心、省级财政部门、商业银行三方共同发起，用于支持地方绿色低碳、节能减排等有利于应对气候变化项目的融资创新业务。

（五）绿色金融“集团化”“全面化”发展

原中国银保监会印发的《银行业保险业绿色金融指引》、中国人民银行印发的《金融机构绿色金融评估方案》等政策及规范鼓励金融机构整合内部资源，构建全方位、多层次的绿色金融服务体系，提升金融服务实体经济的能力。在此背景下，长三角地区金融机构充分发挥自身优势，积极探索绿色金融“集团化”“全面化”发展路径。如上海银行、江苏银行等积极探索，形成了更加全面化的绿色金融发展路径。

1. 上海银行：建立“绿惠万企”“绿联商投”“绿融全球”“绿享生活”的综合产品框架

上海银行以深化金融服务品牌建设为目标，构建了“绿惠万企”“绿联商投”“绿融全球”“绿享生活”的综合产品框架。“绿惠万企”，即针对清洁能源、环保节能领域的绿色企业，提供专业化融资服务，推出“绿色普惠担保贷款”；“绿联商投”，即为客户提供“股债贷投”一站式综合金融服务，积极承销绿色债券，扩大绿色债券投资规模；“绿融全球”，即借助境外子公司和合作平台，为境内外企业提供跨境绿色金融服务；“绿享生活”，即布局绿色信贷、主题卡产品和绿色网点，支持绿色消费创新。通过这一综合框架，上海银行满足了不同客户在绿色金融领域的多元化需求，提升了绿色金融服务的广度和深度。

专栏 4–4　上海银行产品框架体系下的绿色金融规模及成绩

一是“绿惠万企”。2023 年末，上海银行绿色贷款余额为 1034 亿元，同比增长 58%；绿色普惠贷款余额为 81 亿元，同比增长 165%。

二是“绿联商投”。2023 年，上海银行承销绿色债券融资工具 41 亿元，成功助力发行多项创新业务，例如为中广核国际融资租赁有限公司发行 3.16 亿元银行间市场首单租赁行业蓝色债券、为中航国际融资租赁有限公司发行 11 亿元绿色自贸区离岸债券。上海银行托管绿色金融产品 21 只，规模合计 91 亿元，涵盖 ESG 主题公募、银行理财和资产证券化等多个领域。

三是“绿融全球”。上海银行协同上银香港和上银国际等子公司，依托沪港台以及桑坦德银行战略合作等平台，为境内外企业提供跨境绿色金融服务。

四是“绿享生活”。2023 年，新能源汽车消费贷款投放同比增长 202%，余额同比增长 204%；累计发行低碳生活借记卡 7219 张，新能源车主卡逾 3000 张；累计上线 46 只 ESG 主题基金，丰富了客户投资选择。2023 年 7 月，上海首个绿色出行碳普惠平台上线，上海银行“美好生活”App 接入，成为首家参与上海市碳普惠积分抵扣的金融机构。

2. 江苏银行：集团化协同构建一站式绿色金融体系

江苏银行将 ESG 战略纳入全行“十四五”发展战略规划，以“负责任银行”建设为引领，遵循“董事会 — 高级管理层 — 部门执行层”三级治理架构，制定完善《江苏银行总行部门及子公司绿色金融专项考核方案》，修订 2023 年版《信贷投向指引》，健全绿色金融考核方案和信贷投向指引。通过集团化协同，整合公司信贷、投行、普惠等九大业务板块资源，为市场主体提供“一站式”绿色金融综合服务。截至 2023 年末，绿色融资规模达 4501 亿元，同比增长 40.5%。

专栏 4–5　江苏银行集团化可持续金融产品服务体系

苏银金融租赁股份有限公司：绿色租赁业务涉及节能环保、清洁生产、清洁能源、生态环境、基础设施绿色升级、绿色服务、绿色农业、绿色制造等诸多领域。2023 年，公司绿色租赁新增投放 346.35 亿元，在总业务中占比 50%。在管理体制方面，一是在考核中设置“绿色金融”指标并放大权重，对绿色租赁业务在项目评审、业务投放及资金安排等方面予以倾斜。二是培养具备绿色底蕴的专业队伍，组建专门从事绿色租赁业务的部门及团队。三是加强对绿色板块行业的研究，与南京大学合作成立金融租赁联合研究中心，组织开展专题研究，为绿色发展提供专业意见。

苏银理财有限责任公司：持续加强理财资金绿色资产配置，强化ESG投资策略应用，不断创新绿色金融产品和服务，推动绿色产品开发落地。共有4只绿色产品，分别为恒源1年定开15期、恒源封闭固收增强72期2年ESG、恒源封闭固收增强78期2年ESG、恒源封闭固收增强84期2年ESG。

苏银凯基消费金融有限公司：以移动互联网为服务渠道，打造了“全天候、全线上、全数字”的消费贷产品“Su贷”，大大降低消费者使用金融服务的门槛，助力金融服务的绿色可持续发展。

江苏丹阳苏银村镇银行有限责任公司：打造并推广“绿色兴农贷”产品，加大节能环保、清洁生产、清洁能源、基础设施绿化、生态保护、绿色服务等绿色信贷领域支持力度，精准服务“绿色”客户①。

（六）外资银行开展绿色实践

随着全球可持续金融发展浪潮的涌起，以及我国持续扩大金融开放，外资银行开始积极主动参与国内绿色金融市场建设。长三角地区凭借其开放的经济环境、良好的产业基础，吸引了大量外资银行入驻，成为外资银行开展绿色金融实践的重要区域。2023年，法国巴黎银行（中国）有限公司、汇丰银行（中国）有限公司、桑坦德银行等在长三角地区率先探索绿色金融业务，积极寻求交流与合作机遇。

1. 法国巴黎银行：中欧标准下的低碳制氢绿色贷款

2023年4月，法国巴黎银行（中国）有限公司与法国液化空气集团旗下上海化学工业区工业气体有限公司达成5亿元绿色贷款协议，用于支持两套新制氢装置及相关基础设施建设。该行担任此次交易的唯一贷款银行与独家绿色顾问。此笔贷款严格遵循中欧《可持续金融共同分类目录》（更新版），明确低碳氢生产的排放阈值，确保项目的绿色标准。同时，也符合《绿色贷款原则（2021）》与《赤道原则（2020）》，并获挪威船级社（DNV）的第二方意见，保障了贷款的专业性和规范性。该绿色贷款是世界

① 资料来源：江苏银行《2023年ESG暨社会责任报告》。

首笔符合中欧《可持续金融共同分类目录》（更新版）的低碳制氢项目绿色贷款，也是法国巴黎银行和法国液化空气集团在亚太区低碳清洁制氢领域的首笔绿色项目融资，为国际绿色金融合作树立了标杆，推动了跨境绿色金融业务的发展。

专栏 4–6 中欧《可持续金融共同分类目录》介绍

中欧《可持续金融共同分类目录》（以下简称《共同分类目录》）是由中欧等经济体共同发起的可持续金融国际平台（IPSF）发布的，旨在促进中欧绿色投融资合作、引导跨境气候投融资活动、降低跨境交易的绿色认证成本。

《共同分类目录》初版于 2021 年 11 月在联合国气候变化大会（COP26）期间发布；2022 年 6 月 3 日，IPSF 发布了《共同分类目录》的更新版，该版本采纳了市场反馈意见，完善了现有目录，并增补了 17 项由中欧专家评估确认的经济活动，《共同分类目录》更新版涵盖了包括能源、制造、建筑、交通、固废和林业六大领域，共包含 72 项对减缓气候变化有重大贡献的经济活动。截至 2023 年末，经中国金融学会绿色金融专业委员会专家组认证的银行间市场发行的符合中欧《共同分类目录》的中国存量绿色债券共有 259 只，其中 219 只在存续期。

《共同分类目录》的发布和更新，为中欧绿色金融合作奠定了重要基础，促进了绿色资本的跨境流动，有助于提升全球可持续金融分类标准的可比性、兼容性和一致性。

2. 汇丰银行、桑坦德银行：以研讨活动为抓手，探寻长三角绿色发展新机遇

2023 年 5 月，汇丰银行（中国）有限公司参与金融服务机构走进长三角生态绿色一体化发展示范区的活动，与陆家嘴绿色金融发展中心、世界自然基金会等机构共同探索绿色金融高质量发展新道路。同年 10 月，桑坦德银行与上海银行在苏州共同举办了“聚新而上 绿动未来”金融助力长三角绿色低碳产业高质量发展推进会。桑坦德银行表示将运用专业的金融知识和对核心市场的深入了解，助力长三角地区的绿色低碳产业发展。

二

保险机构

（一）强化绿色保险标准应用

2022 年发布的《绿色保险业务统计制度》明确了绿色保险定义及负债端相关统计要求，从宏观政策层面推动绿色保险统计体系建立。但绿色保险统计制度及当前保险机构统计的衔接成为推动绿色保险统计体系建立需要解决的重要问题。在此背景下，长三角地区各地通过深化研究不同行业绿色保险标准、探索国际绿色保险标准的转化应用等方式，推动绿色保险在辖内的发展。同时，当地保险公司与长三角保险行业协会等相关方合作，进一步推动绿色保险标准的衔接，其中太保产险苏州分公司在推动绿色保险标准体系与当前统计体系的衔接方面的做法具有代表性。

太保产险苏州分公司在 2022 年《绿色保险业务统计制度》发布后，基于该制度对绿色保险进行了业务分类，确保相关业务与制度中的产品维度及客户维度标准衔接。公司将绿色保险业务划分为四个类别：服务绿色转型、民生福祉、实体经济韧性和对外开放提质，涵盖 12 个领域 22 个细分领域 47 个业务范围，通过以明细险种代码识别保单为主、其他字段识别为辅的方式，从保障对象和明细险种两个维度进行绿色保险业务识别，并形成编码手册。在统计结果上，对应业务汇总相加去重，为某一类别下的保险业务情况。同时，公司进行了数字化系统改造，建立了绿色保险统计系统，并尝试在公司内进行数据披露，将绿色保险考核结果运用于绩效考核，同时纳入对下属各经营机构、条线的经营考核。2023 年，太保产险已经建立了多个绿色保险项目推动小组，如绿色丝路、绿色航海、绿色航空、绿色能源等，根据绿色保险业务范围进行产品、服务模式等多方面的先行先试。

（二）建设碳普惠平台引导公众参与

“碳”要素的价值开发是金融市场关注的重要议题，在保险行业，除开发碳主题保险产品外，利用碳普惠平台加强与公众的互动，同时引导公众参与碳减排也成为一大亮点，既有以上海等地为代表的区域碳普惠平台的建立，也有保险公司自主开发碳普惠平台的尝试，如中国太保的碳普惠平台。

2023年6月，中国太平洋财产保险股份有限公司推出行业内首个碳普惠平台——“太保碳普惠”平台，主要功能涵盖用户授权、单一用途、对用户的低碳减排行为进行测算和激励，可量化用户的碳减排量和碳积分，并将个人的低碳减排贡献可视化、数字化。该平台采用与权威机构合作研发的测算方法和数据模型，通过微信小程序进行开发，涵盖“人、车、生活”八类低碳场景，如新能源车行驶、置换、行走、自助投保、自助报案、自助勘查、电子保单、电子发票等，用户可通过参与这些场景获得碳积分，并兑换低碳奖励。截至2023年底，平台已在上海、浙江、北京、江西、广西、江苏、云南、甘肃等地上线，注册用户超25万，其中新能源车主占比74%，激励客户完成绿色行为超过3万次。

（三）探索“保险+”的综合保障模式

扩展服务内容，拓宽服务范围，丰富风险减量服务提供形式等是我国保险业发展的内在要求，随着我国绿色经济不断发展壮大，更需发挥绿色保险在风险补偿、风险减量管理等方面的作用，构建综合保障模式成为保险业金融机构深化发展的重要举措。2023年，长三角各地进一步推动绿色保险产品服务扩面，并在此过程中形成了“保险+期货”“保险+担保”“农业保险+一揽子金融产品”等综合模式，同时“保险+科技”进一步提升了绿色保险的精准定损和快速理赔效率，增强了风险减量管理能力。

1. 浙商保险：数智化技术助力风险减量管理

2023 年 6 月起，浙商保险积极与公路管养单位合作，创新应用 InSAR 高速公路边坡大范围普查技术（简称“InSAR 普查技术”）对公路边坡位移情况展开监测。InSAR 普查技术是浙商保险与浙江省交通集团检测科技有限公司探索“数智 + 保险”模式的合作成果。该技术基于遥感卫星的合成孔径干涉雷达测量，对边坡监测精度达到毫米级，提醒养护单位在灾害来临前采取有效防治措施，保障安全运营。浙商保险通过上线数智风控系统，引入智能路面巡检系统、InSAR 边坡风险普查技术用于道路“体检”，以科技力量助力交通单位进行事前风险防范，推动保险服务从传统等量损失补偿向数字智慧风控、风险减量服务转变。2023 年全年，浙商保险应用路面巡检系统为浙江、四川、山东承保的高速公路部分路段进行检查，累计投入人力 320 人次，出动查勘车辆 150 余次，巡查里程达 6858 公里，以保障交通安全畅通。

2. 衢州平安产险：“保险 + 期货”模式降低生猪行业风险波动

生猪养殖产业是衢州“三农”支柱性产业之一，生猪出栏量在浙江省位居前列。面对近年来生猪价格持续走低和饲料成本的不断上涨，经营效益不及预期，叠加当地养殖户经营规模普遍较小，风险承受能力有限等情况，衢州平安产险与期货公司共同制定专业的生猪“保险 + 期货”保障方案，旨在实现为养殖户提供价格保险的同时，利用期货公司“期货 + 订单收购”在合同中嵌入场外期权，提前解决生猪销路问题，帮助下游生产企业获得稳定货源，进一步帮助养殖户锁定收益。此外，基于“保险 + 期货”项目保单的增信功能，项目还帮助当地养殖户解决了融资成本高、金额低的难题，助力扩大养殖规模，获得更多收益。以衢州市三易易美丽生态农牧有限公司为例，平安产险生猪期货保险为该公司 10000 头生猪的价格波动提供了 1658 万元的风险保障，帮助生猪养殖户规避未来生猪市场价格下跌和养殖饲料成本上升造成的收益率下降风险，达到保稳保价的目的。

3. 人保财险安徽分公司：科技赋能绿色农业保险高质量发展

人保财险安徽省分公司积极构建以绿色为导向的农业技术体系，开办设施农业保险，为设施农业从业人员经营管理提供绿色风险保障。一是与省农村气象服务中心合作，及时通过短信 / 微信等方式发送气象灾害预警、防灾减灾绿色提醒；做实灾中应急救灾，主动融入地方政府抗灾救灾应急体系，组织农业专家指导农户科学抗灾救灾；开发运用“耘智保”App，实现农险承保理赔全流程线上化绿色办理。二是采取卫星遥感大面积勘察监测、无人机精确采样、手持移动设备到户精准核损的立体化模式。公司通过无人机对整村设施农业损毁情况进行空中取样，指导地面人员逐户上门定损，彻底转变以往“用腿理赔”模式，为“精准承保、快速理赔”提供有力支撑，以科技化手段提升农业保险理赔服务的高效性和准确性。三是重视提前预警和风险防范，推动高效设施农业保险稳定发展。建立保险机构与农业农村、水利、气象等部门实质性联动机制，切实推动部门工作与保险机构灾前防损措施融为一体。2021—2023 年，公司累计为 19818 户农户的设施农业提供了近 39.61 亿元的风险保障，支付赔款 7700 万元，受益农户 17583 户（次）。

4. 紫金保险江苏分公司：工业集中区域生态环境救助险[①]中的多方合作

近年来，固废非法倾倒等导致的生态破坏问题在一些地方屡见不鲜，往往因责任方难以追溯，变成了“企业污染、生态受损、百姓受害、政府买单”的局面。为应对这一挑战，2023 年，在江苏省生态环境部门的牵线搭桥下，紫金保险股份有限公司江苏分公司与丹徒区携手，推出“工业集中区域生态环境救助险”。该保险为丹徒区两个乡镇提供保障，由辛丰镇政府、高资街道办事处投保，每个乡镇累计保险赔偿限额可达 200 万元，保险责任涵盖第三者人身伤亡保障、第三者财产损失保障、生态环境损害保

① 新华日报 . 我省首个工业集中区域生态环境救助险落地丹徒［EB/OL］.（2023-08-03）［2024-12-11］. https://www.jiangsu.gov.cn/art/2023/8/3/art_84324_10971367.html.

障、清污费用保障、紧急救援费用保障、紧急疏散及临时安置费用保障等。因自然灾害或意外事故导致保单载明的承保区域内突发环境污染事件，相关责任人无力承担赔偿责任或无法确定明确的责任人时，被保险人依据相关规定支付救助金，保险人将按照保险合同的约定负责赔偿。

（四）创新多单“碳”主题保险

“碳”主题保险是推动绿色转型、支持碳减排的重要金融工具。长三角地区根据各自的特点，围绕依托碳市场的保险创新、服务工业低碳转型的保险、碳汇保险等积极探索多样化的碳资产保险产品，人保财险、英大长安、大地财险、国寿财险等多家保险公司在长三角地区应用了涵盖碳资产质押、碳资产损失、森林碳汇等多个方面的“碳”主题创新保险产品。

1. 人保财险：碳资产质押融资保证保险

2023 年 5 月，人保财险与上海环境能源交易所签署战略合作协议，并在上海签发人保财险全国首张碳资产质押融资贷款保证保险保单。该保单由人保财险上海分公司联合中国建设银行上海张江分行共同为上海迪赛诺化学制药有限公司提供碳资产质押融资服务。该保险是指保险人以碳排放权质押贷款合同为底层合同，为碳资产所有权人（投保人，即企业）贷款提供增信支持，保障金融机构实现质权差额补偿。在该模式下，企业将生态环境部门核发的碳排放权配额作为质押品，通过上海环境能源交易所办理质押登记，人保财险则联合银行业金融机构以“银行 + 保险”方式向碳排放企业发放用于特定领域的流动资金贷款，资金专项用于企业节能环保、清洁生产、清洁能源、生态环境、绿色升级和绿色服务。

2. 英大长安上海分公司：清洁能源碳资产保险

在目前国内保险市场碳排放保险稀缺的环境下，英大长安保险经纪有限公司上海分公司以上海东海大桥海上风电示范项目二期为试点，精细计算碳资产损失概率及损失程度，科学设定保障条件与保险赔偿标准，并根据承保主体的反馈及时调整产品设计细节，最终推出国内首个新能源碳资产损失的保险责任安排，为清洁能源碳资产提供了创新性的保险解决方案。该模式具备可推广性和可复制性，新能源发电企业可以通过投保碳资产损失保险来防范因自然灾害或者意外事故造成设备故障引发发电量减少进而导致的碳资产的损失，提高企业碳资产抗风险能力。

3. 大地财险：CCS 或 CCUS 项目碳资产损失条款保险拓宽碳资产业务

大地财险推出的“CCS 或 CCUS 项目碳资产损失条款保险”创新性地拓宽了碳资产损失保险业务。该保险产品的主要责任为，在保险期间内，因自然灾害或意外事故造成保险单载明的 CCUS 项目所使用设备或相关财产损坏，导致该项目所捕获的二氧化碳排放量未达到项目设计运营目标，造成被保险人在赔偿期内的碳资产损失，保险人按照本保险合同的约定进行赔偿。此款保险产品是国内首单超 50 万吨 / 年 CCUS 项目碳捕集保险，为国家能源集团江苏泰州电厂建设运营的亚洲规模最大的煤电碳捕集利用与封存示范项目提供碳资产损失保障，也为支撑火电厂低碳化转型积累了经验，推动了碳资产管理及风险保障的进一步发展。

4. 国寿财险安徽省分公司：森林碳汇价值保险推动生态保护与碳市场结合

气候灾害及意外造成的森林损毁事故已成为林业面临的首要风险隐患。安徽省宣城市森林覆盖率达 59.46%，林木绿化率达 61.52%，森林毁损风险敞口较大。国寿财险宣城中心支公司在宣城市各级林业部门的支持下，创新性地结合碳汇价值评估与生态保护补偿机制，推出了省内首单森林碳汇价值保险。该保险产品通过评估森林地上和地下生物量的碳汇量，为宣城市的两大国有林场提供了 5004 万元的风险保障，涵盖 12561.27 公顷森林，全林碳库为 33.03 万吨，碳汇量为 121.12 万吨。森林碳汇价值保险是根据森林树种、胸径等数据，计算出蓄积量，再换算出生物量，最后根据含碳率得出固碳量。针对森林因自然灾害、意外事故或病虫害直接导致保险的林木完全损失，进而造成林木碳汇量减少、碳汇价值降低的结果，该险种按照约定标准进行赔偿。森林碳汇价值保险的赔款可用于对灾后林业碳汇资源救助和碳源清除、森林资源培育及加强生态保护修复等与林业碳汇富余价值生产活动有关的费用支出。

三

证券机构

（一）全面加强 ESG 战略能力建设

可持续投资及管理体制的建设是证券行业发展绿色金融的重要抓手。长三角地区多个证券机构将 ESG 能力建设与公司战略和业务发展深度融合。浙江、安徽等地积极构建公司内部及投资外部的 ESG 生态，聚焦构建完善的 ESG 信息披露和评价体系，提升市场透明度。财通证券、华安证券、国元证券等机构在此过程中，积极加强 ESG 战略能力建设。

1. 财通证券：设立战略与 ESG 委员会

财通证券紧密围绕浙江绿色发展战略布局，深入践行 ESG 理念。在组织架构创新上，于董事会下设立战略与 ESG 委员会，构建完备的 ESG 治理“三驾马车”体系。董事会负责全面监督 ESG 事务，把控整体方向；战略与 ESG 委员会，由董事长担任执行主任委员、全体高管为委员，承担制定 ESG 战略、监督执行情况、识别 ESG 机遇与风险等关键职责；ESG 管理团队则涵盖董事会办公室、财通证券资管等多部门，负责将 ESG 工作细化落实。通过该架构，财通证券将 ESG 理念全方位融入企业文化和业务发展战略，在绿色股债、绿色 ABS 等金融服务领域不断深耕，打造专业绿色研究团队。

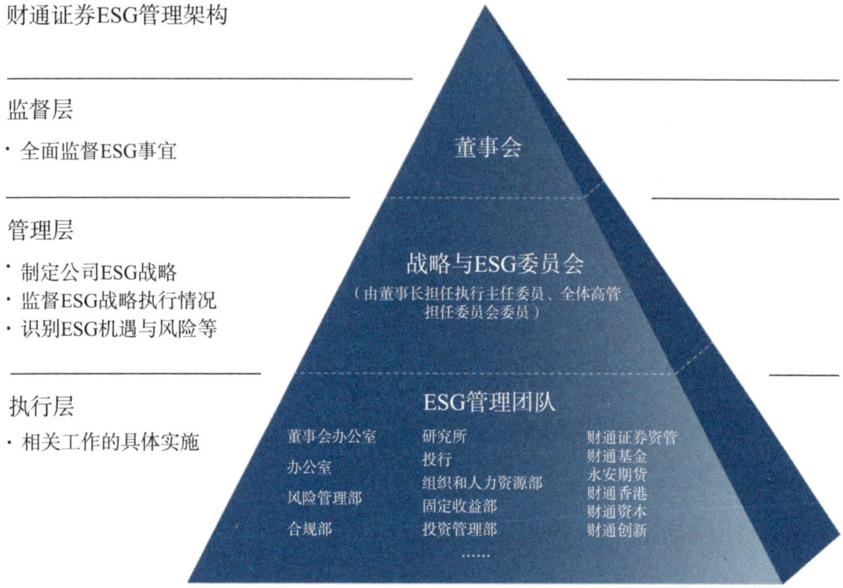

图 4–2　财通证券 ESG 管理框架

2. 华安证券：践行责任投资

华安证券积极响应联合国负责任投资原则，将环境、社会和治理（ESG）因素纳入投资决策和所有权实践中，推动可持续金融和长期价值创造。公司通过正面筛选、负面剔除、ESG 因子整合、可持续主题投资和影响力投资等策略，将责任投资理念与公司投资业务有机结合，同时积极参与绿色债券投资和影响力投资，兼顾经济效益和社会、环境效益。2023 年，公司成功承销两期私募绿色熊猫债券，总规模达 15 亿元，用于绿色项目收购及债务偿还，促进了绿色经济的发展。华安证券入选国资委“地方国企社会责任·先锋 100 指数”、荣获“财联社年度最具 ESG 价值奖项”等，展现了公司在 ESG 实践方面的积极成效。

表 4-1　华安证券责任投资策略及应用情况

投资策略	应用情况	资产类别
正面筛选	在投资标的行业选择中侧重于 ESG 评级较高的行业，包括医药生物、电子、电力设备、计算机、汽车、公用事业、非银金融、轻工制造、国防军工、机械设备、食品饮料等	权益类投资 固收类投资 另类投资
负面剔除	禁止将 Wind ESG 评级表现过低的标的纳入公司股票池中； 通过“企业智能分析系统”对市场舆情及持仓主体舆情进行监测、预警。对于出现重大污染事件、重大人员事故严重负面事件的投资标的进行谨慎评估后再做投资决策	权益类投资 固收类投资 另类投资
ESG 整合	公司在遴选投资标的时将 ESG 因子作为考量标准之一，采用第三方评级模型对投资标的进行内部评级作为投资交易的前置环节	权益类投资 固收类投资 另类投资
可持续主题投资	参与绿色债券投资，关注水电等清洁能源、新能源行业等符合可持续发展主题的投资标的； 积极投资绿色债券，涉及水务、基础建设等行业，截至 2023 年底，持有绿色债券 3 只，合计 9600 万元； 2023 年，子公司华安嘉业与六安市共同推进叶集区与霍邱县两地乡村振兴基金的设立，两只基金规模均为 1 亿元	权益类投资 固收类投资
积极行使股东权利	主动、定期与持股参股企业进行 ESG 议题的沟通，通过与高级管理层进行对话、提交股东大会议案、代理投票等多种方式，引导持股参股企业积极创造对环境和社会的正面影响	权益类投资

资料来源：《华安证券 2023 年环境、社会及公司治理报告》

3. 国元证券：ESG 的治理战略、人才战略、气候战略

国元证券积极践行 ESG 发展理念，强化绿色金融战略顶层设计。在治理层面，构建起董事会战略与可持续发展委员会、经营管理层 ESG 委员会

和 ESG 工作小组协同的治理架构，制定《国元证券责任投资指引（试行）》等制度，保障绿色金融战略落地。在业务方面，发挥综合金融优势，聚焦企业低碳转型需求，助力企业通过沪深北交易所首发、绿债发行等方式获取资金，2023 年完成近 50 亿元绿色融资项目，包括安徽省 2023 年首单绿色企业债。同时，将环境气候因素融入投资决策，引入泛 ESG 公募基金标的，投资新能源等企业股票市值超 300 亿元。在运营中，践行绿色理念，通过设施改造、平台建设和宣传教育，降低能耗与排放，在治理、人才、气候战略方面均取得显著成效，有力推动了经济社会绿色转型。

表 4-2　公司 ESG 战略回顾

战略方向	核心目标	战略目标	2023 年度进展
治理战略	通过在公司内贯彻落实责任投资战略、建立全面风险管理体系，形成全员参与、自下而上的 ESG 文化	董监高考核评价与 ESG 挂钩 每三年商业道德审计覆盖所有营业网点 对所有投资对象开展 ESG 评估	董事、监事及高管考核评价已纳入 ESG 因素 报告期内，审计项目 113 个，其中常规审计 47 个，离任审计 46 个，专项审计 20 个 报告期内，权益投资、固收投资、私募股权投资、另类投资等已对所有投资对象开展 ESG 评估
人才战略	打造公平公正、多元化和包容性的工作环境，为员工（尤其是女性员工）赋能，打造具有国际化视野的专业人才队伍，为员工创造更多机会	女性员工比例维持在 40% 左右 加强女性员工赋能，女性员工担任领导者的比例维持在 20% 左右 到 2025 年，打造一支 15 人的 ESG 分析师团队 离职率低于行业平均水平	截至报告期末，公司女性员工比例为 40.99% 截至报告期末，公司女性员工担任领导者的比例为 18.41% 报告期内，公司积极推进 ESG 分析师团队建设，ESG 分析师人数达 12 人 员工离职率低于行业水平

续表

战略方向	核心目标	战略目标	2023 年度进展
气候战略	积极开展气候风险分析，利用影响力推动金融活动中的温室气体减排，积极应对气候变化，努力保护自然资源和生态环境	温室气体人均排放量每年下降 5% 到 2040 年，实现自身运营碳中和 每年对投资者免费开展应对气候变化的教育培训	温室气体人均排放量下降 10.55% 利用智能化系统严控办公场所空调温度区间、启停时间，将高耗能灯具更换为节能灯具，促进运营层面节能减排 投资者教育基地对投资者开展应对气候变化的线上直播教育培训，分享应对气候变化的知识

资料来源：《国元证券股份有限公司 2023 年年度可持续发展报告》

（二）试水碳配额远期交易

推动碳金融发展是我国健全绿色金融市场体系建设的重要内容。中国证券监督管理委员会发布《碳金融产品》的行业标准，明确提出要创新碳金融产品和服务，为机构发展碳市场融资工具、交易工具、支持工具提供基础支撑。上海作为我国碳交易的核心区域，积极落实国家政策，依托上海环境能源交易所等平台，重点突破碳金融衍生产品创新，增强碳市场的价格发现和风险管理功能。华宝证券股份有限公司在碳配额远期交易领域的先行先试，具有代表性。

2023 年初，在证监会批准券商自营参与碳排放权交易后，华宝证券迅速行动。2023 年 8 月 9 日，在上海清算所、上海环境能源交易所和浦发银行的多方支持下，华宝证券与宁波能源集团宁能电力成功签署国内电力行业首单以实物交割的上海碳配额远期合约，交易标的为上海碳配额远期 08 合约（SHEAF082023）。这一合约的创新性在于，它以实物交割的方式，为企业提供了更为直观和有效的碳资产管理手段，帮助企业精准锁定碳资产价值，降低价格波动风险。2023 年 8 月 28 日，该合约顺利完成实物交割与日终清算，标志着此次交易的圆满成功。该模式便于企业更好地管理碳资产风险敞口，也为金融机构参与碳市场，开发更为丰富的碳金融衍生产品以及涉碳融资等碳金融服务提供了借鉴；并将从电力行业和上海碳市场出发，逐步推广到更多的行业、区域。

（三）创新发行“蓝色科技创新公司债”等多单债券

2023 年，绿色债券产品创新工作持续向纵深发展，不断丰富绿色金融产品应用场景、聚焦低碳减排领域更好地服务“双碳”战略，引导债券市场资金更直接有效地支持社会经济绿色转型资金需求。其中蓝色科技创新债券等创新型绿色债券成为地方绿色债券市场中的重要探索，如东吴证券积极探索创新债券发行模式，长三角地区上海华安证券、国元证券等多家证券机构也发行多个“首单”债券产品。

1. 东吴证券：创新发行蓝色科技创新债券，打造多元增信模式

2023 年 7 月，东吴证券助力中国天楹成功发行蓝色科技创新公司债券，募集资金专项用于如东的重力储能项目。该项目作为全球首个 100MWh 商业重力储能示范项目，被列入国家能源局重大技术装备公示名单，对如东县海上电力系统调峰和改善南通地区电网生态环境意义重大，预计每年可实现二氧化碳减排量 40671.91 吨。此次债券发行面临时间紧、任务重的挑战，从启动到发行成功不足 1 个月。东吴证券迅速成立由资本市场部、销售交易部等多部门组成的专项工作组，制定详细的工作流程，专人负责各个环节，高效地协调解决了发行过程中出现的问题。在增信措施方面，东吴证券创新采用地方国有担保公司南通众和融资担保集团有限公司全额连带担保的增信方式，同时东吴证券与中国证券金融股份有限公司设立信用保护合约，开创了央地联手增信的全新模式。这一创新不仅助

力民营上市公司中国天楹在资本市场顺利融资，也为其他海洋经济领域企业发行债券提供了可借鉴的范例。

2. 华安证券：承销全国首单私募绿色熊猫债券，助力绿色产业融资破局

2023 年初，华安证券助力中国水发兴业能源集团有限公司在上海证券交易所成功发行全国首单私募绿色熊猫债券，这也是《中国人民银行国家外汇管理局关于境外机构境内发行债券资金管理有关事宜的通知》新政策实施后交易所市场的首单熊猫债券。华安证券作为主承销商，在此次债券发行中充分发挥专业优势，助力水发兴业能源顺利融资，推动绿色产业发展。该债券的成功发行，不仅为水发兴业能源提供了资金支持，也为其他绿色产业类企业债券融资提供了范例。

3. 国元证券：承销安徽首单绿色企业债，推动区域能源绿色转型

2023 年 8 月，国元证券成功承销濉溪建设投资控股集团有限公司绿色债券，即“濉溪绿色债”。这一债券不仅是国元证券承销的首只绿色债，也是安徽省 2023 年首单绿色企业债，发行规模 10.15 亿元，期限为 7 年，由安徽省担保集团担保增信，票面利率 3.90%，创当年全国市场区县级同期限同级别最低利率纪录，彰显了资本市场对绿色产业的青睐。此次濉溪绿色债成功发行，所筹 8 亿元资金将有力推动濉溪县分布式光伏规模化开发，有助于构建绿色低碳能源体系，带动区域能源转型和科技创新，促进当地光伏发电产业链良性发展。

四

融资租赁机构

在绿色信贷、绿色债券、绿色保险等大力发展的同时，近年来绿色融资租赁开始在局部试点，但总体来看并不普遍。其中长三角地区开始涉猎

绿色融资租赁，并尝试开展绿色融资租赁的市场实践，目前中航租赁、交银金租、徽银金租等机构已在长三角地区开展了相关探索。

1. 中航租赁：数智化平台建设降低风险损失，助力资产盘活

为应对新能源绿色租赁资产规模迅速增加，管理规模和难度持续升级的现状，中航租赁积极推进新能源管理平台——新能源电站在线系统的建设。通过这一数智化平台，公司实现了资产管理、审批管理、运营分析、数据大屏、估值模型等功能的集成，将获取的监测数据与电站资产和租赁项目逐一匹配，实现运营数据与债权数据无缝对接，解决了存量电站租后管理从无到有的问题。此外，系统持续优化升级租前进件、报价方案、尽调报告、量化风险及预警管理等方面。同时引入卫星遥感影像监控结合 AI 识别技术，对不同时空的施工现场进行地物识别，全面分析工程进度，提高租后管理的效率，降低因突发事件导致租赁资产损失的可能性，实现全周期工程监控。该系统自正式上线以来，已实现对 118 个项目、总装机容量 2.37GW、总融资额 130 亿元的存量电站项目实时远程监控管理，为资产盘活开辟了新路径。

2. 交银金租：优能租推动光伏产业产融结合

随着国家鼓励开发利用可再生能源和市场推动，工商业分布式光伏发电迅速增长，2023 年新增装机量达到 52.8GW，占分布式光伏整体的 54.8%。为应对光伏项目投资分散、单体规模较大的挑战，交银金租于 2023 年推出了工商业光伏专属绿色租赁产品——优能租。该产品创新性地引入核心合作方，在与核心合作方达成整体合作协议后，由核心合作方引荐符合条件的光伏项目，再由交银金租提供直租或回租融资方案。从社会效益看，该模式大幅降低了单个项目的操作成本，得到市场各类主体的认可。从环境效益看，通过公司授信的合作方案金额累计超 60 亿元，可支撑 20GW 新增工商业分布式光伏装机，一年约可减排二氧化碳 1500 余吨、节约标煤 700 余吨。“优能租”突破了传统金租业务模式，推动了与产业链核

心企业的深度融合，为绿色转型提供了资金支持和示范案例，展现了产融结合与创新发展潜力。

3. 徽银金租：多维度拓展绿色融资新领域

徽银金租积极将绿色产业作为支持重点，凭借融资租赁产品的长期限和定制化服务优势，适配投资回报周期长、投入金额大、技术更迭快、设备损耗较高等项目。公司围绕安徽省及长三角地区新旧动能转换、乡村振兴、节能环保、清洁生产、清洁能源等领域，深耕细分产业上下游全产业链。在新能源储能领域，徽银金租顺利实现对安徽省内某 50GWh 锂电池及材料一体化产业基地项目直租业务投放。在城乡交通领域，通过“助企租”，为皖北某地客运公司融资 5400 余万元，帮助该企业购买 100 辆新能源公交车，推动公共交通领域绿色低碳转型。在光伏领域，落地首笔户用光伏经营性租赁业务，为光伏项目发展提供了重要支持。

五

区域协同的典型实践

（一）皖沪联动 成功投放首笔光伏电站建设贷款

2022 年，中国银行宣城分行成功联动上海分行为“申能股份有限公司”投放首笔光伏电站建设贷款，用于该公司在宣城投资的“宣城市洪林镇一期 40MW 光伏交合项目”以及“宣城市寒亭镇 100MW 光伏交合项目”建设以及置换股东借款。

在内部协同方面：一是创新“行内银团”模式，中国银行宣城分行积极联动项目公司母公司所在地的上海分行联合组建“行内银团”，按照 1:1 原则共同投入信贷资金，引流域外信贷资源进入安徽，实现跨省合作、利益共享和风险分担。二是创新“利率优惠”模式，将贷款利率与项目对碳达峰、碳中和目标的贡献度挂钩，积极向总行申报绿色信贷专属利率。三是创新“贷后管理”模式，引入申能集团开发的风光项目运行系统，实时监测项目运行情况，实现对项目装机量、发电量及销电量等信息数据的定期采集与跟踪比对，为项目运作提供技术支撑和服务支持。

本次联合授信一是解决了资金缺口难题，申能集团两个项目合计总投资 5.32 亿元，前期资金投入主要为股东借款，后期建设仍面临一定资金缺口，针对上述难点，中国银行宣城分行与上海分行联合授信，为集团批复 4.15 亿元信用总量，项目用途除可用于项目建设外，还可以置换前期股东借款，合力破解了项目资金缺口难题，同时为该项目申请了专属绿色信贷优惠利率，为项目建设提供了低成本且稳定的资金支持。二是解决了投资周期问题，根据测算，同时结合客户实际需求，中国银行宣城分行与上海分行将该笔贷款年限设定为 15 年，同时给予 1 年宽限期，为项目建设运营提供了长期授信支持，解决了投资周期与贷款期限难匹配问题。三是解决了贷款门槛准入问题，为解决借款人在融资过程中有效抵质押物不足而难以实现融资的问题，中国银行宣城分行与上海分行结合项目考察情况以及母公司实际情况，创新采用信用担保方式，解决了贷款门槛准入问题，顺利实现授信融资批复及部分投放。

本次申能集团在宣城投资的两个光伏电站项目建设贷款顺利获批，中国银行宣城分行与上海分行无论是从融资需求对接，还是业务架构设计，抑或项目评估、授信审批、资金投放以及贷前、贷后管理等环节均能高效联动、协同合作，协力推进跨省绿贷业务落地，整个项目从上报到批复仅用时不到一个月，获得了企业的高度认可。

（二）利用“总分＋系统内联动机制”创新“碳中和挂钩贷款”

滁州隆乐新能源有限公司为苏州工业园区中鑫配售电有限公司在滁州设立的全资子公司，浦发银行在了解到企业融资需求后，充分发挥长三角区域联合作用，立即启动“总分＋系统内联动”机制设计业务架构，苏州分行金阊支行和滁州分行共同参与到该笔贷款的全流程服务中。创新采用“挂钩”模式，将贷款利率与项目对碳达峰、碳中和目标的贡献程度——即光伏发电项目供电量、碳减排量挂钩，设置分档利率，融资成本随着发电量、碳减排量的上升而下降。项目授信总额为1.09亿元，首年贷款利率为4.63%，之后企业每年实际贷款利率与上一年度碳减排量、发电量成反比，即该数值越高下一年贷款利率将越低。浦发银行引入第三方评估机构，通过基于区块链技术的“绿色信贷共识系统”对项目实施进行跟踪管理与认定，创新构建“碳－绿金”高效信用体系，为挂钩贷款的运行提供了技术支撑，每年为企业出具上年度“SPT目标值达成情况”，将该值与目标值相比较来决定下一年的贷款利率。截至目前，已为企业累计投放贷款4975.72万元。

该项目一是产生了良好的碳减排效益。该项目首年设计发电量3367万千瓦时，25年全生命周期设计年均发电量3043万千瓦时，预计年均节约9737吨标准煤，相当于减少二氧化碳排放30186吨。二是产生了良好的经济效益。根据测算，该项目建成投产后预计每年可为借款人带来净收益约910万元，项目全生命周期预计可带来超过2.3亿元的净收益。

专栏 4–7　浦发银行绿色金融朋友圈

2023 年 6 月，浦发银行联合国家绿色发展基金、上海联合产权交易所举办“浦发银行绿色金融朋友圈”项目推进会，共同推动长三角一体化绿色发展。会议旨在形成浦发银行服务绿色发展的整体战略思路和综合金融服务方案，并整合各方资源，搭建跨区域、跨行业、跨领域的绿色金融服务平台，推动绿色产业升级与高质量发展。各方共同启动涵盖绿色制造、绿色能源、绿色交通、生态环保、新能源汽车产业链及绿色科技创新在内的六大领域 24 个重点项目，为区域内绿色转型提供全方位金融支持。同时，浦发银行积极参与国家和地方绿色金融与转型金融政策标准的制定，通过资源整合与创新实践提升绿色金融服务水平，助力长三角绿色经济实现提质增效和可持续发展。

（三）“水质无忧”水污染治理费用保险助力长三角生态保护

太浦河作为长三角示范区一体化的重要象征，其水质安全直接关系到区域生态环境和人民群众的生活用水质量。为了有效应对太浦河及其周边区域可能面临的水污染风险，太平洋财产保险苏州分公司联合长三角示范区内的相关政府部门和机构，创新推出了“水质无忧”水污染治理费用保险项目。

该项目在实施过程中，一是跨界合作：打破了传统行政区划的界限，实现了苏沪浙三地政府、保险机构以及环保部门的跨界合作，共同推进太浦河水质保护工作。二是实施事前预警与事后赔付：保险公司不仅提供事后的赔付服务，还定期提供由专业检测机构出具的水质检测报告，进行多角度水质分析，提前预警可能存在的环境风险。三是运用“保险＋科技＋服务”模式：该项目将保险机制与科技手段和服务体系相结合，形成了“保险＋科技＋服务”三位一体的水环境治理解决方案。四是落实志愿巡河与宣传教育：太平洋产险苏州分公司成立了青年员工护河队，定期开展志愿巡河活动，并深入企业、学校、社区宣传节水、爱水、护水知识，提升公众环保意识。

第五章

绿色金融支持长三角低碳发展的成效

本章将对近年来长三角绿色发展的总体成效进行介绍，即从生态环境保护、产业转型升级等体现绿色发展水平的角度对整个区域绿色发展进程进行梳理，以在一定程度上反映绿色金融在推动地方绿色发展方面取得的积极成效。

一

长三角绿色低碳发展进展

总体来看，近年来长三角地区在生态环境保护、产业转型升级等方面卓有成效。从生态环境保护来看，长三角地区以“长三角生态绿色一体化发展示范区”（以下简称“示范区”）建设为抓手，深化地区生态保护机制和环境治理体系一体化发展，推动人居环境不断优化。一方面相关政策机制不断完善，2023 年 9 月，《长三角生态绿色一体化发展示范区生态环境专项规划（2021—2035 年）》发布，围绕生态体系建设、绿色创新体系构建、环境制度与管理体系完善等内容，明确加快推进示范区“生态 +”和“+ 生态”发展模式、促进实施减量、增容、提质的发展规划。另一方面区域生态环境保护成效显著，《2023 年度长三角生态绿色一体化发展示范区生态环境质量报告》指出，2023 年，示范区空气质量优良天数占比达 84.1%，较 2019 年上升 5.7 个百分点；地表水环境质量保持优级水平，水质达到或好于Ⅲ类断面比例为96.2%，较2019年上升21.2个百分点；土壤、生物及声环境质量总体较好，显示出长三角地区在生态保护方面取得的显著成效。

从产业转型升级来看，长三角地区以协同推进技术创新为着力点，推动各地产业升级提速。2020年12月，科技部关于印发《长三角科技创新共同体建设发展规划》，提出要联合开展重大科技攻关，推动创新资源开放共享和高效配置，联合推进G60科创走廊建设；到2025年，形成现代化、国际化的科技创新共同体。2023年4月，长三角三省一市联合印发《长三角科技创新共同体联合攻关计划实施办法（试行）》，明确向集成电路、人工智能、生物医药等重点领域，2~3年可取得突破，且需要跨区域协同解决的创新需求提供资金支持。在政策引导下，一方面，近年来长三角各地积极布局绿色低碳技术领域的创新联合体，建立了南京市水泥工业碳减排技术研发与应用创新联合体、浙江省碳达峰碳中和科技创新联合体、安徽省水泥工业二氧化碳捕集转化应用创新联合体等一批绿色低碳技术领域的创新联合体。另一方面，长三角地区的绿色低碳产业和高技术产业对经济增长的拉动作用愈发明显。2024年上半年，上海三大先导产业（集成电路、生物医药和人工智能）制造业总产值同比增长6.1%，规上信息传输、软件和信息技术服务业营业收入同比增长10.3%，连续16个月保持两位数增长；江苏高技术制造业增加值同比增长8.9%，装备制造业增加值同比增长9.1%，规上互联网和相关服务业营业收入同比增长18.4%；浙江装备制造业、高新技术、战略性新兴产业等产业增加值同比分别增长10.6%、8.7%和7.3%，信息传输、软件和信息技术服务业增加值同比增长9.4%；安徽装备制造业增加值同比增长15.2%，高技术制造业增加值同比增长22.3%。截至2023年底，安徽省重点布局新材料产业，新材料规模以上工业企业2906家，产值突破5200亿元，同比增长9.9%。拥有淮北陶铝和高端铝基金属材料、先进高分子结构材料、蚌埠硅基新材料、铜陵铜基新材料、安庆先进化工材料等5个省级重大新兴产业基地，初步形成了以先进金属材料、先进化工材料、硅基新材料等为代表的先进基础材料体系，以生物医用材料、高性能纤维及复合材料等为代表的关键战略材料体系，以及以增材制造材料、超导材料、石墨烯材料等为代表的前沿新材料体系。

此外，地方产业绿色化发展水平研究结果表明，长三角地区的绿色低碳发展已经走在全国前列。根据中央财经大学绿色金融国际研究院（以下简称“中财大绿金院”）开展的“地方产业绿色化发展水平”评价结果（见专栏5-1），2023年长三角地区的产业绿色化发展水平仍处于全国前列。尤其是长三角地区在绿色产业经济贡献、绿色产业就业机会、可持续发展等方面表现突出（见图5-1）。其中，绿色产业经济贡献主要衡量各地的绿色产业规模，长三角地区表现突出，绿色产业发展规模领先全国，尤以江苏省为典型；绿色产业就业机会主要衡量各地开展绿色产业活动的企业数量，长三角地区提供了可观的绿色产业就业机会，江苏省与浙江省表现相对亮眼；绿色技术创新主要衡量各省份的绿色低碳技术开发水平，长三角区域在此方面同样取得了较好的成效；资源利用效率主要衡量各地的能源和水资源利用情况，在这一项中长三角区域有较大的提升空间，区域内上海与安徽的表现较好；环境影响主要衡量各地的碳排放、水环境质量和空气质量情况，长三角区域虽在环境治理方面卓有成效，但从全国来看，区域协同治理及各省市特色化治理均仍有提升空间；可持续发展用以衡量各省份的企业ESG发展水平，长三角区域内的企业已经做出了良好的示范，上海企业的ESG发展经验值得借鉴。

专栏 5-1 中财大绿金院“地方产业绿色化发展水平”指标构建及评估方法学

借鉴学术界对地方绿色发展水平的研究成果与常用指标，综合数据可得性与结果可研性，“地方产业绿色化发展水平”指标体系共选取绿色产业经济贡献、绿色产业就业机会、绿色技术创新、资源利用效率、环境影响、可持续发展6项一级指标并确定19项二级指标。

绿色产业经济贡献主要衡量各地的绿色产业规模，从结构上反映产业绿色化的进展，具体选取规模以上绿色产业总产值、规模以上绿色产业总产值占地区生产总值比例、地区上市企业绿色收入、地区上市企业绿色收入占总收入比重4项二级指标，以反映各省份绿色产值的基本情况。

绿色产业就业机会主要衡量各地开展绿色产业活动的企业数量，是从结构上反映产业绿色化进展的重要补充，同时也进一步反映了推动产业绿色发展的市场活跃度，具体选取规模以上绿色产业平均企业数量和规模以上绿色产业平均企业数量占工业总企业数量比重2项二级指标。

绿色技术创新主要衡量各地的绿色低碳技术开发水平，是地方产业绿色创新前景的指标，本指标主要选取地区绿色低碳专利数量1项二级指标。

资源利用效率主要衡量各地的能源和水资源利用情况，是从环境角度反映产业绿色化水平的指标，具体选取能源消费总量、单位GDP能源消耗、用水总量、单位GDP用水总量4项二级指标。

环境影响主要衡量各地的碳排放、水环境质量和空气质量情况，也是从环境角度反映绿色化水平的指标，具体选取二氧化碳排放总量、单位GDP二氧化碳排放强度、地区上市企业二氧化碳排放强度得分、国家地表水考核断面水环境质量状况、国家地表水考核断面水环境质量变化情况、空气质量、空气质量变化7项二级指标。

可持续发展主要衡量各省份企业ESG发展水平，是从未来产业绿色化发展趋势的角度开展的评价，选择ESG作为可持续综合发展能力评价的指标，具体选取地区上市企业ESG表现1项二级指标。选取的19项二级指标中除能源消费总量、单位GDP能源消耗、用水总量、单位GDP用水总量、二氧化碳排放总量、单位GDP二氧化碳排放强度等6项指标外，其余指标均为正向指标，即指标的公式计算结果数值越大，指标表现越好，待评主体该项指标表现越佳；相反，负向指标公式计算数值越大，得分越低，待评主体该项指标表现越差。

专栏表 1　地方产业绿色化发展水平评价指标体系

一级指标	二级指标	具体计算方法	指标方向
绿色产业经济贡献	规模以上绿色产业总产值	规模以上企业在绿色产业领域所生产的货物和提供的服务的总价值	正向
	规模以上绿色产业总产值占地区工业生产总值比例	规模以上绿色产业所产生的总价值 / 地区工业生产总值	正向
	地区上市企业绿色收入	地区上市企业从其绿色产业活动中所获得的收入，由中央财经大学绿色金融国际研究院上市公司绿色棕色收入数据库测算得出	正向
	地区上市企业绿色收入占地区所有上市企业总收入比重	地区上市企业从其绿色产业活动中所获得的收入 / 地区所有上市企业总收入	正向
绿色产业就业机会	规模以上绿色产业平均企业数量	规模以上工业企业中属于绿色产业的企业数量	正向
	规模以上绿色产业平均企业数量占工业企业总数量比重	规模以上工业企业中属于绿色产业的企业数量 / 工业企业总数量	正向
绿色技术创新	地区绿色低碳专利数量	地区绿色低碳技术申请专利数量	正向
资源利用效率	能源消费总量	地区能源消费总量	负向
	单位 GDP 能源消费	能源消费总量 /GDP	负向
	用水总量	用水总量	负向
	单位 GDP 用水总量	用水总量 /GDP	负向

续表

一级指标	二级指标	具体计算方法	指标方向
环境影响	二氧化碳排放总量	二氧化碳排放总量	负向
	单位GDP二氧化碳排放强度	二氧化碳排放总量/GDP	负向
	地区上市企业二氧化碳排放平均强度得分	由中央财经大学绿色金融国际研究院企业碳排放评级与测算数据库测算	正向
	国家地表水考核断面水环境质量状况	国家地表水考核断面水环境质量前30名城市个数－国家地表水考核断面水环境质量后30名城市个数	正向
	国家地表水考核断面水环境质量变化情况	国家地表水考核断面水环境质量变化情况前30名城市个数－国家地表水考核断面水环境质量变化情况后30名城市个数	正向
	空气质量	168个重点城市空气质量排名前20名城市个数－168个重点城市空气质量变化排名后20名城市个数	正向
	空气质量变化	168个重点城市空气质量变化排名前20名城市个数－168个重点城市空气质量变化排名后20名城市个数	正向
可持续发展	地区上市企业ESG表现	由中央财经大学绿色金融国际研究院ESG数据库测算	正向

基于浙江省、江苏省、安徽省和上海市（“三省一市”）各自的产业绿色化发展水平得分（以下简称“得分”），采用加权平均法，赋予三省一市各25%权重，加权平均后得到“长三角地区产业绿色化发展水平”得分。具体计算过程如下：

若令 X_i =“某地方产业绿色化发展水平得分”，
X^* =“长三角地区产业绿色化发展水平得分”，则

$$X^* = w \times (X_1+X_2+X_3+X_4)$$

其中：w =0.25，
X_1 =“浙江省产业绿色化发展水平”，
X_2 =“江苏省产业绿色化发展水平”，
X_3 =“安徽省产业绿色化发展水平”，
X_4 =“上海市产业绿色化发展水平”。

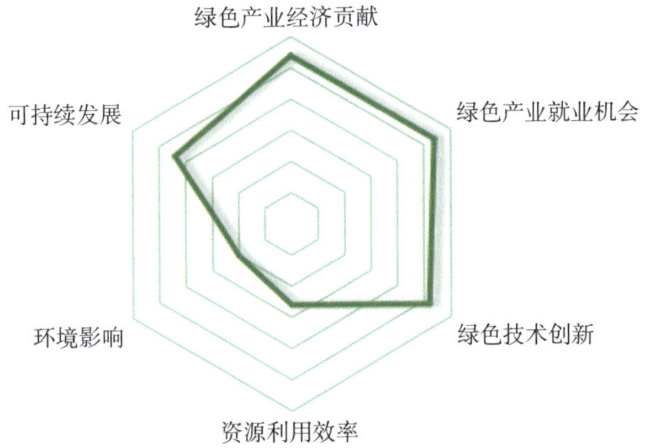

图 5–1 2023 年长三角地区基于“地方产业绿色化发展水平”指标体系的 6 个维度表现情况

数据来源：中央财经大学绿色金融国际研究院

二

长三角绿色发展的典型成效示例

整体来看，长三角各省在生态保护、产业升级和人居环境改善方面均取得了较为突出的进展，如浙江省利用政策驱动与资金协同，持续推动

生态环境保护。江苏省通过推进技术改造与创新、数字化转型、高水平创新平台建设等方式，利用资金促进制造业提质升级。安徽省以农村人居环境整治为抓手，利用资金推进城镇生活环境不断提质优化。上海市依托完善的市场体系，利用资金加快核心技术创新与应用提升绿色转型效能。

（一）上海市：绿色金融支持绿色技术创新

上海依托完善的市场体系，积极发挥绿色金融在加快核心技术创新与提升绿色转型效能方面的作用。一方面，上海不断强化绿色低碳技术创新与成果转化的顶层设计。持续印发《上海市构建市场导向的绿色技术创新体系实施方案》《上海市瞄准新赛道促进绿色低碳产业发展行动方案（2022—2025年）》《上海市培育“元宇宙”新赛道行动方案（2022—2025年）》《上海市促进智能终端产业高质量发展行动方案（2022—2025年）》等，积极布局“新技术、新工艺、新材料、新装备、新能源”等绿色低碳产业。另一方面，上海在绿色低碳技术创新研发和推广应用的市场实践方面也取得了积极进展。依托活跃的绿色金融市场、绿色技术银行和上海市高质量孵化器建设等配套基础设施建设，成功促成了多批绿色技术成套解决方案的转化应用（见专栏5-3和专栏5-4）。

专栏5-2　上海绿色技术银行内涵及发展现状概况

2017年，绿色技术银行由中国科技部和上海市人民政府牵头成立，是汇聚资源节约、环境友好、安全高效、生命健康等可持续发展重点领域中的先进实用绿色技术，强化科技与金融结合并实现科技成果的资本化、加快科技成果转移转化和产业化、同步服务于国内可持续发展和绿色技术领域南南合作的综合性服务平台。

绿色技术银行信息平台已筛选和收储绿色技术超过9000项，2023年上海市绿色技术服务合同量成交超过50000项，成交金额超过4800亿元。自成立以来，绿色技术银行在上海、长三角、国家可持续发展创新示范区先后实施了上海化工区废水减排及资源化、张江高新区工业废水近零排放及资源化、长三角有机垃圾资源化利用、绿色甲醇燃料、绿色食品工业园区建设等示范项目，助力绿色技术向国内重点地区辐射发展。

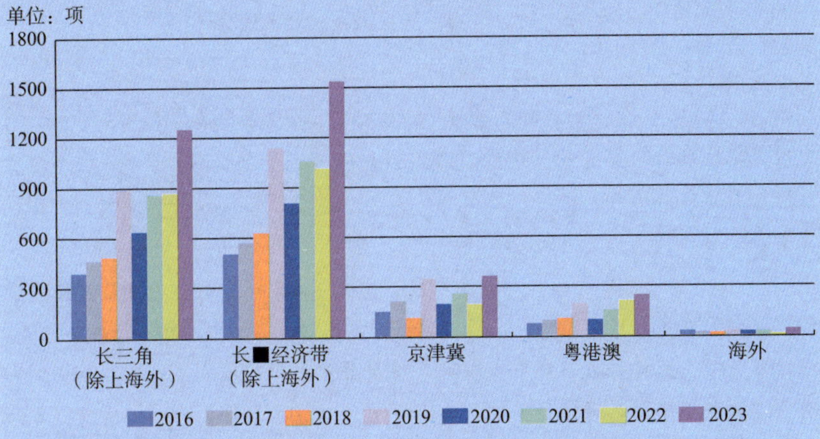

图 5-2 2016—2023 年上海绿色技术输出合同数量

数据来源：绿色技术银行官网

专栏 5-3　上海绿色金融支持绿色技术创新的做法

上海积极推动用好绿色金融支持绿色技术创新，市级层面和区级层面均出台了相关的政策。2024年7月，上海金融监管局联合市经信委印发《关于协同做好“上海产业绿贷”金融服务工作的通知》。通知明确指出，“上海产业绿贷”金融服务以政策、技术、企业、项目信息共享和平台一门式受理为纽带，强调了技术是金融服务的重要对象。通知不仅提出要“评价推荐先进绿色低碳技术、优质企业和绿色项目”，还部署了“探索推动绿色保险创新合作新模式，降低绿色低碳新技术研发试错成本，探索建立绿色项目风险共担机制”以及“引导金融机构对设备更新改造和技术改造的支持，拓宽绿色债券、绿色租赁、绿色基金、绿色保险等融资渠道”等具体的绿色金融创新做法，表明了上海绿色金融工作对绿色技术创新的关注度。

2022年6月22日，上海市人大常委会表决通过的《上海市浦东新区绿色金融发展若干规定》也从市级层面强调了用好绿色金融支持绿色技术创新，并为浦东新区规划了更创新的试点做法。该项规定明确提出加大绿色融资租赁、私募股权基金、创业投资基金对绿色技术的支持力度，并提出市、浦东新区相关部门应当按照规定对绿色低碳技术的创新开发给予支持，同时鼓励浦东新区金融机构对绿色低碳技术成果转化和应用开展投贷联动业务。

专栏5-4　上海高质量孵化器建设概况

2023年6月，《上海市高质量孵化器培育实施方案》出台，提出到2025年，上海将推动全市培育不少于20家高质量孵化器，示范带动不少于200家孵化器实现专业化、品牌化、国际化转型升级，打造2~3个千亿级产值规模的“科创集聚区”。

自2023年11月以来，上海加快推进首批7家高质量孵化器建设，助力初创企业获得更多资本、人才、市场、政策等资源支持。其中，在市场发展方面，孵化器可通过对接企业与政府，帮助入孵企业匹配到合作客户；在资金支持方面，孵化器可帮助入孵企业匹配到认可企业价值并愿意投资的创投机构，通过对接银行助力入孵企业申请信用贷款。目前，7家孵化器不仅已全部拥有匹配深度孵化、超前孵化的风险投资基金，同时还具备深度合作基金超过30只，总规模近500亿元。

（二）江苏省：绿色金融支持制造业绿色改造升级

江苏省通过着力推进技术改造与创新、强化能效管理等方式促进制造业绿色化提质升级，江苏省财政厅、江苏省工业和信息化厅于2020年制定了《江苏省工业和信息产业转型升级专项资金管理办法》，专项资金重点支持技术改造升级、关键核心技术（装备）攻关、数字经济培育创新、龙头骨干企业培育、产业升级平台建设、新能源汽车推广应用等方面。2022年，江苏省工业和信息化厅进一步印发了《江苏省工业和信息产业转型升级专项资金项目库管理办法（试行）》，明确了工业和信息产业转型升级专项资金项目库的建设与管理办法。《关于组织2023年度江苏省工业和信息产业转型升级专项资金项目申报入库的通知》则明确指出，支持重点将围绕智能化改造和数字化转型、关键核心技术（装备）工程化攻关、自主品牌企业培育、绿色化改造提升以及产业支撑体系建设五大重点领域，系列政策明确了江苏省工业绿色转型升级的坚定方向与实施路径。同时，除了正向激励外，江苏省还通过能耗管控的方式，推动产业绿色化升级。2023年6月，江苏省发展改革委与江苏省工业和信息化厅联合制定了《江苏省高耗能行业重点领域企业技术改造实施方案》，为全省石油、煤炭及其他燃料加工业，化学原料和化学制品制造业，非金属矿物制品业，黑色金属冶炼和压延加工业，有色金属冶炼和压延加工业等高耗能行业重点领域企业制定了到2025年的能效提升目标，并详细部署了各项重点任务。

绿色金融在服务全省产业绿色转型升级的整体战略中亦发挥了重要作用。2023年5月，江苏省人民政府办公厅发布了《省政府关于金融支持制造业发展的若干意见》，指出“发展绿色信贷，支持制造业绿色低碳发展，促进绿色低碳技术推广应用”等支持绿色创新发展的具体措施，还部署了“加大对传统产业在设备更新、技术改造、绿色转型发展等方面的中长期资金支持”等绿色低碳转型支持路径。辖内金融机构亦积极响应，例如南京银行在《南京银行2023年授信政策指导意见》中提出，积极支持低碳转型，在以钢铁、石化为代表的传统产业中，对于以淘汰落后产能、更新生产设备、引进新技术、改进升级生产工艺、推出新产品等为目标，推动自身向高端化、智能化、绿色化发展的“除旧”项目、“革新”项目，成为全行制造业项目的重要来源；同时应积极支持绿色金融类项目包括国家产业政策支持项目、地方政府大力支持行业的项目、与区域国民经济结构相匹配的行业项目以及节能降碳增效等绿色金融类项目。江苏银行盐城分行加大“智改数转”、节能环保等领域支持，创新推出“园区绿色升级贷”产品，截至2023年末，该行绿色制造业贷款余额达47.19亿元。

专栏 5-5　江苏省南通市制造业转型升级概况

南通市是江苏省重要的工业城市，2023 年，南通市工业用电量、工业开票、规上工业增加值等同比增长均居全省前列，对 GDP 增长贡献度超过 50%，在全国制造业高质量发展 50 强城市中排名第 12 位。依托厚实的工业底蕴，2022 年 2 月，南通市在全省率先出台《南通市制造业智能化改造和数字化转型三年行动计划（2022—2024 年）》，深入实施平台赋能、应用普及、方案推广等八大专项行动，分行业、分场景发布南通“智改数转网联”案例集，为中小企业提供 18 套“小快轻准”类数字化产品和订单式、菜单化的改转方案等一系列措施。为用好金融支持加快制造业转型升级，该地还形成了绿色金融支持产业绿色转型升级的良好政策体系与市场环境。2018 年初，南通启动探索构建绿色金融体系，制定出台了《关于金融支持绿色低碳高质量发展的意见》等政策，2023 年 4 月，人民银行南通市分行联合南通市金融监管局、生态环境局制定专项评估办法，从金融政策、金融产品、产业发展等方面综合评估绿色金融发展水平，有力推动金融机构支持绿色高质量发展。在政策引导下，辖内金融机构积极响应，截至 2023 年末，全市绿色信贷融资余额达 1800 亿元，较年初增长 620 亿元。具体到产品来看，辖内金融机构创新推出了碳权贷、碳汇贷等环境权益质押类产品，光伏贷、环境目标挂钩贷等针对企业绿色转型升级的专项产品，财政部门还联合人民银行推出环保贷、苏碳融等货币和财政政策支持的产品。

（三）浙江省：绿色金融支持生态环境改善与提升

浙江省持续推动生态环境保护制度完善和资金落实，基于生态的融资取得多方面的创新经验。2022 年 5 月，《浙江省生态环境保护条例》正式出台，从法规层面明确了污染防治创新措施，并提出建立生态环境损害修复和赔偿制度，加强落实“双碳”目标和生物多样性保护，建立健全生态产品价值实现机制。为支持生态环境的改善与升级，浙江省统筹政府资金与市场化资金，扩大生态环境保护的资金来源。

在公共资本方面，2023 年，在浙江省新增地方政府债券中有 120.31 亿元用于生态建设和环境保护（占比 4.1%，同比增长 105%）；同时下达 6.97 亿元，深入打好治水治气治土治废攻坚战；落实 1.70 亿元，支持开展省级山水林田湖草生态保护修复；下达6.59亿元，支持林业推进共同富裕试点县和综合体建设等；落实新安江水环境生态保护补偿资金2亿元，跨省交界街口断面水质稳定达到Ⅱ类标准。

在绿色金融市场中，“生态权益”成为绿色信贷创新亮点，嘉善农商行在中国人民银行嘉兴市分行等单位指导下，由专业机构进行GEP测算评估，通过中国人民银行嘉兴市分行“动产融资统一登记公示系统”对核算出的GEP生态价值总量进行质押登记，为嘉善常益康家庭农场发放了嘉兴市首笔“GEP生态价值贷”500万元。丽水则推出将GEP收益权作为贷款还款来源、贷款用途为支持生态保护和生态开发的“生态贷”模式，同时配套推进生态产品确权颁证、抵（质）押登记、价值评估、交易流转、风险缓释、抵押物处置等六大机制建设，实现生态产品价值可抵押、可融资，截至2023年末，丽水“生态抵质押贷”余额达306.8亿元。此外，浙江省着力推进EOD试点建设，实现了从顶层设计，到项目储备库建设，再到金融支持创新的全流程示范。例如温州市洞头区“洞头诸湾·共富海上花园”EOD项目获国开行牵头银团融资授信并开工，成为全国典型的海洋类EOD项目。

专栏5-6　浙江省EOD模式推进进展

自生态环境部推动EOD模式试点工作以来，浙江省按照上级部署持续推进相关工作，形成了从政策机制、项目库建设以及金融支持的全方面示范。

浙江省生态环境厅会同省发改委、国开行、农发行浙江省分行联合印发《关于组织开展省级生态环境导向的开发（EOD）模式试点工作的通知》（简称《通知》），更大程度、更广范围地激发、鼓励和支持基层创造性解决区域性生态环境问题。《通知》明确了项目申报要求和申报程序的总体原则。相关申报要求包括主办单位为县级（含）以上人民政府及其派出机构，实施主体应为市场化企业；项目应结合本地区“十四五”生态环境保护重点任务，紧扣对污染防治攻坚战支撑作用大、实施必要性强、实施基础好、环境效益显著的工程项目，结合区域相关特色产业，进行联动开发、一体化实施。申报程序包括项目申报、市级初审以及省级审查，鼓励实施主体采用绿色债券、资产证券化等手段，依法依规拓宽融资渠道，有关金融机构在绿色金融资金配置上加大支持力度。首批推出10个省级试点项目。

截至2023年底，全省共有25个EOD项目纳入生态环境部生态环保金融支持项目储备库或省级试点，预计总投资近1000亿元，其中拟投入生态环境治理资金超230亿元，均由市场主体承担，解决了部分区域生态环境治理投入不足的问题，大大减轻地方政府财政资金压力。其中，纳入生态环境部金融支持项目库的15个EOD项目预计总投资约730亿元，已获得银行授信约500亿元，授信额占融资需求比例约90%。项目数量、投资体量、融资进展均位于全国前列。浙江省推进EOD模式实践的经验做法被生态环境部以简报形式转发推广，浙江省生态环境厅在2023年全国环境治理模式创新培训班上做典型发言。

2023年5月，洞头区“洞头诸湾·共富海上花园”EOD项目获国开行牵头银团融资授信并开工，成为全国典型的海洋类EOD项目。通过海洋生态环境治理、全域旅游配套基础设施提升、海上休闲运动开发、康养产业开发4大类15项工程，探索以生态修复筑牢产业发展基底，以产业经营收益反哺生态治理投入，促进海岛共同富裕的发展模式。

（四）安徽省：绿色金融支持人居环境改善

安徽省以农村人居环境整治为抓手，着力推进城镇生活环境不断提质优化。安徽省是“三省一市”中农村人口占比最大的省份。根据安徽省统计局发布的数据，2023年末，安徽省农村人口为2356万人，约占常住人口的38.49%。因此，推进农村人居环境整治成为提升安徽全省生态环境质量的重要内容。近年来，安徽省加大农村生活污水、垃圾治理和农村改厕力度，高标准推进农村人居环境整治提升。2023年，安徽全省累计完成农村改厕31.9万户，全省卫生厕所普及率超过88.4%，农村生活垃圾无害化处理率达到81.5%，农村生活污水治理率达到31.8%，全省主要农作物秸秆和畜禽粪污综合利用率分别达到93%和83%以上；此外，2023年全省公众生态环境满意率为93.1%，连续4年超过90%。

专栏 5-7 2023 年安徽省人居环境改善的典型实践

一是推进农业废弃物收集处理。组织实施安徽省农作物秸秆综合利用和畜禽养殖废弃物资源化利用两个五年提升行动计划（2021—2025 年）。组织实施中央财政农作物秸秆综合利用试点和畜禽粪污资源化利用整县推进项目。积极推广畜禽粪污资源化利用“截污建池、发酵还田，一场一策、制肥还田，区域收纳、集中处理”的“3+N”路径模式。2023 年全省畜禽粪污综合利用率达 83%，农作物秸秆综合利用率达 93% 以上。积极推进废旧农膜和农药包装废弃物回收处理工作，2023 年，农膜和农药包装废弃物回收率分别达到 83% 和 82%。

二是全面推进城市生活垃圾分类。建立健全生活垃圾分类工作协调机制，成立以省政府主要负责同志为组长的省生活垃圾分类工作领导小组，明确省级有关部门责任清单。出台施行《安徽省生活垃圾分类管理条例》，铜陵、合肥、马鞍山等 7 市出台了生活垃圾管理条例或办法，其他市出台了政府规章和行政规范性文件。印发“十四五”城镇生活垃圾分类和处理设施发展规划，按年度下达重点项目计划，统筹生活垃圾分类等项目建设。目前，全省投入运行生活垃圾焚烧处理设施 54 个，设计处理能力 47960 吨 / 日，建成 35 座厨余垃圾处理设施，设计处理能力 5386 吨 / 日，16 个设区市实现原生生活垃圾“零填埋”；全省城市生活垃圾回收利用率达 37.78%，高于全国平均水平 3.1 个百分点。

三是强化建筑垃圾全过程管理。印发《关于加强建筑垃圾管理及资源化利用的指导意见》《安徽省城市基础设施建设三年行动计划》等文件，指导各地加强建筑垃圾全流程管理。芜湖市出台了《建筑垃圾管理条例》，其他 15 个设区市均出台了建筑垃圾管理办法或暂行规定等。截至目前，全省已建成建筑垃圾处理项目 40 个、设计处理能力 2095 万吨 / 年，消纳场所 374 个、设计库容 4512 万吨。

四是推进社会源废弃物分类回收。以安徽双赢再生资源集团为省级龙头，以市县供销社为骨干支撑，构建乡镇、社区回收站点为基础，区域集散分拣加工基地为重点的再生资源回收利用网络体系。目前，全省供销系统共有分拣中心 159 个，再生资源回收利用产业园区 11 个。支持符合条件的企业进入报废机动车回收拆解市场，截至 2023 年底，全省依法认定报废机动车回收资质企业 53 家、年拆解产能超 80 万辆，备案分支机构 32 个，回收拆解网络进一步健全。2023 年，安徽省 6 家享受国家基金补贴的废弃电器电子产品拆解企业核定规范拆解量 825 万台 / 套，2023 年回收废电器总量 863 万台，拆解产物产生量 23 万吨，拆解产物利用处置量 23 万吨。

在推动城镇生活环境提质优化过程中，绿色金融发挥了积极作用。国家开发银行安徽省分行首创“整市推进”服务模式，与滁州市、阜阳市、六安市、天长市签订基础设施建设合作备忘录，应用开发性金融支持城市功能品质活力提升的重点领域以及城市基础设施建设，“十四五”期间将提供城市更新及配套基础设施建设贷款超1000亿元。农业发展银行安徽省分行聚焦保障性租赁住房和老旧小区改革等领域，出台专门指导意见，累计投放各类贷款超2000亿元。建设银行安徽省分行通过城市更新贷款、城镇老旧小区贷款等产品，支持全省现代化基础设施体系建设。此外，除直接支持住宅更新和人居生态环境改善之外，绿色金融还着力推动农村地区绿色产业的发展与振兴，例如马鞍山农商银行推出“绿色产业生态贷”，专项用于农村地区企业、新型经营主体及个人发展节能环保、清洁生产、生态环境、绿色服务等绿色产业，贷款额度最高1000万元。农行安徽省分行为祁门南部旅游开发项目审批项目贷款2.5亿元，该项目通过农村土地流转、古民房租赁、人居环境提升和特色产业发展有机结合，以国有经济带动村集体经济实现价值转化。

专栏5-8　安徽省“和美乡村”建设创新举措概况

2023年10月，安徽省出台实施“千村引领、万村升级”工程的意见，聚焦乡村产业、人才、文化、生态、组织“五个振兴”，以精品示范村和省级中心村为抓手，推出系列高质量建设和美乡村新举措，旨在加快建设彰显徽风皖韵的宜居宜业和美乡村，让农民群众有更加充实的获得感、幸福感、安全感。该意见计划到2027年，建成1000个左右精品示范村、10000个左右省级中心村。在资金支持方面，在保持原有农村人居环境整治、美丽乡村建设等投入不变的基础上，省级财政下达新增地方政府一般债券不少于20亿元支持各地开展和美乡村建设，实现乡村建设领域投资新突破。各地在省级下达新增地方政府一般债务限额内，按照平均每村1000万元的标准支持精品示范村建设。同时，绿色金融亦围绕乡村环境整治、美丽乡村建设等重点领域，不断完善绿色金融产品与服务体系。例如，农行安徽省分行制定出台《金融支持徽风皖韵宜居宜业和美乡村建设“千万工程”行动计划》，实施金融支持人居环境提升等六大专项行动，加快支持1000个精品示范村建设。截至2023年末，该行已全覆盖对接全省首批200个和美乡村精品示范村，审批“千万工程”项目110个、275.8亿元，乡村建设贷款总量达672亿元。

2023年和2024年，安徽省已分别确定200个和211个和美乡村精品示范村、838个和850个省级中心村，将综合推进产业发展、旅游业融合发展、生态可持续发展、乡村社会生活提质升级、乡村文化传承与村庄运营等诸多要素在相关示范村和（或）中心村中的协同与融合发展。

第六章

长三角绿色金融发展总结与展望

长三角区域三省一市绿色金融的进展情况，在一定程度上体现了我国绿色金融的发展进程。经过几年的摸索与实践，相较于过往，2023 年长三角区域三省一市绿色金融的活跃度明显提升。

一

长三角绿色金融发展总结

从 2023 年长三角区域绿色金融发展的整体方向来看，产业与生态是三省一市绿色金融围绕的鲜明主线，多项政策与市场实践都集中于支持绿色产业发展、传统产业升级以及生态环境保护。绿色金融多个新兴议题正在通过广泛的市场实践凝练出可推广的经验，绿色金融的价值正在逐步释放。

一是从政策层面来看，长三角区域三省一市均形成了推动绿色金融发展的政策体系，虽政策密集度有差异，但都已形成了绿色金融的政策主线：一方面从服务实体经济的角度，着力强化绿色金融支持地方“双碳”目标或绿色循环经济体系建立；另一方面从发展绿色金融本身，从标准体系、组织体系、产品和服务、信息披露、配套机制等方面提出推动绿色金融发展的具体要求，尤其是 2023 年，整个区域针对具体议题出台的绿色金融专项性政策较以往更加密集，议题也更加聚焦。

二是从市场层面来看，长三角区域绿色金融市场活跃度高，绿色信贷、ESG 基金在全国的占比较为突出。从有代表性的绿色信贷、绿色债券来看，2023年长三角绿色贷款余额保持快速增长态势，截至2023年末，长三角绿色贷款余额为9250.23亿元，同比增长52.83%，绿色贷款余额占全国绿色贷款余额比例为30.75%，较上年增长3.28个百分点。2021和2022年长三角绿色贷款余额分别为40757.30亿元和60525.18亿元，绿色贷款余额占全国人民币贷款余额的比例为25.63%和27.47%。

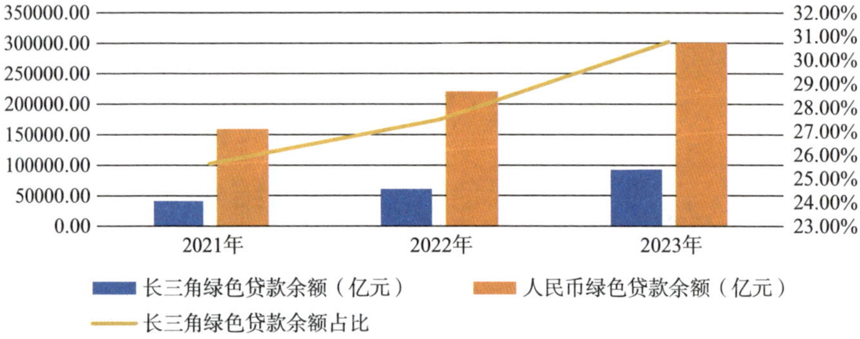

图6-1 2021—2023年长三角绿色贷款余额及其占比

在绿色债券领域，2023年，在全国绿色债券受存量、监管等多方面影响、规模震荡的背景下，长三角绿色债券发行规模保持平稳增长。截至2023年末，长三角绿色债券发行规模为1265.62亿元，同比增长6.95%，长三角绿色债券发行规模占全国绿色债券发行规模的比例为15.09%，较上年增长3.03个百分点。2021和2022年长三角绿色债券发行规模分别为677.82亿元和1183.35亿元，占同年全国绿色债券发行规模的比例为11.16%和12.06%。

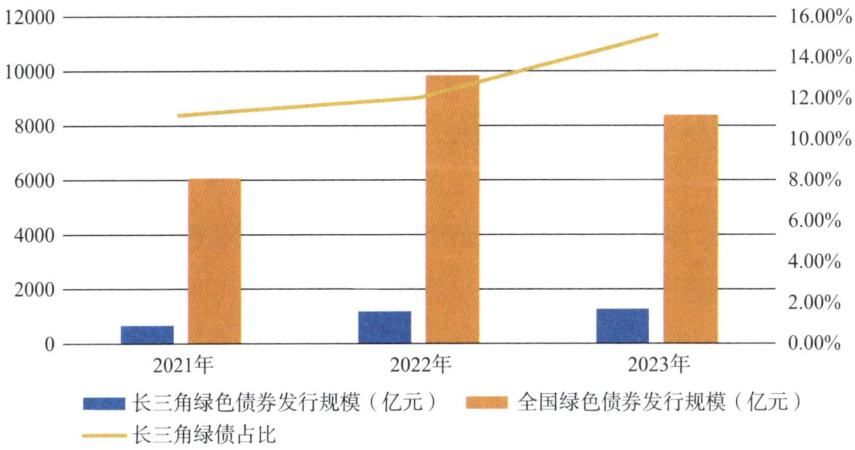

图 6-2　2021—2023 年长三角绿色债券发行规模及其占比

此外，在 ESG 基金、绿色基金、企业信息披露方面，长三角地区也较为突出。从 ESG 基金规模看，长三角三省一市的基金管理人占据全国市场的主导地位。根据中央财经大学绿色金融国际研究院的数据，2021—2023 年间，长三角区域 ESG 基金规模每年均占全国总规模的 40% 以上，其中 2023 年占比为 42.92%。从上市企业的 ESG 披露来看，长三角区域绿色发展的企业参与度逐年提升。2021 年，长三角区域有 516 家企业披露 ESG 报告，占全国披露企业数量的 34.65%；到 2023 年，这一数字增加至 757 家，占全国披露企业数量的 50.84%。区域内企业数量和披露占比的显著增长，进一步表明长三角在绿色转型和可持续发展方面的带动作用也在持续增强。

二

长三角绿色金融发展特点

长三角三省一市绿色金融体系的建立与市场实践的进程，反映了我国绿色金融“自上而下”主导、以点带面驱动、循序渐进深入的改革创新路径。

在“自上而下主导”方面，三省一市在国家及省级政策的引领下，调动了全域主动发展绿色金融的积极性，其政策体系呈现出以地方绿色发展总体目标引领多领域绿色发展布局、以绿色金融的体系化政策支持地方绿色发展进程、以绿色金融专项政策激活市场动能的共同特征。如2021年10月，上海市印发《上海加快打造国际绿色金融枢纽 服务碳达峰碳中和目标的实施意见》后，《上海银行业保险业“十四五”期间推动绿色金融发展服务碳达峰碳中和战略的行动方案》《上海市碳排放权质押贷款操作指引》《上海碳市场回购交易业务规则》等政策陆续出台，市场动能加速释放，2023年绿色贷款占比加速提升、绿色债券市场逆势扩张。

在江苏，以“绿金30条”为引领逐年部署绿色金融改革重点工作，通过《江苏省碳资产质押融资操作指引（暂行）》《江苏省生态系统碳汇预期收益权质押贷款业务操作指引》《江苏省绿色再贴现业务实施方案》等专项政策带动市场活力，绿色金融服务实体经济转型升级成效显著，2023年绿色贷款逼近4万亿元，绿色保险助力生态环境取得显著成效。

在浙江，产业、金融、自然等多角度的绿色发展政策引导着全域绿色发展，绿色金融政策与产业、自然政策的衔接增强了绿色金融对实体领域的支持作用，在较早已经出台绿色金融专项引导性政策的背景下，2023年浙江省进一步深化了对《银行业保险业绿色金融指引》等政策的落实，同时通过出台《关于金融支持减污降碳协同的指导意见》《关于深化清洁能源全产业链金融服务的指导意见》等政策进一步强化了产融衔接，绿色金融的市场实践进一步活跃。

在安徽，《关于扎实推进安徽银行业保险业一体化建设和支持加快融入长三角一体化发展的指导意见》《安徽辖内金融机构环境信息披露工作试点方案》等政策引领全省一盘棋式推动绿色金融，以绿色金融标准体系、评价体系、信息披露为抓手落实具体工作，2023年绿色信贷余额同比增长47.17%，绿色基金等绿色投资规模持续增长。

在以点带面驱动方面，三省一市绿色金融的发展模式也深度体现了地方改革创新的带动力。在上海，浦东新区作为上海国际绿色金融中心建设的核心区，是全市绿色金融的“试验田”，其以标准、平台、市场、激励、人才为一体的发展模式推动区域绿色金融发展，2023 年通过十余个全国首创案例，积极探索绿色金融新模式。除浦东新区外，虹口区、宝山区等也立足本区特点发展绿色金融。在江苏，宜兴市、南京江北新区、昆山高新区等首批省级绿色金融创新改革试验区形成了发展绿色金融的特色创新，无锡市、苏州市在推动 EOD 模式落地以及完善绿色金融配套机制建设方面的经验，也具备在更广范围推广的可行性。在浙江，湖州市、衢州市作为全国首批绿色金融改革创新试验区，在绿色金融标准体系、金融机构绿色实践、市场和服务等领域形成的多项积极举措已开始在全省乃至全国推广。丽水作为生态产品价值实现机制试点、气候投融资试点，“碳普惠 + 生态信用”“不动产 + 生态价值”融资服务模式也开始在其他地区得到推广复制。在安徽，淮北市、马鞍山市、淮南市、亳州市正在加速形成发展转型金融的试点力量，黄山市、滁州市围绕生态产品与气候投融资的地方探索也积累了很多具有地方特色的绿色金融模式。

在循序渐进深入方面，三省一市的绿色金融发展路径反映出了要注重夯实推动绿色金融发展的基础性工作。在夯实基础性工作方面，三省一市的绿色金融实践都充分说明了绿色金融标准体系、信息披露、激励约束、绿色金融产品和市场体系这几大支柱的重要意义。在绿色金融标准体系方面，浙江省的地方实践具有鲜明的代表性。自 2021 年以来，浙江省金融学会、各市级金融学会、金融机构已经发布多项绿色金融专项标准，涉及绿色项目贷款标准、碳账户标准等，标准成果数量居全国各省（市）金融学会之首。在信息披露方面，三省一市均全面推动金融机构信息披露，江苏省在推动域内上市企业 ESG 信息披露方面加大力度，2023 年注册地址在江苏省的上市企业披露 ESG 报告的数量同比增加 32.48%。在激励约束方面，除充分发挥碳减排支持工具的激励作用外，三省一市多形成了实质性激励约束举措，如为部分符合条件的产品提供再贷款支持，出台《绿色再贴现业务实施方案》《关于组织申报2023年度绿色债券贴息以及绿色担保奖补资金的通知》等专项激励政策等。绿色金融产品和市场体系更充分体现了多元化的绿色金融产品和服务优化供给，绿色信贷、绿色债券、绿色基金、ESG投资、绿色保险等多层次绿色金融市场均有量的累积与质的创新，国家核证自愿减排量（CCER）质押数字人民币绿色贷款、碳资产回购履约保证保险业务、生态绿色环境救助责任保险等多个区域或全国首单落地长三角，也再次充分显现了长三角市场的活跃度与吸引力。

三

长三角绿色金融发展经验

无论从长三角区域绿色金融发展取得的成效来看，还是根据中财大绿金院地方绿色金融指数中长三角三省一市在全国31个省市（不含港澳台）的整体表现，2023年长三角区域绿色金融进展是积极且显著的，根据长三角的区域特点，结合长三角区域绿色金融的发展举措，主要有以下几方面的经验值得借鉴。

一是紧扣服务实体经济的主线，绿色金融与绿色经济形成同频共振。虽然长三角三省一市绿色金融发展的政策目标、实施标准、产品和服务创新与推广的重点领域等有一定的相似性，多以绿色产业、传统产业、生态环境等为主线推进绿色金融，但进一步深入分析，各地重点领域的具体做法都非常鲜明地体现出了当地实体经济的特点与金融市场的特点，在利用绿色金融提升金融供给侧改革能力的同时，绿色金融与地方的绿色经济形成同频共振。

在上海，“国际绿色金融枢纽”是基于上海金融市场高度活跃的特征提出的发展定位，由此在绿色金融改革创新的过程中，碳市场回购交易、绿色租赁、绿色双币种自贸区离岸债券等创新型绿色金融产品获得了良好的发展市场和基础，同时在利用发展绿色金融吸引金融资源集聚方面颇有成效。另一方面，从金融创新的标的来看，聚焦船舶、新能源汽车、可再生能源、超低能耗改造等上海市绿色发展重点议题的绿色金融实践更为多元，无论是绿色金融模式的创新，如交银金融租赁“优能租”的开发，还是绿色金融创新产品的率先应用，如中远海运能源运输股份有限公司的ESG挂钩银团贷款，都反映出“绿色金融”与“绿色经济”融合创新的特点。

在江苏，作为全国的经济大省，其实体经济发展的能力及绿色经济发展的潜力都反映在绿色金融的市场表现中。无论是近4万亿元绿色贷款规模的总量优势、占比16.5%的结构优势，还是绿色债券市场中绿色公司债发行占当地总发行规模近一半的结构特征，都有着鲜明的江苏特点，反映出江苏省绿色金融与绿色经济之间的良性互动与相互促进。同时，除推动绿色金融基础建设的政策外，有较多的政策与市场实践覆盖了钢铁、石化化工、建材等当地重点传统产业、清洁能源产业、生态修复领域等，且南京市、无锡市、苏州市等下辖地市发展绿色金融又各有其创新亮点，共同反映了江苏强劲、丰富的实体经济活力。

在浙江，绿色金融改革创新试验区的牵引带动作用显著，区域试点逐步向全省实践转化，同时浙江省内的经济优势、生态优势也在绿色金融改革创新中有充分体现。如衢州市传统制造业占比较大，由此催生了“碳账户”，并逐步发展了以“碳账户”为核心的转型金融框架；丽水市生态禀赋突出，由此形成了多个服务生态产品价值实现机制的金融产品创新；宁波、温州、台州等沿海地区容易受气候风险冲击，相关地区巨灾保险试点的步伐进一步加速，并逐步形成区域经验。区域经济或环境的特点在绿色金融改革创新的过程中得以充分体现。

在安徽，根据中财大绿金院地方绿金指数可知，近年来安徽省绿色金融发展成效显著。其中，安徽省近年来在产业升级方面显现出突出成效，如新能源汽车产业飞速发展、新一代信息技术产业龙头集聚、新材料产业产值提升等。在绿色金融市场，尤其是绿色基金市场中也有更进一步的反映——2023 年，安徽省共新设 16 只新兴产业政府引导基金，总规模达 885 亿元（含社会资本认缴出资），多只基金聚焦绿色和战略性新兴产业。同时，2023 年，安徽省试点地区着力聚焦建材、煤电、化工等传统产业开展转型金融探索，围绕碳账户、数据共享等开展应用实践，与地方经济转型升级需求形成紧密联系。从安徽省 2023 年绿色金融市场的发展态势中，我们能看到绿色产业正蓬勃兴起，传统产业也在加速升级。

二是用好政策的引导、规范、激励、约束作用，重在激活市场的潜能。政策传导成效显著、市场积极活跃是长三角三省一市绿色金融非常显著的特征，具体表现在两方面：第一，政策的创新性、协调性较强。概览三省一市绿色金融的政策，政策内容并非完全一致、面面俱到，多是顺应绿色金融发展趋势与市场应用需求，通过创新政策就多个前瞻性议题进行引导与规范。第二，市场主体的反应积极，这与长三角地区本身金融资源活跃、金融生态水平较高有十分密切的关系，因此金融机构自主创新的能力强，同时受到政策的鼓励，部分地方的创新做法很快在全域多个金融机构推广实践。

在上海，除绿色金融的顶层制度外，绿色金融相关的实施细则并不算密集，2023 年的指导性政策与市场实践多是围绕“碳”要素开展部署与创新，着力明确创新业务的发展方向、规范重点业务的操作应用流程。上海依托在碳市场方面的基础设施优势，创新发布《上海碳市场回购交易业务规则》并在证券、保险等领域率先应用。上海的市场实践反映了多个金融机构均形成了服务上海绿色发展的绿色金融专门策略，且除银行、证券、保险等绿色金融发展相对较快的领域外，上海市绿色租赁也是市场的一大亮点。金融机构主动发展绿色金融、融入上海绿色发展的意愿和行动在全国范围来看都具有典型性。

在江苏，在省级推动绿色金融的统一部署下，更多通过激活市区绿色金融改革创新及市场主体的自发实践热情，形成发展绿色金融的多样化路径。从省级绿色金融政策发展的情况来看，关键通过“绿金 30 条”和“年度绿金重点工作”定调绿金工作主线，以切实的绿色金融奖补措施调动市场积极性，在此框架下留给市场更多的自主性。虽然，江苏省内尚无国家级绿色金融改革创新试验区，但无锡市、苏州市等地开展的绿色金融改革创新活动也有鲜明的特色，且其特点充分地通过市场实践予以反映，如无锡市“慈善信托 + 碳普惠”的全员绿色实践模式，苏州市推动纺织业低碳转型的综合发展模式等。从市场主体来看，江苏银行、南京银行、苏州农商行等地方性城商行、农商行，以及东吴证券等本地券商机构都在自主发展绿色金融。

在浙江，作为首批绿色金融改革创新试验区所在的省份，其绿色金融的一个鲜明特征是“全面”。一方面是政策出台的全面性，即各项绿色金融总体方案、重点领域实施细则、新兴议题引导性政策等都可在浙江省内找到相应的案例，尤其是对绿色金融相关标准的探索，其模式和内容在全国范围均有推广借鉴。另一方面是市场实践的广泛性，即市场实践多可反映政策内容，同时市场实践的传播性较强，如 2021 年、2022 年仅在部分金融机构开展的 ESG 管理体系、业务体系的建设等，在 2023 年已基本成为以银行为主的金融机构的共同行动，多个金融机构都围绕 ESG 展开各项具体工作。同时围绕类似转型金融的新兴议题，金融机构开展的探索在全国范围来看也具备代表性。

在安徽，作为近两年绿色金融发展开始提速的典型地区，其推动绿色金融发展的省级单一政策并不多，更多的是以点状分布的形式在部分地市探索推进。但从中财大绿金院地方绿色金融指数来看，安徽省绿色金融市场的活跃度在全国范围来看都处于较高水平，具体表现在气候投融资试点下市场推出的产品的多样性，“碳中和挂钩贷款”“光伏项目发电端、用电端碳减排双挂钩贷款”等典型绿色金融产品的创新性等。同时从市场主体的表现来看，2023年当地代表性地方法人银行绿色贷款同比增速均超50%，本地城商行、农商行推出的绿色金融内部管理意见和办法等，也都说明了其绿色金融市场的活力正在充分释放。

三是注重推动不同主体的协同联动，以促进要素流动和资源共享提升绿色金融发展效率。流动性是金融发展的内在要求，绿色金融领域也不例外。从长三角三省一市发展绿色金融取得积极成效的典型实践来看，注重不同主体间的合作，是地方绿色金融发展的代表性做法之一。比如通过政府间联合出台政策、共享数据信息等形式，增强市场主体的协同性，同时降低发展绿色金融的认证成本；通过政府、企业、金融机构间的合作，充分发挥不同主体在推动绿色金融方面的作用，健全政策传导机制、盘活市场发展活力；通过不同金融机构间的业务合作，发挥不同资金风险偏好的优势、增强服务大型项目的能力；同时长三角区域以绿色一体化发展示范区为抓手，正在以区域的机制协同推进市场的协同壮大。

在上海，其创新性政策与产品的落地离不开不同主体间的协作。如围绕“碳普惠”开展的系列创新，需要政府出台政策明确具体办法、实施单位出台方法学明确申报要求等具体规则、金融机构依据政策与标准并结合市场需求创新产品，进而形成完整的市场闭环。在绿色金融创新活动中，银行协作推出的“可持续发展挂钩和绿色专项”分组银团贷款、多银行和财务公司协同推出的ESG挂钩银团贷款、银行机构和保险机构合作推出的“保险＋转型金融贷款”等案例，也反映出在应对不确定风险时，金融合作的必要性。

在江苏，不乏“绿色金融信保贷”模式创新等银保间的协同，或者金融机构与研究机构共建实验室的协同，以及省属企业拓展ESG服务内容等企业间的协同。其中，苏州农商行以“政府精准治碳+企业精准减碳+金融精准支持”协同推进产业低碳转型的实践颇具代表性。其成功落地的过程也充分反映了在推动绿色金融服务实体经济转型升级的过程中，需要政府在标准上明确方向，在基础设施配套上增加投入；需要金融机构在产品和服务优化、精准对接方面守正创新；需要企业在技术改造、信息披露上多下功夫。

在浙江，其政策联动、机制联动也反映了协同发展模式对于推动绿色金融乃至绿色发展的重要性。浙江省绿色金融改革创新的实践充分反映出发展绿色金融需要政策的协同，比如“政策—标准—统计—激励约束”等一体化政策的建立；需要不同政府部门间的协同，比如2023年中国人民银行浙江省分行联合省地方金融监管局、省生态环境厅等部门出台《关于金融支持减污降碳协同的指导意见》，发布全省首批减污降碳协同标杆项目26个，进一步增强银企对接；需要机制间的协同，比如浙江以“数字化”“平台化”“智能化”的方式赋能绿色金融提质扩面。

在安徽，从地方推动绿色金融重点工作改革创新的举措来看，也离不开协同发展带来的改革红利。比如滁州市在推动气候投融资的过程中，形成了“试点工作方案—年度重点工作要点—信息披露指引”相衔接的政策框架，并在此基础上通过建立气候投融资支持平台与项目库，推进政银企信息共享。淮北市在推动转型金融创新的过程中，以“目录+项目库+白名单”为牵引、以工作牵头行制度为抓手、以“产学研融”合作交流机制为支撑，完善转型金融的系统路径。在资金使用方面，安徽省的绿色间接融资市场与直接融资市场也在共同发力，支撑新兴产业的迅猛发展。

此外，长三角生态绿色一体化发展示范区的进展也显现出协同发展释放的红利。包括一体化示范区建设带来的政策协同，由此提升了审批的效率；带来的资源协同，比如通过设立多个联盟进而吸引了资源的集聚；带来的资金协同，比如通过推动银行内部授信审批机制的联动进而提升了服务区域大型项目的能力；带来的机制协同，比如通过共保机制的建立提升了项目风险对冲的能力。

四

长三角绿色金融发展展望

长三角地区作为中国经济发展最活跃、开放程度最高、创新能力最强的区域之一，其绿色金融发展的进程在活跃度、创新性、全面性等方面已展现出非常具有代表性的一面，经济发展实力为绿色金融的改革创新与大范围推广实践提供了可能性，而绿色金融的供给侧改革也为经济的发展注入了新的绿色动力。绿色金融作为一个发展中的议题，仍然有很多方面需要不断完善，在探索和实践中优化，长三角三省一市的绿色金融也需要在发展中解决面临的挑战：一是如何在金融“五篇大文章”的框架下，更全面充分地发挥绿色金融的作用，共同形成金融推动经济高质量发展的合力。二是如何将绿色金融的政策要求更高效科学地转变为市场主体的自主实践，推动转型金融、生物多样性金融、绿色金融支持生态产品价值实现等新兴议题高质量落地。三是如何更好地利用绿色金融的供给侧改革推动实体经济的高质量发展，比如如何利用金融机构的信息披露推动实体企业的信息披露。四是如何更好地利用区域协同的机制，利用绿色金融加快资源要素的流动，创造更大规模的市场。为此展望长三角区域绿色金融未来发展，以下几个方面仍需共同探索发现。

一是利用三省一市的地方优势，探索“绿色金融 +”的发展路径。2023 年 10 月召开的中央金融工作会议提出了“做好科技金融、绿色金融、普惠金融、养老金融、数字金融五篇大文章”的要求，分别着力支持科技创新和研发、推动绿色低碳发展、扩大绿色金融服务覆盖面、发展养老产业以及利用数字技术提升金融服务效率和质量。当前，长三角三省一市的绿色金融实践虽多从绿色金融角度出发，但已经开始显现金融“五篇大文章”融合发展的可行性与必然性，尤其是在绿色金融与科技金融、普惠金融、数字金融联动方面，已展现出丰富的案例，比如通过大力发展绿色直接融资市场、推动绿色技术发展；通过引入物联网与大数据，提升绿色金融发展效率；通过创新碳普惠、绿色普惠、绿色消费等领域的金融产品，引导全员绿色行动。未来，基于上海“五个中心”的发展定位，江苏省经济强省的发展基础，浙江省绿色金融改革先行的创新能力，安徽省向新兴产业集聚地跨越的发展潜力，可进一步探索“绿色金融 +”的发展路径，比如如何通过不同金融目标下机制的联动更充分地推动新兴产业的发展、如何利用项目内在机理的耦合用好不同类型的资金、如何利用配套的联动降低金融供给侧改革的成本。

二是着力绿色金融改革创新的新兴议题，继续深化落地实践与推广。随着绿色发展向纵深推进，绿色金融改革议题得到进一步丰富，同时新兴议题的难点、堵点也更加复杂，譬如在转型金融的模式下，如何更充分地打破金融与产业之间的壁垒、如何更高效地解决转型金融评估与认证的难题、如何更有效地防范转型金融的风险，都是亟待解决的难题。在生物多样性金融的实践中，如何在金融定价中统筹考虑生物多样性保护与产业发展、如何认识及防范生物多样性风险对融资的冲击等，都需要创新的机制予以解决。在绿色金融支持生态产品价值实现的过程中，如何打破生态产品处置难的困境、如何提高生态产品流动性、如何真正将生态价值与金融定价相衔接等也需要在实践中摸索。当前，长三角三省一市围绕相关议题已有诸多探索，包括加快发展转型效益监测平台、提升转型金融风险评估有效性；开展区域生物多样性融资实践，通过体系化的方法探索生物多样性融资的做法；通过建立生态产品的交易平台，助力生态产品的流动与处置等。未来，基于上海市金融资源的丰富性，江苏省生态环境保护与修复的成熟经验，浙江省数字治理的发展优势，安徽省传统产业加速升级的内在动能，可以着力深化对绿色金融新兴议题的应用实践，以更充分地发挥长三角地区的引领带动作用。

三是继续深入以信息披露为代表的绿色金融专项议题，从微观着手强化绿色金融改革对实体经济的牵引作用。发展绿色金融，并不仅仅是发展形式的变化。绿色金融的“五大支柱”正在深刻影响着金融发展的内在模式，比如利用绿色金融的标准体系推动市场主体的绿色升级，通过绿色金融的环境信息披露机制，倒逼市场主体的环境信息披露，通过绿色金融的激励约束影响实体经济的资源配置，利用绿色金融的国际合作助力我国参与国际金融治理。当前，长三角三省一市的绿色金融发展都已形成基本布局，在不同程度上推动了绿色金融各项工作的落地实施，但要想深入发掘并充分发挥各项改革工作的价值，仍需坚持不懈地持续推动。未来，可充分依托上海市推动国际金融中心能级提升的进程、发挥江苏省经济体量大的规模优势、浙江省绿色金融市场全面发展的积极态势、安徽省多重国家战略叠加的发展优势，探索绿色金融各项具体的改革举措如何深化应用，以及如何利用绿色金融的改革与产业改革相互促进，从微观实践中凝练绿色金融服务实体经济的具体举措。

四是以长三角生态绿色一体化发展示范区为抓手，探索通过区域协同机制更好促进绿色金融要素流动的有益实践。当前正是经济的转型换挡升级期，要改变原有的发展模式、形成高质量的发展路径，需要在多个维度深化改革创新。其中，推动生产要素的顺畅流动，是进一步解放生产力的重要环节。而金融要素的流动将更高效地推动资源配置，也是金融自身发展的内在要求。在以点带面驱动绿色金融发展的过程中，全国绿色金融发展形成了多样化的地方绿色金融实践，但由此在一定程度上也形成了地方绿色金融标准各异的客观情况。将地方绿色金融改革的经验转化为区域的经验，进而上升为国家乃至国际的标准，是深化推进绿色金融的必然趋势。当前，长三角三省一市在不同层面上都形成了绿色金融的领先探索，而长三角生态绿色一体化发展示范区也在通过机制的协同推动金融机构跨区域的联动，尤其是在解决区域性生态共性问题方面发挥着积极作用。未来，可通过探索将三省一市内部的标准、流程上升为区域的标准、流程，谋划区域性绿色金融支持生态项目等方式助力绿色金融要素的流动与合作，充分利用绿色一体化示范区在推动跨区域公共信用信息共享、推进绿色金融服务平台建设、支持设立一体化金融机构、建立金融信息共享合作机制等方面的协同举措，为跨区域的绿色金融合作提供有力支撑。

Yangtze River Delta Green Finance Development Report (2024)

(English Brief)

Shanghai Finance Society (SFS)
Jiangsu Finance Society (JFS)
Zhejiang Finance Society (ZFS)
Anhui Finance Society (AFS)
International Institute of Green Finance, CUFE (IIGF)

Introduction

After years of exploration and practice, green finance has emerged as a pivotal element of financial supply-side reform, actively contributing to China's high-quality economic development. Currently, through a dual approach combining "top-down" policy guidance and "bottom-up" market engagement, China has preliminarily established a relatively comprehensive green finance development system. A green finance development model, anchored in the framework of "three functions" (resource allocation, risk management, and carbon price discovery) and "five pillars" (standard system, information disclosure, incentive and restraint system, product and market system, and international cooperation) of green finance and advanced through regional green finance reform and innovation pilot zones, is now taking shape and promoting nationwide adoption of green finance. The Central Financial Work Conference held in October 2023 emphasized the need to "resolutely adhere to the path of financial development with Chinese characteristics, and promote high-quality financial development in China" , and "propel the development of technology finance, green finance, inclusive finance, pension finance, and digital finance" . Advancing green finance remains a priority in fostering China's high-quality financial development.

While foundational capacity-building efforts continue to gain momentum, green finance is increasingly focused on fulfilling its dual function as both a support and driver for the real economy. Currently, nearly all regions in China are engaged in green finance practices irrespective of varying degrees of development, exhibiting a trend of greater coverage. Pioneering provinces, while building universal frameworks, are also tailoring differentiated pathways based on local industries. Other provinces are accelerating the release of pent-up momentum, with green finance markets growing rapidly under policy incentives. However, regional disparities persist. Due to differences in economic foundations, industrial structures, and policy environments, some provinces still lag in green finance outcomes, with systemic policy design, diversified market-driven practices, and supporting infrastructure remaining at nascent stages[①]. Concurrently, new challenges arise as green finance deepens, including how to fully leverage its catalytic role in driving industrial upgrades and scale emerging themes like transition finance and biodiversity finance in practice.

The green finance development in the Yangtze River Delta (YRD)–encompassing Jiangsu, Zhejiang, Anhui and Shanghai – serves as a microcosm of the entire landscape in China. Its robust financial ecosystem provides a solid foundation for advancing high-quality green finance. According to the Regional Green Finance Index developed by the International Institute of Green Finance (IIGF), Central University of Finance and Economics since 2018, Zhejiang, Jiangsu, Shanghai, and Anhui have consistently ranked among China's top performers in green finance development, especially in market performance, with policy-to-market transmission efficiency and market diversity standing out as nationally representative benchmarks.

By 2023, the YRD region had achieved multiple milestones in green finance. First, maintaining focus on serving the real economy to foster synergy between

① IIGF. *China Regional Green Finance Development Report (2024)*.

green finance and green economy Second, leveraging the guidance, regulation, incentive, and constraint functions of policy instruments to unlock market potential. Third, promoting multi–stakeholder collaboration, and enhancing efficiency through element mobility and resource sharing.

The Yangtze River Delta Green Finance Development Report (2024) is compiled by drawing on China's priorities for green finance and the practical initiatives in the YRD. The report aims to present the current status, exemplary practices, and future trends regarding green finance in the YRD. By distilling regional experiences, it seeks to identify actionable strategies for leveraging green finance to drive coordinated, high–quality regional development, offering a reference for broader applications.

List of Abbreviations

Abbreviation	Meaning
ABC	Agricultural Bank of China
ABS	asset-backed security
AFD	French Development Agency
AFS	Anhui Finance Society
AI	artificial intelligence
BOC	Bank of China
CCER	China Certified Emission Reduction
CERF	Carbon Emission Reduction Facility
CGT	Common Ground Taxonomy
CIF	climate investment and financing
EERI	ecological environmental rescue insurance
EOD	Eco-environment Oriented Development
EPLI	environmental pollution liability insurance
ESG	Environmental, Social, and Governance
FOF	Fund of Funds
GEM	Growth Enterprise Market
GGF	Government Guidance Fund
GHG	greenhouse gas
ICBC	Industrial and Commercial Bank of China
ICV	intelligent connected vehicle
IIGF	International Institute of Green Finance, CUFE
IPSF	International Platform on Sustainable Finance

续表

Abbreviation	Meaning
JFS	Jiangsu Finance Society
KPI	Key Performance Indicator
MSE	Micro and Small Enterprise
NEEQ	National Equities Exchange and Quotations
NEV	new energy vehicle
PBOC	People's Bank of China
PCAF	Partnership for Carbon Accounting Financials
SFS	Shanghai Finance Society
SOE	state-owned enterprise
SZRCB	Jiangsu Suzhou Rural Commercial Bank
TWG	Taxonomies Working Group
VEP	value of ecosystem product
YRD	Yangtze River Delta
ZFS	Zhejiang Finance Society

1 Overview of Green Finance Development in the YRD

1.1 Key Progress in China's Green Finance in 2023

In 2023, China saw intensive policy releases in green bonds and green insurance sectors, alongside advancing research and project approval for standardization of green finance. Policymaking focused predominantly on green insurance and green bonds, with notable releases including the *Guidelines for Green Insurance Classification (2023)*, *Guidelines of Shanghai Stock Exchange on the Application of the Rules for Review of Corporate Bond Issuance and Listing No. 2 - Special Corporate Bonds*, *Notice on Supporting Central State-Owned Enterprises in Issuing Green Bonds*, and *Guidelines for Information Disclosure During the Lifespan of Green Bonds*. Concurrently, the Green Finance Committee of the China Society for Finance and Banking made substantial headway in green finance standardization, advancing research and project approvals on agricultural transition, environment, social and governance (ESG) assessment frameworks for financial institutions, climate risk stress testing, green commercial bills, and green finance practitioner guidelines.

Green credit led China's green finance market development, while green bond issuances contracted. From 2018 to 2023, China's outstanding green loan balance sustained steady growth, recording a cumulative increase of 265.49% compared to 2018. By the end of 2023, outstanding green loan balance in domestic and foreign currencies reached CNY 30.08 trillion, marking a 36.5% year–on–year increase①. The extended implementation of structural monetary policy instruments – the Carbon Emission Reduction Facility (CERF) and the Targeted Relending Program for Clean, Efficient Coal Use –expanded policy coverage. As for green bonds, China's outstanding onshore green bonds totaled approximately CNY 3.62 trillion by the end of 2023, with new issuances amounting to CNY 838.87 billion, down 14.74% year–on–year, accounting for 77.95% of China's total domestic and offshore green bond issuances. Meanwhile, green funds and insurance markets showed continued evolution. According to statistics of the IIGF database, 978 ESG–themed funds were active by the end of 2023, managing assets worth CNY 932.17 billion – a 3.6% year–on–year growth in quantity. Listed insurers reported cumulative green insurance coverage exceeding CNY 200 trillion in 2023②.

China's regional green finance initiatives have achieved notable progress in both coverage and penetration. In 2023, provinces with national green finance reform and innovation pilot zones – including Zhejiang, Guangdong, Jiangxi, and Gansu – maintained strong growth momentum. Meanwhile, non–pilot zones such as Beijing, Jiangsu, Shanghai, Shandong, Sichuan, and Fujian accelerated the development of their green finance potential. The extension of green finance from

① Chinese Government Website, People's Daily Overseas Edition: China's green loan registers notable expansion in 2023 [EB/OL] . [2024–01–27] . https://www.gov.cn/lianbo/bumen/202401/content_6928561.html.

② China Financial News Network. Insurers' ESG Reports Reveal 2023 Contributions to Socioeconomic Development [EB/OL] . 2024–04–10. https://www.financialnews.com.cn/bx/bxsd/202404/t20240410_290659.html

provincial to city tiers gained further momentum, with city-level policymakers deploying more targeted measures to broaden coverage of green finance. In terms of application, policies of many regions prioritized aligning green finance with industrial upgrades in energy conservation, environmental protection, clean production, and clean energy. By leveraging green finance as a catalyst, localities sought to identify new growth opportunities through integrated development strategies, achieving improvements in the coverage and penetration of financial services. Technological innovation increasingly drove product and service innovation, continuously expanding the boundaries of green finance.

Several regions have pioneered explorations in transition finance and biodiversity finance. In 2023, local transition finance standardization gained traction, with Chongqing, Huzhou (Zhejiang), Tianjin, and Hebei having issued region-specific transition finance support catalogs targeting key high-carbon industries, thereby guiding transition finance. Market activities in transition finance remained predominantly concentrated in credit products and bonds. Concurrently, biodiversity finance initiatives were advanced through localized innovations: Hainan introduced biodiversity-themed bonds, while Yunnan developed insurance products. The People's Bank of China (PBOC) Quzhou Central Sub-branch further catalyzed institutional progress by piloting *Biodiversity Risk Management Standards for Banking Institutions*, providing methodologies for financial institutions to averse biodiversity risks and mitigate the effect of project development on biodiversity. The integration of green finance and inclusive finance, as well as the role of green finance in supporting gender equality, are emerging as areas of focus.

International cooperation in green finance, as one of the pillars of green finance, has continued to advance. In 2023, China continued to deepen international exchanges and cooperation in green finance, focusing on key areas such as platform construction, frontier research, implementation of green principles, and establishment of global partnerships. Firstly, China took the lead in promoting international consensus on green finance. By implementing the *G20 Sustainable Finance Roadmap*, three key priorities for G20 sustainable finance work in 2023 were formulated, and the resulting report was included in the *G20 Leaders' New Delhi Declaration* in September 2023. Secondly, China facilitated the alignment of green finance standards. In 2023, the Taxonomies Working Group (TWG) of the International Platform on Sustainable Finance (IPSF), co-chaired by China and EU, launched Phase II of the Common Ground Taxonomy (CGT) at a TWG meeting. Thirdly, China deepened cooperation in green finance among central banks and supervisory bodies, continuing to play an active role in the governance and research of the Central Banks and Supervisors Network for Greening the Financial System.

1.2 Progress in Green Finance in the YRD

1.2.1 Evaluation of Green Finance Development in the YRD

Supported by provincial (municipal) financial associations across the YRD region, the research team conducted a comprehensive evaluation of green finance development, highlighting provincial characteristics and regional integration. The analysis centered on policy frameworks and market dynamics through three dimensions: coordination, growth potential, and innovation. Coordination assesses the alignment between local green finance planning, incentive mechanisms, and infrastructure development. Growth potential examines developments and potential of scale expansion, structural optimization, and market penetration. Innovation focuses on breakthroughs in financial products, service models, and regional collaborative mechanisms. Drawing on data from financial associations in the YRD, publicly accessible information, and the IIGF database, the evaluation outcomes are consolidated in Table 1-1.

Table 1–1 Score results of Green Finance Development Index of the YRD in 2023

<table>
<tr><td>Overall band score</td><td colspan="3">74.55</td></tr>
<tr><td>Module scores</td><td colspan="2">Policy: 74.16</td><td>Market: 76.49</td></tr>
<tr><td>Characteristic scores</td><td>Coordination 76.66</td><td>Growth potential: 65.32</td><td>Innovation: 62.72</td></tr>
</table>

The Green Finance Development Index of the YRD has demonstrated robust green finance development in this region achieved through effective policy–market synergy, with proactive policy adoption eliciting dynamic market responses.

The YRD saw intensive policy adoptions. Between 2021 and 2023, a total of 164 provincial–level green finance policies (both comprehensive and special) and 92 city–level policies were enacted across the region. Overall, the number of policies issued at the provincial level was relatively balanced across the four areas. In terms of comprehensive policies, the provincial governments in the YRD maintained balanced policy output, focusing on provincial carbon peaking and neutrality roadmaps through differentiated emphases: green low–carbon transitions, circular economy, pollution reduction and decarbonization, and industrial restructuring. These frameworks provided clear guidance for aligning financial services with the priorities of these sectors. At the city (district) level, pilot–driven policy innovation predominated. Shanghai leveraged its unique administrative status as a municipality directly under the central government to enhance policy transmission efficiency and precision. Zhejiang pioneered diverse and localized mechanisms tailored to regional economic profiles, industrial structures, and ecological endowments. Jiangsu's city-level policies encompassed comprehensive green finance guidelines, environmental information disclosure requirements, and innovative areas such as green inclusive finance, biodiversity conservation finance, and ecological product value realization. Cities in Anhui focused on advancing differentiated green transition practices through city-level green, low-carbon pilot projects.

In market development, the YRD has pursued diverse practices leveraging financial instruments such as credit, bonds, leasing, and insurance, along with innovations in transition finance, green inclusive finance, and climate investment and financing (CIF). Over the past three years, green credit markets have been revitalized through collaborative efforts led by local branches of the PBOC and financial institutions. In the green bond sector, China's standard green bond market experienced dual declines in both issuance volume and quantity in 2023, driven by waning enthusiasm for inaugural bond issuances, stricter anti-greenwashing regulations, and reduced pipeline projects. Notably, Shanghai, Anhui, and Jiangsu defied this national trend, achieving growth in both issuance volume and outstanding balance compared to 2022. Product and service innovations have centered on "carbon" factors in Shanghai and Anhui, while Zhejiang and Jiangsu rolled out pioneering instruments such as carbon asset transition bonds and ESG-linked insurance. Furthermore, Zhejiang integrated green finance with e-CNY, and Jiangsu launched carbon-inclusive green development charitable trust, broadening the application scope of green finance with the power of market.

2 Analysis of Green Finance Development in the YRD Provinces (Municipality)

2.1 Analysis of Green Finance Development in Shanghai

In recent years, Shanghai has achieved notable progress in green finance development. Particularly since the release of the *Implementation Opinions on Accelerating the Construction of an International Green Finance Hub in Shanghai to Serve Carbon Peaking and Carbon Neutrality Goals*, the city has introduced multiple initiatives, products, and services to advance green finance development. Leveraging its dynamic financial markets and abundant financial resources, Shanghai is deepening innovative practices and intensifying efforts to establish itself as a global green finance hub.

2.1.1 Policy Framework

2.1.1.1 Gradually Enhanced Green Development Policy System

Shanghai has established a comprehensive "1+1+N" policy framework for carbon peaking and carbon neutrality, forming a systematic blueprint for green development. In July 2022, the Shanghai Municipal Government issued two cornerstone documents: the *Implementation Opinions on Fully, Accurately, and Comprehensively Applying the New Development Philosophy to Achieve Carbon Peaking and Carbon Neutrality* and the *Shanghai Carbon Peaking Implementation Plan*. These outline the city's strategic priorities of systematic and forward-looking arrangements for realizing carbon peaking and carbon neutrality, emphasizing industrial restructuring and energy structure optimization under principles of "national coordination, conservation prioritization, dual-drive mechanisms, internal-external synergy, and risk prevention" . Guided by these top-level policies, the municipal departments have developed a multidimensional and systematic suite of supporting regulations, tightly aligned with "carbon peaking and carbon neutrality" objectives. At the district level, localized action plans and implementation targets reinforce policy execution.

2.1.1.2 Specialized Policies for Building an International Green Finance Hub

Positioning itself as an international green finance hub, Shanghai has formulated a top-level design to clarify development priorities. In August 2021, the Shanghai Municipal Government released the *14th Five-Year Plan for the Building of Shanghai International Financial Center*, which first introduced the strategic goal of building an international green finance hub. This was followed by the *Implementation Opinions on Accelerating the Development of an International Green Finance Hub to Support Carbon Peaking and Carbon Neutrality Goals* in October 2021. Serving as the city's top-level design for green finance, the document outlined 24 measures across seven key areas, including strengthening green financial market systems, innovating green financial products, and improving institutional frameworks.

Building on this foundation, eight departments, including the former Shanghai Regulatory Bureau of China Banking and Insurance Regulatory Commission, jointly issued the *Action Plan for Promoting Green Finance Development in Shanghai's Banking and Insurance Sectors to Support Carbon Peaking and Carbon Neutrality Goals During the 14th Five-Year Period* in December 2022. This initiative aims to create a world-class green finance ecosystem, foster convergence between domestic and international green finance standards, and enhance financial service level of Shanghai as an international financial center. Reflecting Shanghai's unique advantages – a vibrant financial factor market, concentrated financial resources, robust technological infrastructure, and high openness – the basis, goals and roadmaps of these policies also indicated the specific arrangements of Shanghai to strategically leverage the city's strengths to deploy green finance initiatives, deepen innovative practices, and explore collaborative models.

2.1.1.3 Pilot Exploration of Transition Finance

Shanghai has established a transition finance catalog to guide financial support for the green transition of key industries. In 2023, the *Regulations on Promoting Green Transition of Development Modes in Shanghai* was adopted at the 9th Session of the 16th Standing Committee of Shanghai Municipal People's Congress, institutionalizing green transition at the legislative level. Financially, the city has leveraged the *Shanghai Transition Finance Catalog (Trial)* to strategically develop transition finance mechanisms. As a global economic hub, Shanghai faces urgent needs of transition in sectors such as steel, construction and building materials, petroleum processing, and chemical raw material and product manufacturing. Concurrently, comprehensive markets for financial factors spanning equities, bonds, futures, and currencies have provided Shanghai a solid foundation for developing transition finance.

2.1.1.4 Exploring Green Finance Mechanisms for Biodiversity Conservation

Shanghai has emerged as a trailblazer in biodiversity finance, prioritizing regional collaboration within the YRD. In 2021, the city became China's first pilot site for the United Nations Development Programme's Biodiversity Finance Initiative (BIOFIN), initiating exploratory work on biodiversity-related financial mechanisms. This momentum continued in November 2022 with the *Implementation Opinions on Further Strengthening Biodiversity Conservation*, which mandated the development of green finance mechanisms for biodiversity conservation and called for establishing a joint conservation mechanism in the Yangtze River Delta Eco-Green Integrated Development Demonstration Zone. Concurrently, the *Provisions of Pudong New Area of Shanghai Municipality on Promoting the Green Finance Development* incorporated biodiversity finance provisions, encouraging financial institutions to "respond to global and domestic biodiversity finance initiatives, leverage international green finance cooperation frameworks, and participate in demonstration projects."

2.1.1.5 Introduction of Specialized Policies on Environmental Rights Financing, Carbon Inclusivity, and Related Areas

In recent years, Shanghai has introduced targeted policies on environmental rights financing and carbon inclusivity to strengthen implementation guidance. In December 2021, the PBOC Shanghai Branch and other departments jointly issued the *Operation Guidelines for Carbon Emission Rights Pledged Loans in Shanghai*, clarifying procedures for carbon emission rights pledge and encouraging financial institutions to innovate in carbon finance, while providing references for other environmental rights financing practices. In June 2022, the Shanghai Water Authority and related agencies released the *Notice on Implementing Water Conservation Loan Programs Citywide*, supporting water-saving technological upgrades, supply water (raw water) pipeline network (system) renovations, leakage and damage control, and unconventional water resource utilization (rainwater, reclaimed water, and seawater). The program offers specialized financial services through credit resource allocation, optimized credit granting schemes, rationalized loan terms, interest rate incentives, innovative collateral mechanisms, and expedited approval channels, with the PBOC Shanghai Branch providing relending support for eligible projects.

In 2023, Shanghai advanced regulatory frameworks for pollution rights financing and carbon market repurchase transactions. On October 25, the *Implementation Plan for Paid Use and Trading of Pollution Rights (Draft for Comment)* defined the scope and tasks for paid use and trading of pollution rights, emphasizing standardized rights verification, tiered reserve systems, and development of trading and comprehensive management platforms, while promoting pollution rights collateralized and pledged financing. In November, the Shanghai Environment and Energy Exchange issued the *Shanghai Carbon Market Repurchase Transaction Rules*, operationalizing carbon market repurchases with provisions on repurchase transaction protocols, risk management, and handling of breach of contract, enhancing market liquidity and advancing multi–tiered carbon market development. Policy–market synergies drove significant growth in Shanghai's regional carbon market transactions in 2023, maintaining its national leadership in cumulative and annual trading volumes.

Additionally, in September 2023, the Shanghai Ecology and Environment Bureau launched the carbon inclusivity "1+4" policy package: the *Shanghai Carbon Inclusivity Management Measures (Trial)*, accompanied by four supporting guidelines – *Carbon Inclusivity Methodology Development and Application Guidelines of Shanghai (Trial), Carbon Inclusivity Emission Reduction Project and*

Scenario Guidelines of Shanghai (Trial), *Carbon Inclusivity Emission Reduction Trading Rules of Shanghai (Trial)*, and *Carbon Credits Usage Guidelines of Shanghai (Trial)*. These documents delineate the system's scope, governance structure, and operational processes, establishing incentives to promote green and low-carbon lifestyles and production models.

2.1.2 Market Developments

2.1.2.1 Green credit: Year-on-Year Increase of 41.8% in 2023

Shanghai's green credit sector achieved significant growth in 2023, with outstanding green loan balance surging to CNY 1,194.727 billion by December, reflecting a robust 41.8% year-on-year increase. Green loans now constitute 10.7% of the city's total domestic and foreign currency loan portfolio, marking a 2.5-percentage-point rise compared to 2022. This upward trajectory has been consistent over the past three years: outstanding green loan balance climbed from CNY 604.109 billion (6.29% of total loans) in 2021 to CNY 842.387 billion (8.17%) in 2022, before reaching CNY 1,194.727 billion (10.70%) in 2023.

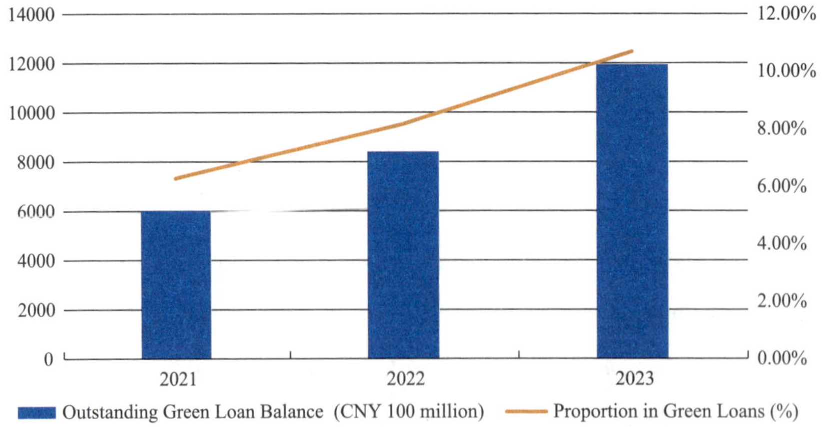

Figure 2-1 Outstanding Green Loan Balance and Its Proportion in Total Outstanding Loan Balance in Shanghai from 2021 to 2023

The pricing advantages of green credit are increasingly evident. In 2023, over 30 financial institutions participating in the city's evaluation established differentiated green credit pricing mechanisms to foster advantages. Concurrently, the CERF played a pivotal role, with seven Shanghai-based banks included in 2023. The initiative will provide lower-cost financing for more projects with significant emission reduction impacts. CERF-aligned loans amounting to CNY 26.5 billion have been granted in Shanghai by the end of 2023. As the CERF extends through 2024, more local and foreign financial institutions are expected to join, broadening policy coverage[①].

Local banks have innovated green credit products to advance sustainability and decarbonization. CITIC Bank Shanghai Branch pioneered China's first "Sustainability-Linked and Green-Specific" tranche syndicated loan in 2023. The loan's pricing is dynamically adjusted based on Key Performance Indicators (KPIs) tied to the number of environmentally friendly projects undertaken by the borrower CM Financial Leasing (Shanghai) and its parent company, requiring a 65% increase in such projects from the end of 2021 baseline. The funds deployed by green tranches will be used to fund 21 state-endorsed green credit projects, including efficient lighting products, photovoltaic power generation, rural living environment remediation, battery materials for electric vehicles, and smart grid infrastructure[②]. Meanwhile, Shenergy Group Finance Company launched Shanghai's inaugural "Carbon Reduction Loan" , linking interest rates to emission reductions to

① Cailian Press. CITIC Bank Shanghai Branch Leads China's First "Sustainability-Linked and Green-Specific" Tranche Syndicated Loan [EB/OL] . 2023-02-07. https://finance.sina.com.cn/roll/2023-02-07/doc-imyewcsr2932390.shtml.

② Lingang Group. Lingang Group Executes Shanghai's Inaugural Sustainability-Linked International Syndicated RMB Loan [EB/OL] . 2022-03-29. https://www.shlingang.com/lg1/lingangjituan/xwzx/focusnewarea/202203/t20220330_25172.shtml.

incentivize optimized carbon emission management.

Beyond product innovation, financial institutions in Shanghai are enhancing green credit service systems. Zhejiang Tailong Commercial Bank Shanghai Branch optimized its green finance system by implementing supporting mechanisms, including green credit management system and dedicated green relending funds, while expanding green microcredit services to support rural eco-industries and ecological protection①. Bank of Communications integrated clients' ESG performance into due diligence and embedded ESG risks into project evaluation and approval processes, strengthening internal controls for green credit governance.

2.1.2.2 Green Bonds: Green Bond Market Expanding Against the Overall Trend

In 2023, Shanghai's green bond market expanded against the national trend, with newly issued standard green bonds (excluding asset-backed securities) totaling CNY 85.89 billion, marking a 64.07% year-on-year increase, albeit at a slower growth rate compared to the previous year, and the number of newly issued green bonds rising slightly to 34. Notably, green financial bonds remained the dominant category in new green bonds issued, mirroring 2022's structure, with issuance volume surging more than 100% year-on-year to CNY 69.5 billion. Green debt financing instruments (including medium-term notes and short-term financing bills) also grew steadily, reaching CNY 12.09 billion, up 13.52% from 2022. In terms of fund allocation, the use of proceeds from new bond issuances largely mirrored 2022 patterns: bonds funding cross-sectoral initiatives accounted for the largest share at CNY 33.2 billion, followed by the clean energy sector, which attracted CNY 11.99 billion across 20 bonds.

---

① Yicai. Taizhou Bank Shanghai: Advancing Green Microfinance for Sustainable Development [EB/OL]. 2023-05-12. https://m.yicai.com/news/101754908.html.

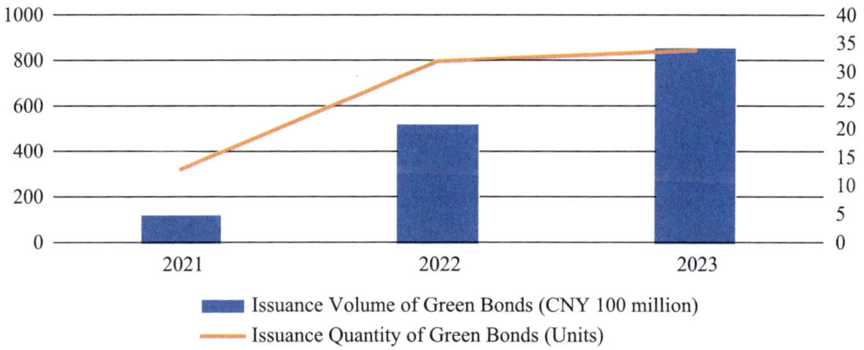

Figure 2-2 Volume and Quantity of Green Bond Issuances in Shanghai from 2021 to 2023

Data source: Green Bond Database, IIGF

Green asset-backed securities (ABS) and green dual-currency free trade zone offshore bonds exemplify Shanghai's innovative green bonds. In April 2021, Shanghai launched its first carbon neutrality-themed ABS product for financial leasing, managed by Guotai Junan Securities Asset Management, with proceeds dedicated to green industries supporting carbon neutrality. This paved the way for subsequent innovations, including green ABS for personal auto loans and green asset-backed special program for final payments of construction projects. In October 2022, Shanghai Lingang Group issued green dual-currency free trade zone offshore bonds, raising CNY 1 billion and EUR 50 million to fund key development and green projects in the Lingang New Area[①]. Additionally, Shanghai has also launched green bonds tracking indices. Notably, in May 2023, Pudong New Area introduced the CSI Pudong New Area Green Theme Credit Bond Index – China's first region-specific green bond index – to enhance capital market focus on

① Shanghai Lingang Economic Development (Group) Co., Ltd. Lingang Group Successfully Issues Inaugural Green Dual-Currency Free Trade Zone Offshore Bond [EB/OL] . 2022-10-27. https://www.shlingang.com/lg1/lingangjituan/xwzx/jtdt/202210/t20221028_27084.shtml.

companies driving local green transitions.

2.1.2.3 Green insurance: Accelerating the implementation of the action plan to serve the "carbon peaking and carbon neutrality" goals

In 2023, Shanghai's insurance industry made remarkable achievements in policy guidance and market-driven innovation. Insurers strengthened green finance strategic planning and made institutional improvements. For example, MetLife embedded ESG investment principles into its investing and financing policies while adopting green office practices operationally, advancing holistic arrangement for green strategies. Service innovations focused on six key areas: green energy, green transportation, pollution and carbon reduction, ecological conservation, carbon market development, and carbon inclusivity. Specifically, the China Pacific Property Insurance Shanghai Branch actively participated in photovoltaic, wind and nuclear power projects of utility-scale energy groups. Yingda Taihe Property Insurance Shanghai Branch pioneered specialized products for the solar sector, introducing Distributed Photovoltaic Power Generation Loss Compensation Insurance and exploring "Energy Storage System Capacity Degradation Compensation Guarantee Insurance" to mitigate direct losses from new energy storage systems with underperforming actual capacity compared to the capacity specified in the purchase and sale contract.

2.1.2.4 ESG Investment: Accounting for 42.27% of the National ESG Fund Scale

In 2023, ESG funds contracted throughout China due to securities market volatility. According to the ESG database of IIGF, China's ESG fund assets contracted by 19.32% year-on-year to CNY 630.319 billion by the end of 2023. Shanghai-based fund managers held CNY 266.406 billion in ESG fund assets, representing 42.27% of the national total in the same period, which marked a

22.47% year-on-year decline and a 3.9-percentage-point reduction in market share. Despite the overall contraction, Shanghai advanced its ESG investment ecosystem: On one hand, invested companies and listed companies continue to improve information disclosure and strengthen ESG management; on the other hand, asset managers actively implement ESG-related institutional frameworks and promote innovation in ESG investment. A total of 222 Shanghai-based listed companies disclosed ESG reports in 2023, up 12.69% year-on-year and constituting 14.91% of national disclosures. Asset managers also strengthened ESG capabilities. Shanghai-based fund companies have shown notable proactiveness. UBS SDIC, for instance, released the *2023 ESG Development Research Report of China Asset Management Industry*, offering benchmarks for ESG practices in domestic asset management industry. Meanwhile, Aegon Global Fund published the *2023 Carbon Neutrality Report of Aegon Global Fund* and collaborated with enterprises, academia, and research institutions to explore sustainable investment frameworks.

2.1.2.5 Green Leasing: Green Leasing Assets Maintaining Steady Growth

Shanghai's green leasing assets maintained steady growth in 2023. By December 2023, new green leasing deployments in the city reached CNY 307.610 billion (financial lease: CNY 121.300 billion; capital lease: CNY 186.310 billion), with outstanding balance totaling CNY 661.817 billion (financial lease: CNY 317.200 billion; capital lease: CNY 344.617 billion), marking a 2.76% year-on-year increase. Leasing companies issued 48 green bonds totaling CNY 44.696 billion, up 70.35% from 2022.

Companies in Shanghai's leasing industry actively expanded green business to foster green development. In green transportation, Yangtze United Financial Leasing Co., Ltd. (affiliated with Shanghai Rural Commercial Bank

Group) pioneered a battery-swapping project for heavy-duty electric trucks, promoting carbon emission reduction in transportation. The project was recognized as an "Outstanding Financing Leasing Case in Yangtze River Delta" at the Inaugural Financing Leasing Development Conference of Yangtze River Delta in October 2023[①]. New energy initiatives dominated sectoral investments of leasing companies: CNNC Leasing promoted the development of photovoltaic projects such as "fishery-photovoltaic complementation" and "agriculture-photovoltaic complementation". In 2023, it allocated over CNY 10 billion (95% of total deployments) to clean energy sectors including photovoltaic power, wind power, hydropower, and energy storage. Meanwhile, CPI Ronghe Financial Leasing deployed over CNY 40 billion in new energy, including the world's first 1.2-million-ton hydrogen metallurgy demonstration project and the first point-to-point industrial gas project in the photovoltaic industry of China.

2.1.2.6 Environmental Rights Market: Local Carbon Emission Rights Market Leading Multi–Market Development

Shanghai's pilot carbon emission rights trading program, operational since 2013, has cultivated robust market mechanisms over its decade–long evolution. In 2023, covered enterprises in Shanghai's pilot carbon market achieved 100% compliance in carbon emission allowance clearance for the 11th consecutive year. Concurrently, the city accelerated water rights trading pilot programs: on December 14, 2023, five enterprises from Qingpu and Songjiang Districts signed contracts with Shanghai Exchange Group (Shanghai Public Resource Trading Center) and completed the first batch of water rights trading pilots through the newly established

① Yangtze United Financial Leasing Co., Ltd. Yangtze United Financial Leasing's New Energy Battery–Swapping Heavy–Duty Truck Project Wins Regional Award [EB/OL]. 2023–10–27. https://www.yuflc.com/yuflc/2024–05/14/article_20240514012933225l0.html.

water rights trading system, addressing short-term water needs efficiently. The system was formally launched at the Shanghai Property and Factor Market High-Quality Development Conference on December 28, 2023, making its integration into the Shanghai Public Resources Trading Center's One-Network Trading Platform.

2.2 Analysis of Green Finance Development in Jiangsu

In recent years, guided by the "carbon peaking and carbon neutrality" strategy and green development philosophy, Jiangsu Province has leveraged its "30 Measures for Green Finance" as a policy framework to advance financial support for low-carbon transitions and the attainment of "carbon peaking and carbon neutrality" goals. By vigorously stimulating green finance market vitality and enhancing green financial service capabilities, the province has fostered vibrant growth momentum in its green finance sector, positioning itself as a pivotal force driving green and low-carbon transition at both provincial and national levels.

2.2.1 Policy Framework

2.2.1.1 Developing a Refined Policy System to Support Green Development

Jiangsu Province has established a comprehensive policy architecture to advance mid- and long-term green development, with the *Implementation Opinions on Accelerating the Establishment and Improvement of a Green, Low-Carbon, and Circular Economic System* issued in January 2022. This framework mandates holistic green, low-carbon, and circular practices throughout economic activities across nine dimensions: planning, design, investment, construction, production, distribution, lifestyle, consumption, and finance. The document sets targets for

2025 and 2035, focusing on optimizing industrial, energy, transportation, and land-use structures while increasing the proportion of green industries, and provides quantified indices for implementation assessment. Building on this foundation, the *Jiangsu Carbon Peaking Implementation Plan* was issued in October 2022, introducing "eight major carbon peaking campaigns, including a province-wide initiative for low-carbon society. It prioritizes "dual carbon" pilot programs in cities, industrial parks, and enterprises to develop effective and replicable models and experience.

Jiangsu has strengthened interdepartmental coordination for sector-specific green policies. Supporting documents for the Implementation Plan have been issued, including the *2022 Work Plan of the Department of Ecology and Environment of Jiangsu for Promoting Carbon Peaking and Carbon Neutrality* and the *Implementation Plan of Jiangsu for Providing Fiscal Support to Achieve Carbon Peaking and Carbon Neutrality*, which provide systemic safeguards for low-carbon and circular transitions. Sector-specific roadmaps for industries such as manufacturing, urban-rural development, and forestry outline phased carbon peaking and carbon neutrality strategies aligned with regional realities. These special policies clarify pathways for financial sector engagement.

2.2.1.2 Policy Framework Enhancement Led by the "30 Measures for Green Finance"

The "30 Measures for Green Finance" and "Annual Priorities of Green Finance" form the core of Jiangsu's green finance policy framework. Introduced in September 2021 through the *Guidelines on Vigorously Developing Green Finance* (commonly known as the "30 Measures for Green Finance"), this master plan outlines the province's strategy to build a distinctive green finance ecosystem encompassing policy, institution, product, and risk management systems. Specific measures include formulating specialized green credit management measures, establishing green enterprise evaluation systems, and promoting green financial product innovation. Annual priorities of green finance were issued in the forms of special implementation plans or key priorities for advancement: the 2022 priorities implementation plan focused on foundational capacity–building and stimulate regional development by promoting provincial green finance pilot zone application and building; while the 2023 agenda emphasized industry–finance synergies, and development in emerging areas such as carbon account system, and innovative products like carbon allowance pledge loans, in addition to fundamental work like "development of green financing entity identification and evaluation standards" .

Local green finance directives have been rolled out in provincial pilot zones and selected areas. The practice of building provincial green finance reform and innovation pilot zones in Jiangsu has inspired many areas to innovate localized green finance development models. Under the *Notice on Pilot Work for Provincial Green Finance Reform and Innovation Pilot Zones,* Nanjing Jiangbei New Area and Kunshan High–Tech Zone implemented localized schemes. Taixing City pioneered in developing certification standards *Green Credit Rating Measures for Enterprises* and the *Project Financing Certification Measures.* Non–provincial pilot areas also advanced reforms: Suzhou established a "3+N" green finance coordination mechanism to address major low–carbon transition financing challenges, while Wuxi's *Guidelines on Accelerating Green Finance Development in Wuxi* proposed nurturing green enterprises for listing or public trading on the Mainboard, Growth Enterprise Market (GEM), STAR Market, National Equities Exchange and Quotations (NEEQ), and regional equity markets, alongside exploring green convertible bond models.

2.2.1.3 Strengthening Support for Transition Finance and Ecological Product Value Realization

Jiangsu Province has intensified financial guidance toward ecological conservation. In 2022, the *Implementation Plan for Establishing and Improving the Ecological Product Value Realization Mechanism* was launched, encouraging green finance pilots that integrate environmental rights financing with ecological product value realization. By March 2023, the Jiangsu Provincial Department of Finance and Department of Ecology and Environment jointly issued the *Measures to Support High-Level Ecological Conservation and Promote High-Quality Economic Development*, prioritizing partnerships with the China Clean Development Mechanism Fund and China Public-Private Partnership Fund to channel capital into ecological projects. It also seeks backing from the National Green Development Fund for eligible projects and enterprises.

Policy synergy further drives financial support for industrial transition and upgrade. The 2023 *Notice on Deepening Green Finance to Promote Industrial Green and Low-Carbon Development* encourages tailored financial products for green transition and green product promotion in key sectors – steel, petrochemicals, building materials, textile printing and dyeing, paper making, machinery, and food processing – emphasizing the role of green finance in structural reforms, growth model transition, and advancing green economic transition. Subsequently, the province rolled out the *Action Plan of Jiangsu for Providing Financial Support to Green Transition in Manufacturing* and the *Identification and Evaluation Standards of Green Financing Entity for Jiangsu Province*, committing over CNY 500 billion in new financing support to promote green identification of financing entities. These measures target annual certification of at least 400 provincial-level green factories and 10 green industrial parks, leveraging pilot initiatives to establish a sustainable mechanism supporting corporate green transitions.

2.2.1.4 Policy Guidance to Enhance Corporate ESG Engagement

Jiangsu Province has implemented a series of policies to drive high-quality development among listed companies through strengthened ESG capabilities. First, the Jiangsu Provincial Government State-owned Assets Supervision and Administration Commission issued the *Notice on Preparations for Centralized Release of Social Responsibility Reports by State-Owned Enterprises under Jiangsu Provincial Government and ESG Reports by Jiangsu Provincial Government-Controlled Listed Companies*, mandating compliance initiatives. The *Work Plan for Improving the Quality of Jiangsu Provincial Government-Controlled Listed Companies* (December 2023) further requires full ESG disclosure coverage for all Jiangsu Provincial Government-controlled listed companies by 2025, and full ESG disclosure coverage has been listed as a key objective in the three-year reform agenda for state-owned enterprises (SOEs) under Jiangsu Provincial Government. Second, disclosure requirements have been reinforced. The Provincial People's Government and relevant authorities have promulgated multiple policies urging listed companies to fulfill ESG responsibilities and enhance environmental information disclosure. The *Guidelines for Legal Disclosure of Enterprise Environmental Information* detailed the content for legal disclosure of enterprise environmental information and standardized the format of disclosure.

2.2.1.5 Introduction of Special Policies on Environmental Rights Financing and Green Finance Awards and Subsidies

In April 2022, the provincial government issued the *Implementation Opinions on Deepening the Reform of Ecological Protection Compensation Systems*, proposing the initial allowance of carbon emission rights, making Jiangsu the fifth Chinese province to explore paid carbon emission rights allowance. In addition to promoting the primary carbon market, Jiangsu has formulated the *Operation Guidelines of Jiangsu for Carbon Asset Pledge Financing* and the *Operation Guidelines of Jiangsu for Ecosystem Carbon Sink Expected Revenue Rights Pledged Loans* to guide enterprises in leveraging carbon assets, promoting energy conservation, and advancing green and low-carbon development. In September 2023, Jiangsu officially implemented the *Identification and Evaluation Standards of Green Financing Entity for Jiangsu Province*, establishing benchmarks for identifying green enterprises and projects to provide basis for green financing. Collaborative efforts among the PBOC Jiangsu Branch, the Provincial Department of Finance, and the Provincial Department of Ecology and Environment have strengthened green finance incentives. These include linking financial services to corporate carbon accounts, innovative guarantees, reinsurance mechanisms, and credit enhancements, offering low-barrier, cost-effective financing solutions for qualified environmental enterprises.

2.2.2 Market Developments

2.2.2.1 Green Credit: Green Credit Scale Nearing CNY 4 Trillion in 2023

Jiangsu's green credit market has demonstrated remarkable growth in recent years, with outstanding green credit balance surging to CNY 3.9 trillion by the end of 2023, marking a year-to-date increase of CNY 1.16 trillion and a robust growth rate of 42% – far exceeding overall loan expansion speed. The proportion of outstanding green credit balance in total domestic and foreign currency loans of Jiangsu rose by 3.3 percentage points year-to-date, reaching 16.5%, up from 8.82% (1.57 trillion) in 2021 and 11.77% (1.16 trillion) in 2022. This sustained growth reflects strategic prioritization: loans supporting ecological and environmental industries grew 37% year-to-date to CNY 645.6 billion, while pollution prevention and control initiatives, including loans for solid and hazardous waste disposal, saw a 65% surge in outstanding balance supporting clean production industry to CNY 216.4 billion. Additionally, Jiangsu launched a Green Finance Integrated Service Platform and established a dual-track green and low-carbon project repository ("financial database + target database") by optimizing resource allocation, ensuring precise support for high-impact projects.

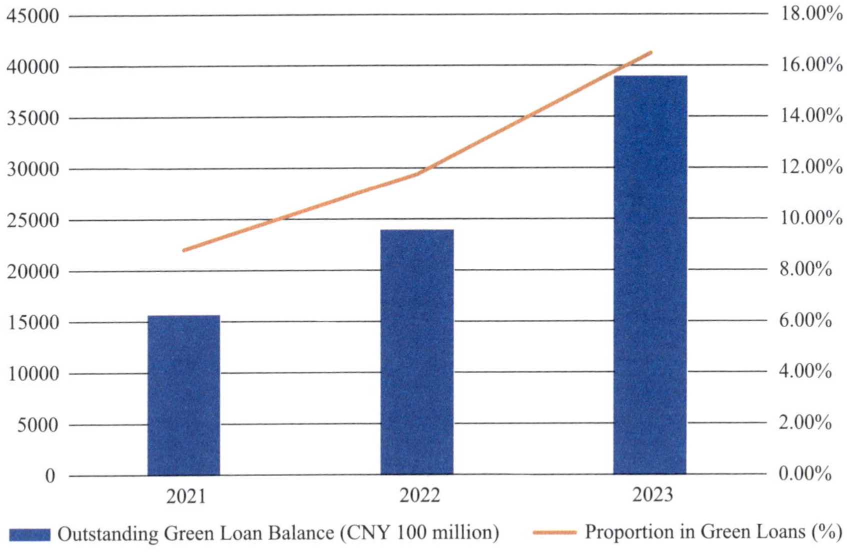

Figure 2-3 Outstanding Green Loan Balance and Its Proportion in Total Outstanding Loan Balance in Jiangsu from 2021 to 2023 (CNY 100 million, %)

Jiangsu Province has demonstrated dynamic credit innovation in in ecological and environment rights. Flagship government-bank green credit initiatives have gained momentum, such as "Environmental Protection Loan" , "Water Conservation Loan" , and "Jiangsu Carbon Financing" . The PBOC Jiangsu Branch expanded the application of the CERF and created the government-bank product "Jiangsu Carbon Financing" , guiding financial institutions to link credit support to corporate carbon performance, while guiding financial institutions to innovate in carbon finance and supporting ecological value realization under the *Operation Guidelines of Jiangsu for Carbon Asset Pledged Financing* and the *Operation Guidelines of Jiangsu for Ecosystem Carbon Sink Expected Revenue Rights Pledged Loans*. Moreover, financial institutions in the province prioritized financing for Yangtze River conservation, pollution control, and "carbon peaking and carbon neutrality" goals, achieving a 37% year–to–date growth in loans for ecological and environmental industry (CNY 645.6 billion outstanding) and a 65% year–to–date surge in loans for clean production industry (CNY 216.4 billion outstanding).

2.2.2.2 Green Bonds: Green Corporate Bonds Accounting for Nearly Half of 2023 Issuance Volume

In 2023, Jiangsu issued 49 standard green bonds, representing a 25.64% year–on–year increase in quantity, with a total issuance size of approximately CNY 23.53 billion, up 1.43% year–on–year. While the green bond market experienced slight expansion compared to the previous year, growth rates in the past two years have slowed relative to 2021 levels. Reflecting the strength of Jiangsu's real economy, green corporate bonds dominated 2023 issuances in Jiangsu, raising CNY 11.59 billion, accounting for nearly half of the total issuance volume. In contrast, green debt financing instruments (targeted instruments, short–term financing bills, and medium–term notes) had been the largest category by fundraising scale in both 2021 and 2022. Regarding fund allocation, green bonds issued in 2023 primarily supported infrastructure green upgrades (CNY 5.1 billion), followed by multi–purpose green funds and clean energy projects, demonstrating diversified application across sectors.

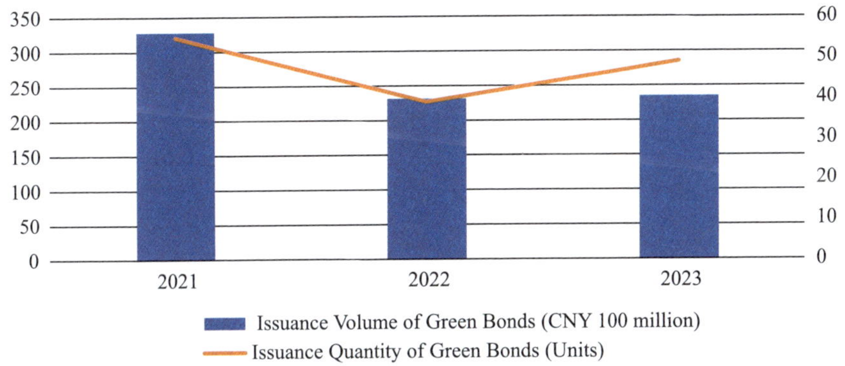

Figure 2-4 Volume and Quantity of Green Bond Issuances in Jiangsu from 2021 to 2023

Data source: Green Bond Database, IIGF

Jiangsu has been promoting innovative applications of "carbon neutrality" bonds. Since 2021, enterprises in Jiangsu have actively explored innovative applications of green bonds in carbon neutrality initiatives. In December 2021, Huaneng Power International Jiangsu Energy Dev Co., Ltd. issued China's inaugural dual-tranche "Blue + Carbon Neutrality" green bond. In May 2022, Soochow Securities underwrote a green carbon neutrality-themed technology innovation corporate bond for Jiangsu Yonggang Group Co., Ltd. Offered to professional investors, raising CNY 100 million to fund equipment procurement, project construction, and operations. In November 2023, Soochow Securities facilitated Wuxi Yunlin Jintou Investment Holding Co., Ltd.'s inaugural green technology innovation bond in Wuxi.

Jiangsu's vibrant green bond market is underpinned by robust infrastructure. The province has established frameworks such as the *Identification and Evaluation Standards of Green Financing Entity for Jiangsu Province* and the *Specifications for Conformity and Assessment on Transition Financing Entity of Chemical Industry*, and created a green financing entity database. Additionally, Jiangsu incentivizes market participation through measures including interest subsidy incentives for green bond issuers and guarantee awards for credit enhancement providers for green bonds.

2.2.2.3 Green Insurance: Focusing on Ecological and Environmental Protection for Product Innovation and Promotion

In 2023, Jiangsu prioritized the development of green insurance, leveraging environmental pollution liability insurance (EPLI) as a key tool to enhance corporate environmental risk management through risk-sharing and economic compensation mechanisms. Over the year, the EPLI provided CNY 12.7 billion in coverage for high environmental-risk enterprises. Wuxi emerged as a regional exemplar with its distinctive "Wuxi Model" , which combines legislative guidance, market leadership, enterprise participation, and expert collaboration. Wuxi's EPLI program has covered 22 industries and over 17,000 enterprises in cumulative by December 2023, with total insured risks reaching CNY 14.634 billion and premiums totaling CNY 226 million.

Ecological risk coverage marked another milestone of green insurance in Jiangsu. In 2023, China Pacific Property Insurance Company Limited Suzhou Branch signed Jiangsu's first Ecological Environmental Rescue Liability Insurance with Jinting Town, Wuzhong District, offering CNY 5 million in coverage for ecological damage risks across the West Island in Taihu Lake, the largest freshwater lake in China. In October, 2023, PICC Property and Casualty Company Limited Lianyungang Branch partnered with Yuntai Mountain Scenic Area Forest Farm to pilot a local government-subsidized Forestry Carbon Sink Value Insurance, compensating for carbon sink reserve losses to guarantee the economic value of carbon sink, and directing payouts toward post-disaster resource relief, forest cultivation, and ecological restoration, with premiums fully subsidized by local government. Moreover, collaboration between banks and insurers further strengthened green insurance adoption. Local cities provide financial support for green insurance through financial instruments such as green credit and green bonds. They also enhance the overall efficiency and quality of green financial services by jointly conducting green project assessments, risk management, and capital operations. For example, Kunshan has pioneered green and low-carbon finance featuring insurance-credit linkage to participate in societal and corporate governance of environmental and operational risks, introducing China's first "green finance insurance-credit loan" model. Under this model, green insurance provides risk protection for green credit projects, where the insurer will make compensation in accordance with the contract, thereby mitigating the credit risks of the bank. Green insurance now covers nearly 4,000 enterprises, further demonstrating the role of finance in ecological and environmental governance.

Insurers enhanced risk management capabilities using big data and AI for risk assessment and early warning. Insurance companies are actively providing risk reduction services, offering risk management solutions and services to businesses operating in green development and environmental protection sectors to enhance their risk prevention and control capabilities. For instance, PICC Property and Casualty Company Limited has signed a joint laboratory agreement with the Tsinghua Suzhou Environmental Innovation Research Institute. The laboratory will primarily focus on risk research within the context of environmental insurance, exploring environmental technologies development and their application in risk identification, insurance pricing, and risk mitigation. This initiative aims to advance the implementation of an innovative "insurance + technology + service" model.

2.2.2.4 ESG Investment: Growth Momentum in Green Industry Funds

In 2023, Jiangsu saw no local ESG fund issuance due to the limited number of fund managers registered within the province, as indicated by the IIGF ESG Database. However, ESG disclosure among listed companies showed significant progress: 208 Jiangsu-based listed companies disclosed their ESG reports, representing a 32.48% year-on-year increase. This accounted for 13.97% of the national total, reflecting a continuing upward trend. SOEs under Jiangsu Provincial Government and Jiangsu Provincial Government-controlled listed companies made efforts in fulfilling ESG responsibilities, with over 70% (11) of SOEs under Jiangsu Provincial Government having issued ESG reports and all the 14 Jiangsu Provincial Government-controlled listed companies having issued ESG reports.

Green industry funds played a pivotal role in Jiangsu's green industry development, with both quantity and size expanding steadily. These funds channeled social capital into sectors such as energy conservation, environmental protection, and clean energy. For instance, Wuxi introduced the Jiaoneng Green Fund in 2022 – Bank of Communications' first "carbon peaking and carbon neutrality" themed fund – with a total Fund of Funds (FOF) commitment of CNY 2 billion targeting clean energy, energy conservation and emission reduction technologies, semiconductor, advanced manufacturing and other technology innovation projects aligned with national strategic emerging industries and green industry development directions. In addition to green funds, Jiangsu has also been actively exploring innovations in green trust. Wuxi pioneered China's inaugural Carbon Inclusivity Green Development Charitable Trust, distributing 3,885 emission reduction incentive payments through its "carbon inclusivity" platform. By the end of 2023, the platform tracked 6,242 tons of carbon reductions from individuals and enterprises, pre-sold 24,000 tons of carbon credits, and mobilized over CNY 1 million in emission reduction funding. Regional collaboration within Jiangsu further accelerated green finance innovation. In November 2023, Nanjing

Jiangbei New Area was included in the first provincial green finance innovation reform pilot zones, launching the CNY 10 billion Jiangbei New Area High–Quality Development Industrial Investment Fund to attract venture capital for industrial development①.

2.2.2.5 Environmental Rights Markets: Active Water Rights Trading and Financial Innovation

Jiangsu has demonstrated dynamic growth across multiple sectors in environmental rights markets, particularly in water rights trading. While maintaining high activity in carbon emission allowance trading markets, financial institutions have innovated products and services to bolster carbon market development. The pollution discharge rights trading markets also saw incremental growth: In 2023, Jiangyin executed water rights transactions totaling 206,400 tons of water volume, valuing CNY 186,400 (ranking first in Wuxi). Jiangsu regularly publishes pollution discharge rights trading reports to disclose trading data and market trends.

The water rights market advanced significantly in 2023. In December, CHN Energy Jiangsu Jianbi Power Generation Co., Ltd. and CHN Energy Jianbi Power Plant completed a transaction of 15 million cubic meters of water rights through China Water Exchange – the first annual surplus water rights trade approved by the Changjiang Water Resources Commission and the largest single water rights transaction in Jiangsu in 2023. The water rights trading volume in Jiangsu reached

① Nanjing Jiangbei New Area Administrative Committee. Jiangbei New Area Establishes CNY 10 Billion Industrial Development Mother Fund [EB/OL] . 2023–10–11. https://njna.nanjing.gov.cn/xwzx/xqyw/202310/t20231011_4028926.html.

52 million cubic meters in 2023, ranking fourth nationally[①]. Financial product innovation synergized with water rights trading market growth: Yangzhou introduced "Water Rights-Backed Loan", improving financial services efficiency. Yangzhou has established and improved an inter-departmental collaboration mechanism where the water administrative authority provides a whitelist of water collection enterprises and the financial institutions offer financial products. This has created an end-to-end service model encompassing "external assessment, business application, pledge processing, and loan disbursement". By November 2023, nine enterprises secured CNY 110 million in preferential-rate financing. Yangzhou also pioneered water rights registration as movable property via the Unified Registration and Publicity System for Movables Financing of PBOC Credit Reference Center, allowing water rights collateral registration within one day – enhancing "Water Rights-Backed Loan" promotion and implementation efficiency[②].

2.2.2.6 Green Indices: Catalyzing Green Investment Product Development

Jiangsu has pioneered green finance index products to expand its bond index framework and stimulate green investment product innovation. In September 2020, Jiangsu Suzhou Rural Commercial Bank (SZRCB) collaborated with IIGF to launch the "Suzhou Green Development Index" and the "CSI IIGF-SZRCB YRD ESG Bond Index". The "Suzhou Green Development Index" tracks 50 securities issued by listed companies headquartered in Suzhou and listed on the Shanghai or Shenzhen stock exchanges, reflecting the overall performance of these companies.

---

① International Institute of Green Finance, CUFE. IIGF Perspective | Hu Xiaoling & Liu Huixin: Progress and Development Recommendations for China's Water Rights Trading Market in 2023 [EB/OL]. 2024-01-23. https://iigf.cufe.edu.cn/info/1012/8354.htm.

② The People's Government of Jiangsu Province. Yangzhou Actively Promotes "Water Rights Loans" to Facilitate the Realization of Ecological Product Value in Water Resource Allocation [EB/OL]. 2023-11-14. https://www.jiangsu.gov.cn/art/2023/11/14/art_87050_11073661.html.

The "CSI IIGF-SZRCB YRD ESG Bond Index" selects 100 credit bond issuers with AA+ or higher ratings headquartered in the YRD city cluster, which serve as samples for assessing overall performance of green bond issuers in the YRD.

2.3 Analysis of Green Finance Development in Zhejiang

Leveraging its first-mover advantage in green finance reform and innovation, Zhejiang has systematically advanced green finance innovation by focusing on orderly expansion, cross-departmental coordination, and technology empowerment. Through deepening supply-side financial reforms, the province has tailored its financial services to support provincial green development, creating a suite of advanced models with distinctive Zhejiang characteristics. These have provided the "Zhejiang Experience" for local green finance development nationwide.

2.3.1 Policy Framework

2.3.1.1 Green Development Guidance Policies in Industrial, Financial and Environmental Protection Sectors

Zhejiang has established a series of comprehensive and specialized policies to guide green development, with increasing synergy among policies in industrial, financial, and environmental protection sectors. In industrial energy conservation and decarbonization, the provincial government has introduced multiple policy frameworks under the "carbon peaking and carbon neutrality" strategy, coordinating economic development, energy security, carbon emissions, and public welfare to drive a holistic green transition. These outline carbon peaking requirements for "6+1" key areas: low-carbon industry, modern energy, low-carbon transportation, green buildings, ecological agriculture, forestry, animal husbandry, and fisheries, green and low-carbon lifestyles, and green and low-carbon technology.

In green finance, regulatory authorities have enhanced alignment between financial support and industrial policies, clarifying the scope, content, application requirements, and other regulations as well as work arrangements regarding the key sectors supported by green finance, by focusing on policy innovation in emerging sectors, guidance enhancement for key sectors, and implementation guidance for key segments. In 2023, the PBOC Zhejiang Branch and Provincial Department of Ecology and Environment jointly issued the *Guiding Opinions on Collaboration in Developing Finance to Support Pollution Reduction and Carbon Mitigation*, emphasizing multi-department policies for continuous enhancement of financing support for achieving synergy between pollution reduction and carbon mitigation in multiple sectors including air, water, solid waste, and greenhouse gas (GHG).

Environmental policies prioritize biodiversity conservation. Zhejiang proposed to "build and transform an array of biodiversity experience centers with distinctive features under standardized management" , and guided regions with rich biodiversity resources like Lishui and Huzhou to adopt targeted and guiding policies and opinions to explore a tailored financial service system for biodiversity conservation , including lists of biodiversity-sensitive industries and biodiversity-friendly industries, biodiversity conservation-linked financial products, and specialized institutions. In addition, in 2023, the Department of Ecology and Environment of Zhejiang and other relevant authorities jointly issued the *Notice on Organizing Provincial-Level EOD Mode Pilot Projects* and the *Notice on Approving the First EOD Mode Pilot Projects in Zhejiang*, initiating provincial-level EOD pilot development (EOD, Eco-environment Oriented Development).

2.3.1.2 Specialized Green Finance Policies on Evaluation and Information Disclosure

As one of the provinces having China's first national green finance reform and innovation pilot zones, Zhejiang has enacted targeted policies to advance green finance development. In 2021, the PBOC Zhejiang Branch conducted green finance evaluations for 189 corporate banking financial institutions in Zhejiang, guiding and supporting their efforts in green finance. In 2022, the PBOC Zhejiang Branch issued the *Guiding Opinions on Monetary and Credit Work of Zhejiang in 2022.* The document called for a special campaign to enhance low-carbon green finance services, directing capital toward key areas like "Beautiful Zhejiang" and the "Integrated Water Management Initiative" . Concurrently, the Zhejiang Regulatory Bureau of China Banking and Insurance Regulatory Commission mandated banks and insurers to improve green finance organizational management systems, strengthen internal and external capacity building for green finance, and advance business data governance, and identification and management of green targets.

In 2023, Zhejiang Regulatory Bureau of China Banking and Insurance Regulatory Commission issued the *Guiding Opinions on Supporting the Climate Investment and Financing Pilot Program in Lishui by Banking and Insurance Sectors in Zhejiang*, outlining 17 specific measures including implementing differentiated financial support for key climate change sectors and integrating climate risk management into comprehensive risk management systems, aiming to channel more capital into Lishui's CIF pilot program. It also released the *Guiding Opinions on Deepening Financial Services for the Clean Energy Industry Chain* jointly with the Zhejiang Provincial Energy Bureau. The PBOC Zhejiang Branch also spearheaded environmental information disclosure through specialized training programs, positioning Zhejiang as a national leader in this domain.

Municipal regulators further enriched provincial policies: Jiaxing's *2023 Key Tasks for Carbon Peaking and Carbon Neutrality, and Building a Green Low–Carbon Circular City* specified requirements for resource allocation and infrastructure development, including: establishing green bank branches in demonstration zones, and integrating carbon performance and carbon pricing into credit management process. Jinhua introduced the corporate standard *Management Specifications for Bank Carbon Account Credit Business*, standardizing and guiding corporate carbon emission rating assessment, business management, information disclosure and supervision and improvement practices. Taizhou enacted China's first local regulation on "promoting inclusive financial services for micro and small enterprises (MSEs)" , requiring governments at city and county levels and local financial authorities to enhance green credit identification, entity evaluation, and information sharing for MSEs.

2.3.1.3 Provincial Expansion of Green Finance Pilot Zone Policies

As one of China's first green finance reform and innovation pilot zones, Huzhou has taken the lead in exploring the innovative development of green finance tailored to local conditions. It has enacted a series of green finance policies since 2022 to promote the coordinated development of transition finance, green inclusive finance, and green financial infrastructure. These efforts aim to expand green loans, bonds, listed companies, insurance, and investment institutions. Huzhou has also rolled out detailed policies covering key factors of transition finance, including a transition finance catalog, guidelines for transition plans, and methods for assessing a just transition. These measures aim to continuously advance the green finance system while ensuring an orderly and effective integration of green and transition finance.

Quzhou, another national pilot zone in Zhejiang, introduced policies such as the *Implementation Opinions on Deepening Carbon Account–Based Transition Finance*, the *Implementation Plan for the Quzhou National Forestry Carbon Sink Pilot City Construction (2023 - 2025)*, and the *Guiding Opinions on Linking Low–Carbon Transition Target with Loans*, leveraging the advantages of carbon accounts in emissions data calculation and statistics, the city has introduced multiple policies to facilitate carbon sink value realization by digital transition, and establish a system for real–time resource monitoring, digital project development, intelligent carbon sink tracking, and standardized carbon sink management. Additionally, it offers guiding principles for transition finance product innovation. Quzhou also launched the *Green Insurance Enhancement Action Plan*, piloting "insurance + carbon account" bundled financial services, guiding insurance institutions to focus on carbon accounts of industry, energy, agriculture, construction, transportation, and residential life, drive innovation across institutional frameworks, products, and services, and conduct practices centered on application scenarios and industry sectors, thus providing tiered and differentiated financial products and services to promote high–quality development of green insurance to facilitate green transition.

Lishui focuses on national pilots for climate financing, forestry carbon sink, and ecological product value realization mechanisms. For climate financing, it formulated the *Lishui Climate Investment and Financing Work Plan, Lishui Climate Investment and Financing Implementation Plan* and the *Climate Change Mitigation and Adaptation Project Selection Principles of Lishui*, which set out key tasks including fostering differentiated support models for CIF, innovating models and tools, creating pilot platforms and vehicles, and establishing a full lifecycle project cultivation mechanism. For forestry carbon sink, Lishui has released the *Lishui Action Plan for Forest Carbon Sink* (2022 - 2025), outlining key tasks such as enhancing forest carbon sequestration, transforming the value of forest carbon sink, pioneering demonstrations of forestry carbon sink, and encouraging public participation. The 2025 goal is to establish the largest forest carbon reservoir in the YRD region, build a regional forestry carbon sink trading center in East China, and set a national benchmark for pioneering forest carbon sink demonstrations. Regarding value realization of ecological products, Lishui has formulated documents such as the *14th Five–Year Plan of Lishui for Value Realization of Ecological Products* and the *Guidelines on Financial Innovation Based on Value Realization of Ecological Products*. Leveraging its advantages in green ecology and high–quality low–carbon development, the city aims to establish a system for calculating and trading the value of ecological products, with clear price to provide a quantitative foundation for "lucid waters and lush mountains" and contributing the "Lishui Experience" to green finance development in the province and across the country.

In addition, Zhejiang has been promoting advanced models, providing an empirical foundation for the province–wide implementation. Specifically, the *Banking Sector Biodiversity Risk Management Guidelines* of Quzhou was approved as a 2023 provincial associate standard and promoted across the province. Huzhou also made effort to elevate local policies to provincial associate standards, including the *Specification for Construction and Management of Carbon Neutrality Bank* and the *Code for Measuring Credit–related Carbon Emissions of Banking Institution*.

2.3.1.4 Accelerated Issuance of "Carbon" and "Green" Themed Green Finance Standards in 2023

Given the importance of green finance standardization for promoting green finance, since 2021, the International Finance Association of Zhejiang Province has issued multiple specialized standards, including *Operation Guidelines for Forest Rights Collateralized (Pledged) Loans, Specification for Bank Personal Carbon*

Account Management, *Green and Low-Carbon Financing Project Evaluation Standard*, and *The Identification Standard of Loans for Green Building Projects. Municipal* financial associations and institutions further enriched this framework with standards on green project loans and carbon accounts, making Zhejiang a national leader in green finance standardization. Recent efforts for associate standards since 2023 prioritize transition finance, biodiversity finance, carbon emission accounting, and carbon footprint evaluation.

For transition finance, Zhejiang completed drafting the *Standard of Transition Loans Implement in Banking Industry* and the *Basic Requirements for Green Finance Information Service Platform*; in addition, it made efforts to advance existing provincial associate standards to national industry standards, with the *Guidelines for Bank Personal Carbon Account Services* and the *ESG Assessment and Governance of Banking Financial Institutions* approved as financial industry standards.

Regarding biodiversity finance standards, Quzhou released the world's first local standard on supporting biodiversity by green finance *Guidelines on Biodiversity Risk Management for Banks* in March 2023, outlining risk review and management focuses for 22 biodiversity-sensitive industries, now integrated into credit processes. This standard has been approved as a provincial associate standard.

For carbon emission standards, efforts have been made in two key areas: First, advancing the standardization of carbon accounting. Zhejiang issued the first provincial local standard in resident living carbon peaking *General Guideline for Accounting of Carbon Emission Reduction of residents' Low-Carbon Travel,* aiming to quantify the emission reduction effects of low-carbon travel and improve the green and low-carbon lifestyle standards system. Second, clarifying carbon emission accounting scope and methodologies across sectors. Huzhou developed the *Specification for Construction and Management of Carbon Neutrality Bank*, and the *Guidelines on Carbon Emissions Accounting for Bank Credit*, which unify carbon emission accounting scope and methodologies and specify "carbon neutrality" criteria for bank operations and asset portfolios. Moreover, it promoted the elevation of the *General Rules for Bank Credit Carbon Emission Accounting* to a provincial-level associate standard.

Zhejiang also developed a carbon footprint standard system encompassing general rules, foundational methods, industry, and products, with three key standards under review – *General Principles for Carbon Footprint Assessment of Products*; *Product Carbon Footprint Accounting Methodology*; and *Carbon Footprint Assessment of Products – Textile and Clothing*. Ongoing research includes provincial standards on photovoltaic, lithium battery, as well as foundational standards like emission factors and databases. Concurrently, the province also contributes to national and international carbon footprint standards for key industries.

2.3.1.5 Continuous Promotion of Environmental Rights Construction and Financing Guidance

Zhejiang has consistently advanced the development of environmental rights markets and financing mechanisms as a core component of its green policy framework. Since 2022, the province intensified policy research on carbon emission rights while establishing legal foundations for pollution discharge rights through the *Ecological and Environmental Protection Regulation of Zhejiang*. Concurrently, the *14th Five-Year Plan of Zhejiang for Energy Development* and the *Notice on Strengthening Preliminary Planning and Reservation for Major Water Conservancy Projects* outlined frameworks for energy use rights and water rights trading. In 2023, policies such as the *Management Measures of Zhejiang on Paid Use and Trading of Pollution Discharge Rights*, the *Work Plan of Zhejiang for Deepening the Yangtze River Protection and Restoration Campaign*, and the *2023 Water Conservation Action Plan of Zhejiang* further institutionalized environmental rights markets. Building on this foundation, localized financing policy innovations emerged: Anji County issued the *Management Rules of Anji County on Special Pollution Discharge Rights Loan and Green Finance Assisting Enterprise Financing*, Shaoxing implemented the *Implementation Measures of Shaoxing on Pollution Discharge Rights Leasing*, and Lishui piloted the *Management Measures of Lishui on Water Rights Collateralized and Pledged Loans (Trial)*, collectively promoting innovative practices in environmental rights financing.

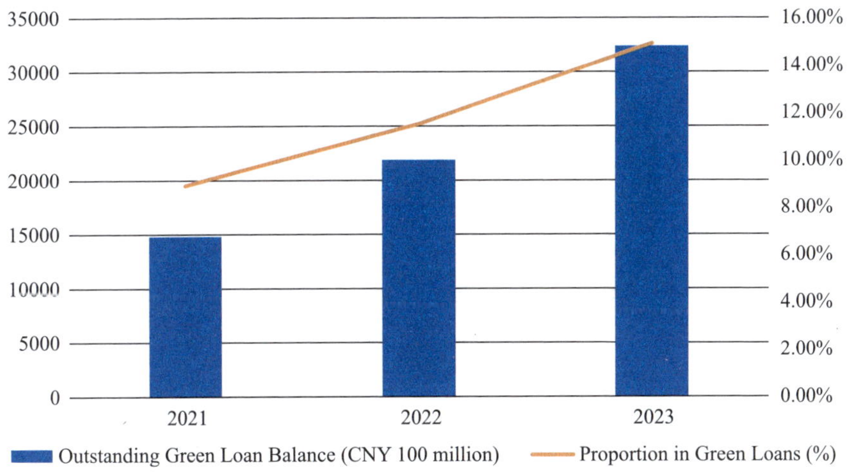

Figure 2-5 Outstanding Green Loan Balance and Its Proportion in Total Outstanding Loan Balance in Zhejiang from 2021 to 2023 (CNY 100 million, %)

Large commercial banks remain the dominant players in Zhejiang's green credit market, while city commercial banks and rural financial institutions have also maintained high growth rates in green credit balance. Over half (58%) of the province's green credit balance was provided by local branches of large commercial banks in 2023, with the Agricultural Bank of China (ABC) Zhejiang Branch and Industrial and Commercial Bank of China (ICBC) Zhejiang Branch holding significant shares. These large institutions maintained robust growth in green credit, achieving a 63.46% year–on–year increase, notably led by Bank of China (BOC) Zhejiang Branch and ICBC Zhejiang Branch. Concurrently, urban commercial banks and rural financial institutions in Zhejiang demonstrated high growth momentum, with their green credit balances rising by 44.28% and 66.48%, respectively. Though rural institutions account for a modest share of the provincial total, their accelerated expansion reflects rapidly emerging green development opportunities in agriculture and rural sectors.

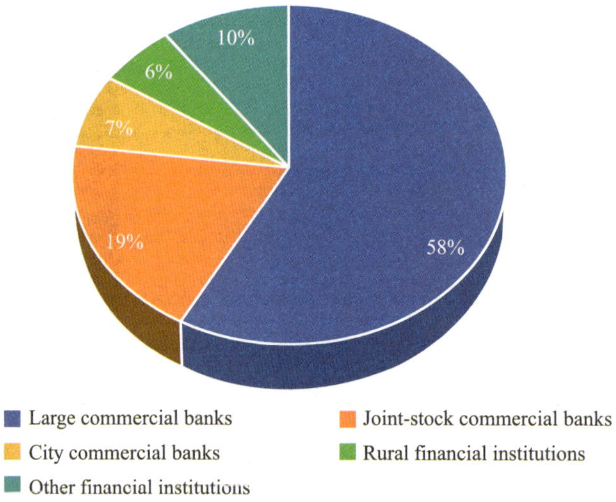

Figure 2–6　Distribution of Outstanding Green Credit Balance of Financial Institutions in Zhejiang Province at the End of 2023

In 2023, local financial institutions in Zhejiang deepened innovative practices centered on "carbon", "ecological rights", and "inclusivity". Market developments revealed enhanced capabilities in green finance services: cities like Quzhou and Huzhou leveraged their strengths in green finance reform, while Lishui's pilot programs on ecological product value realization and national CIF initiatives to drive groundbreaking innovations in transition finance, green inclusive finance, and ecosystem product value realization. Concurrently, the cities expanded coverage of environmental rights-based financial products and services, such as carbon emission rights, pollution discharge rights, energy use rights, and forestry carbon sink, while tailoring localized systems at city and county levels to align with regional industrial priorities. These efforts fostered practical, specialized, and well-integrated frameworks for green and transition finance, enriched by blue finance and green supply chain finance solutions, thereby addressing diverse green, low-carbon financing needs of entities across sectors.

2.3.2 Green Bonds: Fund Allocation Patterns in 2023 Changed

In 2023, Zhejiang's standard green bond market (excluding asset-backed securities) experienced significant declines in both issuance volume and quantity compared to previous years driven by factors such as waning enthusiasm for inaugural bond issuances and stricter anti-greenwashing regulations, with new issuances totaling approximately CNY 10.93 billion (down 69.27% year-on-year), including 20 green bonds (down 28.57% year-on-year). By bond type, green debt financing instruments (including targeted instruments, short-term bills, and medium-term notes) dominated fundraising at CNY 4.84 billion, a slight year-on-year increase, followed by green corporate bonds at CNY 3.49 billion. Notably, green financial bonds, which were Zhejiang's largest green bond category in 2022 with CNY 23.8 billion in issuances, plummeted to CNY 1.7 billion in 2023, reflecting reduced financial institution participation, high existing stock, and limited incremental growth.

Fund allocation patterns shifted markedly: infrastructure green upgrades received the most funding at CNY 4.5 billion in 2023, nearly doubling from 2022, while multi-purpose green bonds (the largest category previously year) fell to CNY 1.7 billion due to the sharp decline in green financial bonds. Minimal proceeds from new green bond issuances flowed to energy conservation and clean production sectors, both of which showed year-on-year decreases. Notably, no green bond proceeds supported clean energy or ecological industries in 2023, highlighting gaps in sectoral coverage.

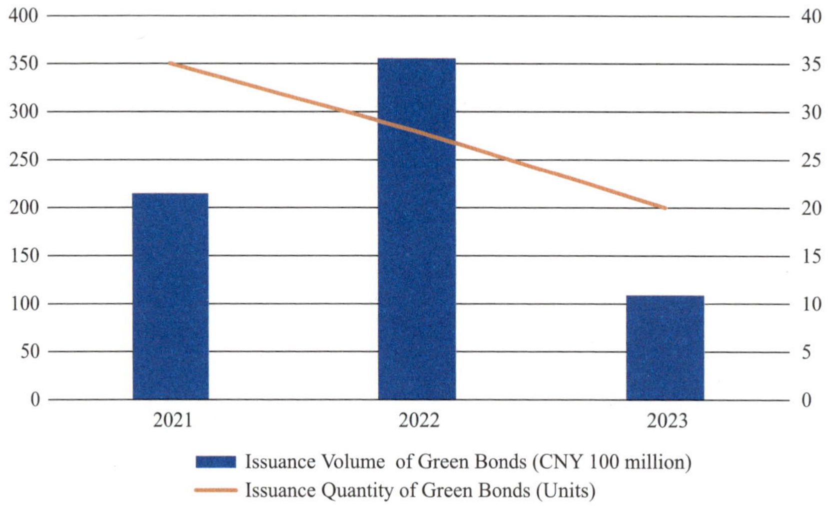

Figure 2-7 Volume and Quantity of Green Bond Issuances in Zhejiang from 2021 to 2023

Despite the slowdown in Zhejiang's green bond market, financial institutions continued to innovate in green bond products. In February 2023, Bank of Ningbo issued China's inaugural carbon asset transition bond "23 Huaguang Environment SCP004 (Transition/Carbon Asset)" and China's inaugural medium-to-long-term green carbon asset bond "23 Huaguang Environment MTN001 (Green Carbon Asset)" , raising funds for a natural gas cogeneration project operation and the Huilian waste-to-energy upgrading & capacity expansion project, which are projected to reduce annual CO_2 emissions by over 300,000 tons. In September 2023, Bank of Huzhou pioneered China's inaugural ESG-themed MSE loan-specific financial bond, securing CNY 2 billion to enhance ESG capabilities of MSEs for higher sustainability in a broader range.

2.3.3 Green Insurance: Focus on Green Production Risks and Other Innovative Green Insurances

In 2023, Zhejiang (excluding Ningbo) recorded green insurance premiums of CNY 16.39 billion, providing CNY 1.47 trillion in risk coverage and paying out CNY 8.7 billion in claims. Insurers actively innovated products in environmental governance, green production risk mitigation, and green lifestyle services to drive sustainable development.

In terms of ESG, Zhejiang launched catastrophe insurance pilots in Wenzhou, Taizhou, and Lishui, establishing typhoon and heavy rainfall-focused mechanisms. By October 2023, Wenzhou has invested CNY 20 million at the city level and CNY 10 million across counties (prefecture-level cities, or districts) in typhoon catastrophe index insurance. The "Catastrophe Insurance Online" platform, integrated into Zhejiang's e-governance system, enables typhoon and heavy rainfall visualization and precise and timely payouts by automated calculation of triggered level and compensation amount upon threshold triggers. The province also expanded pollution liability insurance, introducing "Safety and Environmental Liability Insurance" in Quzhou and incorporating ecological damage into the coverage of Environmental Pollution Liability Insurance (EPLI) in Shaoxing.

For green production risk coverage, insurers safeguarded 45,000 farming households with CNY 1.26 billion in coverage and protected nuclear industry, photovoltaic materials, and energy-efficient equipment with CNY 1.67 billion. Green construction projects received end-to-end risk services, with 60 projects securing CNY 84.42 million in coverage. For example, Ping An Property & Casualty Insurance Huzhou Central Branch underwrote the inaugural user-side energy storage insurance in Huzhou in August 2023, covering CNY 14 million for accidental construction and operational risks and emergency response costs for Tianneng Lithium's 10MW/20MWh User-Side Energy Storage Project Phase I developed by Huzhou Liangshan Energy Development Co., Ltd., alongside risk control inspections and risk reduction measures like fire barrier installations.

For green lifestyle services, Zhejiang reduced average premiums for new energy vehicles (NEVs) while increasing the total premium income and third-party liability coverage amounts, extended insurance to 4.6 million non-motor vehicles (CNY 446.5 billion coverage), and promoted public awareness, e.g. PICC P&C Yangtze River Delta Integrated Demonstration Zone (Zhejiang) Branch provided e-bike insurance consultations during campaigns to phase out and replace electric bicycles.

2.3.4 ESG Investment: Coordinated Development of Government-Guided Funds and Market-Oriented Funds

According to statistics of ESG database of IIGF, in 2023, ESG-themed funds managed by Zhejiang-based fund managers totaled CNY 4.13 billion due to their limited number, marking a 22.56% year-on-year decline yet accounting for 0.66% of China's total ESG fund assets, a 23.68% increase in national share. Meanwhile, 256 Zhejiang-based listed companies disclosed ESG reports, up 21.33% year-on-year and representing 17.19% of national disclosures, reflecting growing corporate ESG engagement.

Despite limited ESG fund volume, Zhejiang advanced synergistic development between government-guided and market-oriented green funds. The province committed CNY 1.2 billion to the National Green Development Fund (jointly established by the Ministry of Finance, Ministry of Ecology and Environment, and Shanghai Municipal Government), disbursing CNY 420 million across two phases and securing six national fund-backed projects within its jurisdiction, with cumulative contracted investment reaching CNY 3.72 billion. Market-driven funds flourished: Caitong Securities' subsidiary Caitong Capital launched green and common prosperity funds, including Changshan Youfu, Hangzhou Xiaotong, Wenling Caixin, and Huzhou Xinchanghe, focusing on new energy, digital and intelligent low-carbon technologies, and healthcare, with assets under management exceeding CNY 2.6 billion by the end of 2023.

2.3.5 Environmental Rights Market: Innovations in the Pollution Discharge Rights Market Yielding Significant Results

In 2023, Zhejiang deepened the development of environmental rights markets, achieving notable progress. For carbon emission rights markets, the province strengthened GHG reporting and audit, conducting audits and reviews for both national carbon market participants and non-covered enterprises in cities like Shaoxing and Yiwu. The Provincial Department of Ecology and Environment formulated the *Implementation Plan of Zhejiang for Data Quality Management of Key GHG Emitters*, integrating IoT and blockchain technologies to enhance digital oversight over carbon market data quality. Energy use rights trading saw moderate activity, with 53 transactions in 2023 (a decrease of 17 from 2022) ranging from 730.40 to 129,800 tons of standard coal equivalent, primarily involving government-enterprise allocations and repurchase and limited secondary market trades between enterprises. Water rights transactions reached 53 million cubic meters in 2023 (3rd nationally), valued at CNY 25.15 million (2nd nationally). As a national pioneer in pollution discharge rights trading pilot, Zhejiang has achieved remarkable results in building institutional frameworks and developing market-based trading and innovations for pollution discharge rights. The province recorded 203,800 deals cumulatively in paid use and trading of pollution discharge rights, totaling CNY 17.06 billion by the end of 2023, ranking among the top nationally.

Building on these developments, environmental rights financing innovations emerged. In March 2023, Lishui introduced water rights pledged loans under a "water rights pledge + bilateral registration" model, alongside an approval inquiry and registration system and an online application platform, as well as a water resource ecological credit database, expanding avenues for realizing the value of water-related ecosystem services.

2.4 Analysis of Green Finance Development in Anhui

Anhui focuses on addressing the financial needs of its green development and low-carbon transition, establishing a standardized system, refining incentive and constraint mechanisms, and innovating financial products and services. Local governments are encouraged to drive high-quality green finance development by leveraging regional strengths. As a result, the province has seen strong growth in green finance, with both increased scale and improved quality.

2.4.1 Policy Framework

2.4.1.1 Introduction of Carbon Peaking and Carbon Neutrality Policies

The Anhui Provincial Committee of the Communist Party of China and Provincial People's Government, grounded in the strategic positioning of building Anhui into "a cradle of scientific and technological innovation, a gathering hub for emerging industries, a new pacesetter for reform and opening up, and a demonstration zone for comprehensive green transition in economic and social development" and anchored to the goal of constructing a "Strong Anhui" across seven key areas, have strengthened the policy framework for green, low-carbon, and high-quality development.

In 2022, Anhui issued *the Implementation Opinions on Fully, Accurately, and Comprehensively Applying the New Development Philosophy to Achieve Carbon Peaking and Carbon Neutrality* and the *Carbon Peaking Implementation Plan of Anhui*. These documents establish clear objectives and targets for carbon peaking and carbon neutrality, outlining timelines, roadmaps, and action plans for implementation. In 2023, Anhui introduced the *Implementation Plan for Promoting the High-End, Intelligent, and Green Development of Manufacturing Through Digital Transition* along with related support policies, initiating a coordinated green manufacturing initiative that provides subsidies, interest discounts for national-level green factories, and support for digital transition loans. The plan provides incentives and interest subsidies for loans of national green factories and digital transition projects. The province also issued the *Notice on Benchmarking and Enhancing the Business Environment (2023 Edition)*, calling for a multi-tiered green finance system and faster innovation in green financial products and services. Additionally, it introduced the *Notice on Several Measures to Support Social*

Capital Participation in Forestry Development specifying fiscal and financial incentives, including tax exemptions, listing subsidies, electricity discounts, and forestry rights-based loan products. Furthermore, Anhui reviewed and adopted the *Regulations on Developing the New Energy Vehicle Industry Cluster*, encouraging financial institutions to establish specialized branches for automotive industry and tailor their financial products, credit management, and review mechanisms to the industry's needs.

Provincial departments have been actively implementing green and low-carbon initiatives. They issued the *Notice on the Implementation Plan for Advancing Energy Conservation and Carbon Reduction in Key Sectors*, introducing an innovative incentive mechanism that grants rewards based on energy savings, thereby enhancing policy guidance and maximizing policy leverage effects. Additionally, they introduced policy documents for areas such as pollution discharge rights trading, carbon-inclusive programs, and green urban-rural development, as well as those reinforcing fiscal, financial, and pricing supports for major projects under the Beautiful Anhui Initiative.

2.4.1.2 Strengthening Specialized Green Finance Policy Framework and Development Mechanism

Anhui's financial system has prioritized support for green and low-carbon development, aiming to promote the coordinated growth of green finance and transition finance. It put the highest priority on coordination for reform initiatives by adopting project-based implementation of reform measures and checklist-based execution of reform tasks. The Green Finance Special Task Force has been established to refine classified guidelines for financial institutions regarding green credit, green financial bonds, and green financial services, encouraging to accelerate the integration of green industries and financial institutions, and ensuring comprehensive green credit coverage across all banks in the province. Green finance evaluation is conducted quarterly for 163 local financial institutions and annually for 27 provincial-level non-corporate institutions. The evaluation outcomes are integrated into the PBOC's institutional rating framework and provincial-level performance assessments. The Green Finance Special Task Force gives timely feedback to the financial institutions, and takes follow-up measures, such as training, interviews, financial notices, and supervision, to guide improvements in their green finance development mechanisms.

Anhui has introduced a series of policy documents to provide financial institutions with concrete guidance on improving climate and environmental information disclosure systems, optimizing the green finance framework, and expanding green credit issuances. Cities across the province have tailored their approaches to advancing green finance reform and innovation. Huainan and Ma'anshan have issued specific guidelines to promote green finance development. Meanwhile, Anqing, Bozhou, and Chuzhou have each released guidance documents focusing on ecological product value realization, agricultural green transition, and climate finance. These localized green finance models have effectively driven high-quality green finance development across Anhui.

2.4.1.3 Improving the Green Finance and Transition Finance Standards System

In 2023, PBOC Anhui Branch issued the *Pilot Program for Environmental Information Disclosure by Financial Institutions in Anhui*, proposing to strengthen disclosure quality management through thematic training, periodic coordination, and supervisory inspections. Financial institutions across the province actively participated in the environmental information disclosure pilot program, achieving full coverage of corporate banks in Huaibei, Bozhou, Fuyang, Huainan, Chuzhou,

Lu'an, and Wuhu. Meanwhile, several cities have explored the establishment of financial support standards system centered on the ecological product value realization mechanism, providing a regulatory framework to facilitate the implementation of green financial products.

Several cities in Anhui have leveraged their resource endowments and industrial development strengths to explore transition finance, thereby producing a range of exemplary outcomes. Bengbu issued the *Guiding Opinions on Banking Support for Economic Development and Upgrading in Bengbu*, establishing a comprehensive transition finance framework, including working mechanism, supporting policies, service systems, and financing models. It also developed the *Outline on Preparing Transition Plans for Financing Entities,* clarifying pathways for business transition and providing standardized templates for transition finance services. Additionally, the city dynamically manages the "Two Lists and One Database" – a list of transition products and services, a list of key carbon-emitters to be monitored, and a database of reserve projects in key carbon reduction sectors – to guide financial institutions in designing tailored financial solutions for the low-carbon transition of high-emission industries. Huaibei released the *Implementation Plan for Transition Finance Development*, outlining five key tasks: formulating transition finance standards, creating carbon accounts for transitioning enterprises, strengthening financial institutions' transition finance management, innovating transition financial products and services, and promoting corporate low-carbon transition. The city also compiled the supporting guidelines for enterprise carbon account development and the *Transition Finance Support Directory*, and established a database of the first transition finance projects in the city. Huainan introduced the *Huainan Directory of Transition Finance Support Industries (2023 Edition)*, established a project database covering eight subfields and more than 30 transition technologies or pathways across five industries – coal mining, thermal power, coal chemicals, cement, and steel. This initiative covers 70% of the city's major energy-consuming enterprises. Bozhou issued the *Implementation Opinions of Bozhou on Financial Services for Agricultural Green Transition (Trial)*, identifying three main objectives: providing information support for agricultural green transition, enhancing financial services for key sectors, and driving financial product and service innovation. Ma'anshan introduced the *Ma'anshan Directory of Transition Finance Support Industries (2023 Trial Edition)*, prioritizing enterprises and projects with strong transition intentions and well-defined pathways. The initiative encourages financial institutions to engage with these key players, with the aim of establishing benchmark transition finance projects.

2.4.1.4 Enhancing ESG Capacity Building at the Corporate Level

Anhui has positioned ESG as a strategic tool to deepen corporate awareness in green development. Through policy support, knowledge sharing, and demonstration, the province has actively promoted ESG capacity building and practical implementation. One the one hand, listed companies are encouraged to take the lead in fully disclosing annual ESG reports. On the other hand, the Listed Companies Association of Anhui plays a pivotal role in policy interpretation and guidance through WeChat public accounts and training programs. These efforts urge listed companies to fulfill their corporate responsibilities, enhance ESG management, and improve ESG reporting quality, ultimately boosting their investment value. As of the end of 2023, the number of listed companies in Anhui disclosing ESG reports increased from 45 in 2021 to 66, with the disclosure rate rising from 30.41% to 37.71%. Corporate awareness of ESG disclosure has significantly improved, with several companies receiving recognition for their ESG practices.

2.4.1.5 Deepening Institutional Building for Pollution Discharge Rights Management

On September 28, 2023, the Anhui Provincial Department of Ecology and Environment, in collaboration with relevant departments, issued the *Opinions of Anhui on Deepening the Reform of Pollution Discharge Rights Trading*, promoting the market–based allocation of pollution discharge rights and other environmental factors. Subsequently, a series of regulatory documents were released, including the *Management Measures of Anhui for Paid Use and Trading of Pollution Discharge Rights (Trial)*, the *Rules of Anhui for Pollution Discharge Rights Trading (Trial)*, the *Management Measures of Anhui for the Reservation and Transfer of Pollution Discharge Rights (Trial)*, and the *Management Measures of Anhui for the Leasing of Pollution Discharge Rights (Trial)*. These regulations standardize the paid use, trading, reservation, transfer, and leasing of pollution discharge rights and specify clear management requirements and operational procedures. This initiative played a key role in advancing the market–oriented allocation of environmental resources.

2.4.2 Market Progress

2.4.2.1 Green Credit: Year–on–Year Growth of 47.17% in Outstanding Balance in 2023

In 2023, green credit in Anhui maintained steady growth. By the end of the year, the total outstanding balance of green loans reached CNY 915.50 billion, marking a year–on–year increase of 47.17%. The proportion of green loans in total loans rose to 11.74%, up by 2.52 percentage points from the previous year. In terms of fund allocation, green credit in Anhui primarily supported green upgrading of infrastructure, ecological protection, energy conservation, and clean energy sectors. Specifically, the outstanding loan balance for green upgrading of infrastructure stood at CNY 260.33 billion, accounting for 28.44% of total green loans, with a year-on-year increase of 45.99%. That for the ecological protection sector amounted to CNY 255.91 billion, representing 27.95% of total green loans, with a year-on-year growth rate of 42.88%. That for the energy conservation sector totaled CNY 196.90billion, comprising 21.51% of total green loans, up by 39.91% year-on-year. Meanwhile, outstanding loan balance for the clean energy sector reached CNY 174.10billion, making up 19.02% of total green loans, with a significant 66.72% increase from the previous year.

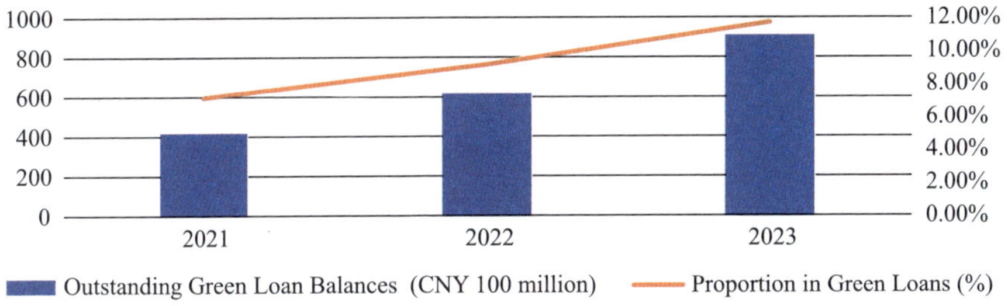

Figure 2-8 Outstanding Green Loan Balance and Its Proportion in Total Outstanding Loan Balance in Anhui from 2021 to 2023 (CNY 100 million, %)

Anhui has been actively leveraging carbon Emission Reduction Facility and special relending facility for clean and efficient use of coal. The province continues to advance the identification and scheduling of projects under the Carbon Emission Reduction Facility (CERF), and guide financial institutions to strengthen supporting measures. Three local corporate banks – Huishang Bank, Hefei Science and Technology Rural Commercial Bank, and Ma'anshan Rural Commercial Bank – have been included in the program to accelerate policy implementation. By the end of December 2023, the CERF had facilitated CNY 363.25 billion in carbon reduction loans through national bank branches, with a weighted average interest rate of 3.40%. Meanwhile, the special relending facility for clean and efficient use of coal resulted in CNY 146.08 billion in related loans at a 2.72% average rate.

Anhui has optimized the green finance framework and innovated green loan products like "VEP+" . Efforts have been made to refine green loan management mechanisms and financing guarantee models. Financial institutions are encouraged to prioritize credit granting for green projects through prioritized acceptance, approval, disbursement, and preferential interest rates. Measures have been introduced to channel financial resources into green industries, including dedicated green loan quotas, internal transfer pricing subsidies for green credit, and special assessments for green loan performance. At the same time, banks are encouraged to explore collateralized and pledged financing models that are based on carbon emission rights, pollutant discharge rights, and energy consumption rights. Initiatives like "Carbon Neutrality-Linked Loans" and "Green Innovation Portfolio Loans" have been implemented[①]. Additionally, the value of ecological product (VEP) income rights pledged loan project has been launched, establishing a closed-loop process for ecological product value realization, encompassing rights application, VEP accounting, credit evaluation, and risk compensation.

2.4.2.2 Green Bonds: Increased Market Activity from 2021 to 2023

In 2023, Anhui issued six new standard green bonds, a 50% increase year-on-year, with a total volume of approximately CNY 6.22 billion, accounting for 1.58% of the national total - a 13.92% decline from the previous year. Overall, the bond issuance volume in 2022 and 2023 saw a significant six to seven fold increase compared to 2021, indicating a growing market activity. In terms of bond

① A green investment innovation portfolio loan product co-designed by the China Clean Development Mechanism Fund (CCDMF) and commercial banks to strengthen national-level efforts in climate change mitigation, energy conservation, and emissions reduction, thereby advancing green and low-carbon development. This product supports industrial activities within China that generate measurable climate change mitigation benefits types, green debt financing instruments and green financial bonds were the primary drivers of Anhui's green bond market in 2023, with issuance volumes of CNY 2.7 billion and CNY 2.5 billion respectively, followed by green corporate bonds. Over the past two years, green financial bonds have consistently played a key role in the province's green bond market. Regarding the use of proceeds, the newly issued green bonds in 2023 were allocated to the energy conservation and environmental protection sector, the clean energy sector, and other diversified purposes, with relatively balanced funding distribution across these sectors.

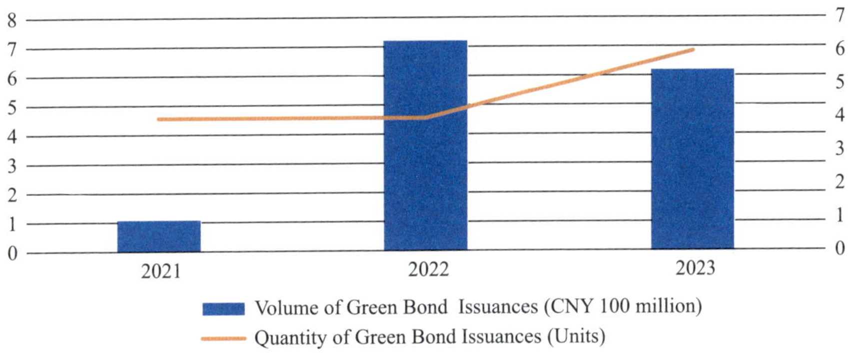

Figure 2–9 Volume and Quantity of Green Bond Issuances in Anhui from 2021 to 2023

Green direct financing through the bond market has been a standout feature of Anhui's green finance landscape. In terms of green bond innovation, March 2023 saw the successful issuance of a green "Panda Bond" in Wuhu, Anhui – China Conch Venture Holdings Limited issued the first tranche of its 2023 green medium-term notes. This bond pioneered a model combining "Green Bond + Panda Bond + Bond Connect" , with an issuance volume of 1.2 billion. The funded project is expected to achieve an annual reduction of 266,900 tons of GHG emissions upon completion[①]. In that same month, Chery HuiYin Motor Finance Co., Ltd. issued the first tranche of its green financial bond of 2023, marking China's inaugural green financial bond issued by an auto finance company. The CNY 1-billion issuance aims to provide funding for NEV loans. From the perspective of strengthening green bond market infrastructure, Anhui has actively enhanced the integration of green, low-carbon industries with financial markets since 2021 by establishing a green bond issuer repository, a service platform for bond-issuing enterprises, and a coordinated mechanism for "high energy consumption and high emission" (two-high) projects.

2.4.2.3 Green Insurance: Expanding Coverage of and Innovation in Agriculture and Ecological Protection

As a major province for agriculture and natural resources, Anhui focused on agricultural development and ecological protection in 2023 to actively promote the development and expansion of various green insurance products. By the end of 2023, the province's green insurance sum insured reached CNY 8.05 trillion, encompassing environmental, social, and governance (ESG) risk insurance, as well as green industries such as ecology and environment sector, clean energy, green infrastructure upgrades, energy conservation, and environmental protection. Additionally, NEV insurance and non-auto insurance products related to green lifestyles have also been introduced.

In terms of response to climate change, Anhui's agricultural insurances now cover major natural disasters such as heavy rainfall, floods, waterlogging, windstorms, hailstorms, and droughts; unexpected incidents like mudslides, landslides, and fires; as well as biological disasters such as pest and rodent

---

① People's Daily Online. The Inaugural Green "Panda Bond" in Central China Issued in Wuhu [EB/OL] . 2023-03-25. http://ah.people.com.cn/n2/2023/0325/c358428-40351237.html.

infestations. To meet diverse protection needs, local insurers have been encouraged to develop tailored products, including forest fire insurance, peach low-temperature freeze damage index insurance, and government compensation liability insurance for wildlife damage. In the field of catastrophe insurance, the Anhui Regulatory Bureau of National Administration of Financial Regulation, in collaboration with emergency management, finance, agriculture, and construction departments, has formulated the *Implementation Plan of Anhui for Comprehensive Natural Disaster Insurance Pilot Program*, integrating livelihood insurance with catastrophe insurance to enhance disaster resilience.

Green insurance is also playing an increasingly vital role in environmental and ecological protection. In 2023, Huangshan launched a pilot program for compulsory comprehensive EPLI in the Xin'an River Basin, mandating coverage for key enterprises that generate or discharge pollutants affecting the water quality of the Xin'an River. Regarding ecological value protection, insurance institutions in Anhui explored carbon sink insurances as a crucial tool for realizing ecological values. In a pioneering effort, China Life Property & Casualty Insurance Anhui Branch issued the province's inaugural forest carbon sink value insurance in 2023, covering the risk of forest carbon sink value loss due to natural disasters, accidents, or pest infestations. Claims from this insurance are dedicated to forestry carbon sink resource restoration, carbon source cleanup, forest resource cultivation, and ecological rehabilitation, reinforcing financial security for forest carbon sink value realization and sustainable ecological development.

2.4.2.4 ESG Investment: Government-Guided Funds Catalyzing Extensive Investment

Due to the limited number of fund managers registered in Anhui, no ESG funds are currently recorded in the province, according to the IIGF ESG database.

However, ESG reporting by listed companies in Anhui has been steadily increasing. In 2023, a total of 71 listed companies based in Anhui disclosed ESG reports, reflecting a 24.56% year-over-year increase and accounting for 4.77% of all ESG-reporting companies nationwide. This upward trend indicates growing corporate awareness of sustainable development.

In recent years, Anhui has actively promoted green funds, with steady growth in both social capital-led green private equity funds[①] and government-guided green industrial funds[②]. Regarding green private equity funds, Anhui has focused on NEVs and the renewable energy sector. In 2023, three new green private equity funds were established, with a total size of CNY 1.56 billion. Among them, the Anhui New Energy Vehicle and Intelligent Connected Vehicle Industry Fund and the Anhui New Energy Vehicle and Intelligent Connected Vehicle Fund have primarily invested in the NEV and intelligent connected vehicle (ICV) sectors, each with a size of approximately CNY 600 million. Meanwhile, the Anhui Luxin Wanneng Green Kinetic Energy Equity Investment Fund mandates that at least 70% of its capital be allocated to national strategic emerging industries and industrial chains related to green energy, environmental protection, energy technology, and carbon technology. With a size of CNY 350 million, this fund provides strong financial support for industrial development.

In 2023, Anhui Province established 16 government-guided funds for

---

① Green Private Equity Funds: Due to the absence of a standardized classification for green private equity funds, Anhui defines them as private equity funds with names containing keywords such as "green", "new energy", or "carbon neutrality". Data is sourced from the Anhui Securities Regulatory Bureau.

② Government-Guided Funds are characterized as follows: 1) The establishment dates correspond to the transition period of the Provincial Science and Technology Achievement Transformation Fund and the registration dates of 15 other parent funds. 2) Fund volume is measured by the committed capital of the parent funds, including contributions from social capital. Data is sourced from the Anhui Provincial Department of Finance.

emerging industries, with a total size of CNY 88.5 billion (including social capital commitments). Several of these funds focus on green and strategic emerging industries, highlighting the strong commitment of the province to industrial restructuring and green development. The newly launched Anhui New Energy and Energy Conservation & Environmental Protection Industry Fund, with a total size of CNY 12 billion, primarily invests in new energy and energy conservation and environmental protection–related industries. Key sectors include energy storage, next–generation solar technology, wind power, nuclear energy, hydrogen energy, energy–efficient materials, energy–saving lighting, energy conservation technology and equipment, wastewater treatment, air pollution control, solid/hazardous waste disposal, environmental protection equipment and services, and environmental monitoring. The Anhui Green Food Industry Theme Investment Fund, with a total size of CNY 8.34 billion, is dedicated to agriculture–related industries, covering green agricultural and rural development, rural new energy and photovoltaic power–enabled agriculture, as well as rural infrastructure construction. Additionally, the Anhui New Energy Vehicle and Intelligent Connected Vehicle Industry Fund, with a total size of CNY 4.04 billion, is committed to advancing the NEV and ICV industries.

2.5 Analysis of Green Finance Development in the Demonstration Zone for Integrated Ecological and Green Development in the Yangtze River Delta Region

2.5.1 Policy Framework

2.5.1.1 Institutional Reforms Unlocking the Benefits of Integrated Development

In 2019, the *Overall Plan for the Demonstration Zone for Integrated Ecological and Green Development in the Yangtze River Delta Region* was officially released, designating Qingpu District (Shanghai), Wujiang District (Suzhou, Jiangsu), and Jiashan County (Jiaxing, Zhejiang) (collectively referred to as the "Two Districts and One County") as the demonstration zone. The plan aims to explore new pathways for cross-administrative region co-construction and shared development by setting forth four strategic objectives: setting a benchmark for transforming ecological advantages, creating a hub for green innovation-driven development, pioneering institutional innovation for integration, and exemplifying harmonious coexistence between humans and nature. Financial reforms have been actively advanced. In 2020, the Executive Committee of the Demonstration Zone issued the *Several Measures to Deepen Implementation of Financial Support Policies and Promote Pioneering Initiatives in the Demonstration Zone for Integrated Ecological and Green Development in the Yangtze River Delta Region*, which explicitly proposed 16 recommendations across eight key areas. These include promoting city-integrated financial services, piloting cross-regional joint credit granting, enhancing mobile payment capabilities, supporting the establishment of integrated financial institutions, facilitating regional credit data sharing, developing a unified green financial service platform, advancing integrated technology finance services, and establishing a financial information–sharing and cooperation mechanism. In December 2021, the Executive Committee further issued *the Implementation Opinions on Green Insurance in the Demonstration Zone for Integrated Ecological and Green Development in the Yangtze River Delta Region*, proposing to encourage insurance institutions to underwrite policies through a consortium model, realizing "cross–regional, city–integrated claims settlement" by adopting joint underwriting and governance approach across the three regions. As of now, various integration efforts have been steadily progressing. The Demonstration Zone has actively facilitated the establishment of a green insurance consortium, with 10 insurance institutions included, effectively implementing the "cross–regional, city–integrated claims settlement" system.

2.5.1.2 Local Initiatives Aligned with the Overall Plan for Green Finance Development

In 2021, the Executive Committee of the Demonstration Zone issued *the Implementation Plan for Green Finance Development in the Demonstration Zone for Integrated Ecological and Green Development in the Yangtze River Delta Region*, aiming to establish the Demonstration Zone as a pioneer in green financial product and service innovation, a practicing zone for climate investment and financing, and carbon finance applications, and a testing ground for the integration of green industries and green finance.

In recent years, Qingpu District, Wujiang District, and Jiashan County have successively introduced relevant policies or mechanisms to promote these objectives. The PBOC Jiaxing Sub–Branch, in collaboration with the Financial Office of Jiaxing, issued the *Several Opinions on Financial Support for the*

Construction of the Demonstration Zone for Integrated Ecological and Green Development in the Yangtze River Delta Region, guiding financial resources to favor Jiashan County. This initiative secured a provincial-level credit line of CNY 510 billion to support green development in the Demonstration Zone[①]. Leveraging green finance development opportunities, the Yangtze River Delta Financial Industrial Park in Qingpu District has attracted various products from multiple institutions to support the formation of an internationally competitive green industrial chain cluster in the YRD region. The Financial Regulatory Bureau of Wujiang District, Suzhou, issued the *Overall Plan for Vigorously Developing Green Finance in Wujiang District*, outlining eleven specific tasks focused on establishing and improving the carbon account system for textile industry in the district and optimizing the "Industrial Enterprise Green Development Evaluation System", along with detailed breakdowns of responsibilities and pilot project timelines.

2.5.1.3 Issuance of the Guidelines for Establishing Green Bank Branches in the Demonstration Zone

In 2023, the Executive Committee of the Demonstration Zone issued the *Guidelines for the Establishment of Green Bank Branches in the Demonstration Zone* (hereinafter referred to as the "Guidelines") and designated six financial institutions as the first batch of green bank branches in the Demonstration Zone. These include: Bank of China Zhejiang Yangtze River Delta Integration Demonstration Zone Sub-Branch; Bank of Jiangsu Shanghai Qingpu Sub-Branch; ABC Shanghai Yangtze River Delta Integration Demonstration Zone Sub-Branch; China Construction Bank Shanghai Yangtze River Delta Integration Demonstration

① The People's Bank of China Jiangxi Branch. "Four Major Innovations" to Fully right the Chapter of Green Financial Services (EB/OL). 2023-12-29. http://camlmac.pbc.gov.cn/goutongjiaoliu/113456/113475/5184522/index.html.

Zone Sub–Branch; China Construction Bank Zhejiang Yangtze River Delta Integration Demonstration Zone Sub–Branch; and Bank of Communications Suzhou Yangtze River Delta Integration Demonstration Zone Sub–Branch. The Guidelines stipulate that newly established green bank branches in the Demonstration Zone should ensure that loans related to green projects account for no less than 35% of their total loan portfolio. Existing branches transitioning to green bank branches are required to have at least 20% of their loans classified as green loans, with this proportion increasing to 35% within five years of renaming. Additionally, loans extended to enterprises registered or operating within the Demonstration Zone should constitute no less than 60% of their total green loan portfolio.

2.5.2 Market Progress

2.5.2.1 Promoting Cross–Regional Flow of Financial Factors through City–Integrated Financial Service Alliances

2023 marked the fourth anniversary of the establishment of the Demonstration Zone. Over the years, Qingpu District, Wujiang District, and Jiashan County have engaged in multiple collaborative initiatives focusing on infrastructure connectivity, coordinated technological and industrial innovation, ecological co–insurance and joint governance, shared public services, and a unified and open market. These efforts have laid a solid foundation for the seamless flow of financial factors across regions.

Several key alliances have been established within the Demonstration Zone to enhance cooperation and integration, including the "Cultural and Creative Industry Development Alliance of the Demonstration Zone for Integrated Ecological and Green Development in the Yangtze River Delta Region" , the "City–Integrated Financial Service Innovation and Development Alliance of the Demonstration

Zone for Integrated Ecological and Green Development in the Yangtze River Delta Region" , and the "Inter-Provincial High-Tech Industry Development Zone of the Demonstration Zone for Integrated Ecological and Green Development in the Yangtze River Delta Region" . Among these, the City-Integrated Financial Service Innovation and Development Alliance was launched in Shanghai in November 2021 with 21 financial institutions as founding members. Upon its establishment, the alliance signed the *Strategic Cooperation Agreement on Financial Empowerment for the High-Quality Development of the Demonstration Zone for Integrated Ecological and Green Development in the Yangtze River Delta Region* with the governments of Qingpu District, Wujiang District, and Jiashan County. It also formed four technical committees focusing on "Technology Finance, Inclusive Finance, Green Finance, and City-Integrated Finance" . Alliance members have actively promoted cross-regional flow of financial factors. For instance, the Bank of Communications has played a pioneering role in the Demonstration Zone's integrated reform and innovation by introducing exclusive policies such as regional transfer fee reductions and exemptions and city-integrated credit granting. The bank has also participated in the development of the Demonstration Zone's Carbon-Inclusive Linkage Mechanism and Dual-Carbon Information Platform, with its regional branches leading green finance initiatives. Notably, its outlets have been among the first to receive "Zero-Carbon Branch" certification. Additionally, innovative financial services have emerged within the Demonstration Zone, including the Jiaozhengtong cross-provincial government service platform, the E-Enterprise Financing digital-empowered inclusive finance product, and the "Credit + Healthcare" model which leverages a digital infrastructure known as the "Smart Brain" ①.

2.5.2.2 Establishing the Yangtze River Delta Green Financial Information Management System to Enhance Regional Connectivity

In February 2020, the PBOC together with multiple ministries and commissions and the Shanghai Municipal Government, jointly issued the *Opinions on Further Accelerating the Development of Shanghai as an International Financial Center and Financial Support for the Integrated Development of the Yangtze River Delta*. The document explicitly called for the promotion and application of the Green Financial Information Management System in the Yangtze River Delta. In response, the PBOC Shanghai Head Office, along with its Jiangsu, Zhejiang, and Anhui branches, organized discussions on the expanded implementation of the system, reaching a consensus on a phased rollout across the region. The PBOC Zhejiang Branch took the lead in formulating and executing the specific implementation plan.

By the end of 2020, the Yangtze River Delta Green Financial Information Management System was fully deployed across the three provinces and one municipality of the region, establishing a regional digital supervision infrastructure for green finance. The system was seamlessly integrated with the Huzhou version of the PBOC Green Financial Information Management System, preserving the advanced features of the existing platform while developing a new system tailored for regional-scale adoption. This integration enabled direct information connectivity between the PBOC and financial institutions within its jurisdiction, facilitating data interoperability between provincial and municipal PBOC branches. As a result, the

① Bank of Communications Signs Green Finance and Inclusive Finance Cooperation Agreement to Promote High-Quality Development of the Yangtze River Delta Integrated Demonstration Zone [EB/OT]. 2023-12-13. https://baijiahao.baidu.com/s?id=1785129626008377574&wfr=spider&for=pc.

efficiency and timeliness of green asset management by financial authorities and institutions were significantly enhanced, laying a solid foundation for future unified environmental information disclosure and environmental risk management.

In 2023, the PBOC Zhejiang Branch upgraded the system with an environmental information disclosure module, making it a pioneer in the country to enable fully digitalized processes for financial institutions to prepare and publish environmental disclosure reports, as well as for financial regulators to track and evaluate these reports.

2.5.2.3 Multiple Banks Focusing on Financial Services in the Demonstration Zone with Targeted Initiatives

Since the establishment of the Demonstration Zone, several banks have prioritized supporting its coordinated development by implementing targeted measures in areas such as credit process optimization, credit approval enhancements, and platform development. For instance, Bank of China introduced the *Action Plan for Business Development in the Demonstration Zone for Integrated Ecological and Green Development in the Yangtze River Delta Region*, spearheaded by its Shanghai Head Office in collaboration with its Shanghai, Zhejiang, and Suzhou branches. The bank has actively contributed to financial service integration within the Demonstration Zone, including its participation in the construction of the Credit-E-Loan platform in 2023, where it provides over 20 customized inclusive finance products. Agricultural Bank of China has strengthened rcsource integration across the three regions. By leveraging flagship products such as "Park Batch Loan", "Mortgage e-Loan", and "Property Mortgage e-Loan", it has expanded its inclusive financial services. Meanwhile, Shanghai Rural Commercial Bank Zhejiang Yangtze River Delta Integration Demonstration Zone Branch, established in Jiashan County as early as 2011, has been an active player in the Demonstration

Zone's financial ecosystem. As one of the founding members of the City-Integrated Financial Service Innovation and Development Alliance, the bank has worked closely with its Shanghai Branch to provide tailored financial services to enterprises in the region.

2.5.2.4 The "Yangtze River Delta Integrated Development Demonstration Zone Bonds" Bolstering Infrastructure Development

In November 2023, the Yangtze River Delta Integrated Development Demonstration Zone Bond was issued, reflecting the capital market's strong support for the integrated development of the YRD. The volume of this bond issuance totaled CNY 1.5 billion with a term of 3+2 years, funding the Xicen Science & Technology Center and the Yangtze River Delta Oasis iValley • Zhaoxiang Campus. Notably, the Xicen Science & Technology Center is among the initial projects outlined in the National Development and Reform Commission's *Overall Plan for the Demonstration Zone for Integrated Ecological and Green Development in the Yangtze River Delta Region* and *the Three-Year Action Plan for Major Construction Projects in the Demonstration Zone for Integrated Ecological and Green Development in the Yangtze River Delta Region (2021 - 2023)*. Similarly, the Yangtze River Delta Oasis iValley • Zhaoxiang Campus serves as the pilot and core area of the Shanghai West Software Information Park, playing a crucial role in promoting coordinated development across the YRD. The successful issuance of this bond exemplifies the bond investment sector's practices in supporting the green development of the real economy, and it sets an example for future thematic bonds related to initiatives like the "Belt and Road" , Greater Bay Area development, and Yangtze River Delta integration. Such efforts are instrumental in attracting more social capital to key national strategic projects in regions like the Yangtze River Delta, Beijing-Tianjin-Hebei region, and the Guangdong-Hong Kong-

Macao Greater Bay Area, thereby enhancing infrastructure development within the demonstration zones.

2.5.2.5 Co-insurance Mechanisms for Joint Regional Ecological Co-insurance and Joint Governance Mechanisms in the YRD

The development of the YRD green insurance co-insurance consortium demonstrates the region's unique and practical innovations in green finance. In November 2021, the Executive Committee of the Demonstration Zone, in collaboration with regional financial regulatory authorities, issued the *Implementation Plan for Green Finance Development in the Demonstration Zone for Integrated Ecological and Green Development in the Yangtze River Delta Region*, emphasizing the importance of innovating green insurance. This plan proposed exploring innovative models for regional joint underwriting of green insurance, formulating co-insurance mechanisms and service plans, implementing systems like "regional city-integrated claims settlement", and advancing the integration of the insurance market within the Demonstration Zone[①]. Subsequently, in December 2021, the Executive Committee of Demonstration Zone released the *Implementation Opinions on Green Insurance in the Demonstration Zone for Integrated Ecological and Green Development in the Yangtze River Delta Region*, aiming to establish a green insurance co-insurance consortium by October 2022. The goal was to gradually expand the coverage of Ecological Green Environmental Rescue Insurance (EGERI) and EPLI, continually enhance coverage, services, claims procedures, and dispute resolution of green insurance, and chart a path for advancing green insurance. The plan also set a target to promote innovative green

① Xinhua Daily. Yangtze River Delta Demonstration Zone Issues Implementation Plan to Pioneer Green Financial Product Innovation [EB/OL]. 2021-11-29. http://ah.people.com.cn/n2/2021/1129/c401574-35027484.html.

insurance products by October 2024, supporting ecological protection, addressing climate change, facilitating green transition, and encouraging low-carbon development, on the basis of EGERI and EPLI. This initiative seeks to leverage the comprehensive supervisory role of EPLI and EGERI in environmental protection, establishing a high-level green insurance service system with adequate protection, professional services and market recognition, thereby creating a representative and exemplary area leading in green insurance innovation[①]. As of now, various integration efforts have been progressing systematically. The Demonstration Zone has actively facilitated the formation of a green insurance co-insurance consortium comprising ten insurance institutions and has implemented the "regional city-integrated claims settlement" system.

In 2023, the *Special Plan for Ecological Environment of the Demonstration Zone for Integrated Ecological and Green Development in the Yangtze River Delta Region (2021 - 2035)* was released, emphasizing innovation in green insurance for comprehensive pollution source management. The plan advocates establishing mechanisms for shared costs and benefits in regional ecological co-insurance and joint governance. By promoting green insurance within the Demonstration Zone, it provides clear direction for the coordinated development of ecology and insurance in the YRD. Responding to the green integrated development strategy, Shanghai's insurance industry actively joined the City-Integrated Financial Service Innovation Development Alliance in 2023. The industry strives to leverage commercial insurance mechanisms in ecological protection and comprehensive social governance, implementing ecological environment rescue liability insurance.

---

① Shanghai Qingpu News. Public Data Sharing: Green Insurance Regional Ciry-Integrated Claims [EB/OL] . 2022-01-28. http://58.40.19.126:8088/report/guest/detail/index?articleId=4028803678b731f6017eb9d929230a62.

Additionally, it is committed to utilizing dynamic sensing technology to advance innovative research in new EPLI, carbon sink insurance, and other green insurance products[①].

① China Banking and Insurance News. Shanghai Explores Optimization of Yangtze River Delta Insurance Ecosystem [EB/OL] . 2023-11-22. http://www.cbimc.cn/content/2023-11/22/content_500563.html.

3 Green Finance Practices in Select Cities and Districts of the YRD

3.1 Shanghai

3.1.1 Pudong New Area

3.1.1.1 Typical Practice 1: Launching Inaugural Projects, Introducing Regional Green Finance Indices, and Accelerating Green Leasing Programs

In 2023, Pudong New Area established itself as a pioneering "testing ground" for green finance, significantly enhancing the vitality of the corresponding financial markets and expanding the volume of green finance products.

First, Pudong encouraged the development of innovative green finance products, recognizing and promoting ten major cases of green finance innovation and ten major cases of green finance development. Notably, several national inaugural and pioneering initiatives were selected, including the world's first dual-currency green "Pearl Bond" , the China's pioneering ESG foreign currency repo business, and China's inaugural carbon asset repurchase performance guarantee insurance. Additionally, a new batch of green finance projects, totaling nearly CNY 10 billion, was signed and implemented in Pudong.

Second, Pudong promoted green securities programs. It pioneered in introducing two regional green indices – the "CSI Pudong New Area Green 50 ESG Index" and the "CSI Pudong New Area Green Theme Credit Bond Index" . These are China's first green stock and bond indices focused on regional development, aiming to increase capital market attention to companies in Pudong that demonstrate significant contributions to green transition and superior ESG evaluation ratings.

Third, Pudong promoted green leasing program. The *Several Provision of Shanghai on Promoting the Development of Financial Leasing in Pudong New Area* were issued to strengthen legal safeguards and explore innovations in green leasing. This includes enhancing credit support, strengthening the utilization of monetary instruments, advancing offshore leasing, innovating regulatory systems, and encouraging environmental information disclosure. By the end of 2023, the balance of green leasing assets in Pudong reached approximately CNY 630 billion.

3.1.1.2 Typical Practice 2: Integrated Support Mechanism Comprising Standards, Platforms, Incentives, and Talents

To promote green finance development, Pudong New Area established an integrated support mechanism focusing on refining standards, building platforms, providing incentives, and attracting talents.

First, *the Guidelines for Carbon Emission Accounting and Information Disclosure of Financial Institutions in Pudong New Area* were formulated to clarify carbon emission accounting and disclosure standards for enterprises and financial institutions.

Second, efforts were made to build a CIF project library, database, and industry–finance linkage platform in Pudong. Pudong established a comprehensive management system covering the entire project lifecycle, including application, inclusion, evaluation, update, and exit. The library includes projects such as renewable energy development, agricultural waste recycling, and low–carbon services.

Third, a comprehensive service platform was established to safeguard green finance development. In terms of incentive mechanisms, the *Implementation Measures of Pudong New Area for Financial Support of Policy Financing Guarantees for Small, Medium and Micro Enterprises during the 14th Five-Year Plan Period* and the *Guidelines for Applying Guarantee Fee Subsidy Projects for Small, Medium and Micro Enterprises in Pudong New Area during the 14th Five-Year Plan Period* were formulated. The "special package for green and low-carbon" was set up within the "Pudong Innovation Loan" , providing premium subsidies to eligible green enterprises and projects. Regarding talent introduction, the *Implementation Opinions of Pudong New Area on Promoting the Development of Financial Talents* were leveraged to offer comprehensive services for green finance talents, including household registration, children's education, housing, entry/exit, and stay/residence arrangements.

3.1.2 Hongkou District

3.1.2.1 Typical Practice 1: Integrating Financial Support for Green Initiatives into Multiple Policies

To support high-quality enterprise development, Hongkou District has implemented a series of policy documents, including the *Several Policy Measures to Promote the Development of Private Economy*, the *Work Plan for Promoting the Development of Emerging Technology Enterprises in Hongkou District through a "Funding-and-Investment Combination" Model*, the *Work Plan for "Investment-Loan Linkage" in Hongkou District*, and the *Implementation Plan for Loan Risk Compensation Funds for Financial-Financing Integration Service Providers in Hongkou District*. These policies aim to strengthen the strategic "Three-Loan

Linkage" strategy, integrating "Credit Ease Loan" , "Hongkou Enterprise Loan" and "Technology Performance Loan" . Hongkou has provided diversified and tailored financial services that support businesses throughout their entire lifecycle – from the startup phase and growth stage to capital market maturity.

3.1.2.2 Typical Practice 2: Central-Local Collaboration through Strategic Cooperation Agreements with Shanghai Investigation, Design & Research Institute and Shanghai United Assets and Equity Exchange

On August 25, 2022, Hongkou District hosted the "Ride the Wave of Rising Shanghai" —Global Investment Promotion Season, featuring the "Central-Local Cooperation: Future of Carbon" strategic cooperation signing ceremony among Shanghai Investigation, Design & Research Institute, Shanghai United Assets, and Equity Exchange, and Hongkou District. During the event, the *Research on the Path to Create a "Dual Carbon" Demonstration Zone in North Bund*, involving the participation of Shanghai Investigation, Design & Research Institute, was released, marking North Bund as the first area in Shanghai to propose the establishment of a "Dual Carbon" Demonstration Zone. The institute plans to deepen long-term research cooperation with universities, research institutions, various enterprises, and Hongkou District in fields such as new energy and new power systems, ecological and environmental protection, digital engineering, urban renewal, and the renovation of existing buildings. This collaboration emphasizes coordinated innovation among government, industry, academia, research, and application sectors, aiming to enhance Hongkou's visibility and contribution in areas like energy conservation, emission reduction, and clean energy.

3.1.3 Baoshan District

3.1.3.1 Typical Practice 1: Developing Exclusive Green Financial Products to Support Regional Low-Carbon Transition

Since Baoshan District began vigorously advancing "Northern Transformation", the district government and Bank of China Shanghai Baoshan Branch have collaborated to create a dedicated risk assessment model, establish a priority approval channel, and optimize credit resource allocation, on the basis of investigation and research. They launched the "Baoshan BOC Carbon Benefit Loan" for the district's green industries to alleviate the financial pressures on green enterprises. The product has three features: First, full coverage. It is available to all green industry enterprises, provided they have been established for at least one year and have a good credit record in the PBOC's Corporate and Personal Credit Information Systems. Second, differentiation. It supports enterprises investing in areas such as green factories, clean energy, energy conservation, environmental protection, and carbon reduction technologies. Third, innovative guarantee methods. Flexible risk mitigation methods such as unsecured credit, mortgages, and pledges are permitted. The product also offers innovative risk-mitigation mechanisms, such as pledging "carbon emission allowances" and "CCER (China Certified Emission Reduction) credits", which reduce collateral burdens while unlocking the financial potential of carbon assets, thereby expanding financing channels for enterprises.

3.1.3.2 Typical Practice 2: Anchoring Green Carbon Directions to Establish the Largest Domestic Carbon Neutrality Themed Fund

China Construction Bank Corporation Shanghai Baosteel Baoshan Branch, China Baowu Steel Group, and the Baoshan District Government jointly initiated the Baowu Green Carbon Private Equity Investment Fund, with a committed size of

CNY 10 billion. Through green finance, industry–finance integration, and capital operations, the Fund drives rapid technological innovation in the carbon neutrality sector, and supports China Baowu in achieving a low–carbon development path for the steel industry and realizing carbon neutrality within the Baowu steel ecosystem. The Fund focuses on sectors such as new energy, new materials, green technology, energy conservation, environmental protection, and pollution control. It invests in high–quality, mature targets in China Baowu's carbon neutrality industrial chain and other market–oriented carbon neutrality projects. In terms of reducing carbon emissions, the Fund primarily invests in clean energy projects such as solar, wind, hydrogen, nuclear, and hydro energy sources. Regarding carbon absorption, it focuses on technology–enabled carbon sequestration, such as carbon capture, utilization, and storage technologies.

3.2 Jiangsu

3.2.1 Nanjing

3.2.1.1 Typical Practice 1: Supporting Local Pilots with "Green Finance Policies + Green Entities"

On October 30, 2023, the Jiangsu Supervision Bureau of the National Financial Regulatory Administration and the PBOC Jiangsu Branch jointly issued the *Notice on the Announcement of the First Provincial Green Finance Innovation and Reform Pilot Zones in Jiangsu*, with the Jiangbei New Area being the only selected region in Nanjing. The Jiangbei New Area, established in 2019, formed a Green Finance Development Leadership Group and has since introduced several special policies, including the "Ten Green Finance Measures" and the green bank star-rating evaluation measures. These policies also cover green credit awards and subsidies, green bond interest subsidies, and green guarantee awards and subsidies, among 10 specific measures targeting various entities. Regarding green entities, with the establishment of green finance think tanks and platforms, the area has seen the emergence of green finance departments and specialized institutions, such as "star-rated green banks" , gradually shaping a multidimensional and comprehensive green finance ecosystem in the area. The Jiangbei New Area has nurtured a number of green parks and factories, such as the New Materials Technology Industry Park and Nanjing Iron and Steel Co., Ltd, and has seen local enterprises successfully issue a series of diversified green bonds, including the inaugural onshore climate bond issued by a non-financial company and China's inaugural carbon-neutrality green technology innovation corporate bond.

3.2.1.2 Typical Practice 2: Accelerating the Establishment of the National Carbon Peaking Pilot in Jiangning Development Zone

In November 2023, Jiangning Development Zone was selected as one of China's first carbon-peaking pilot projects. The Development Zone set a strategic framework based on the "122" overall goals, focusing on five key areas: scenario development, resource integration, investment attraction, carbon and energy management, and implementation. To promote enterprise transition, Jiangning Development Zone introduced Nanjing's first green development policy, the *Special Measures of Jiangning Development Zone to Promote Green Development*. Following this pilot task, the policy was further revised to incorporate new factors, including enterprise low-carbon management, green high-quality development of enterprises, technological innovation, and support for technological innovation and energy utilization. The revised policy provides comprehensive support for the green and low-carbon development of enterprises in the park across multiple aspects, such as project development, qualification creation, and listing support. As one of the few domestic zones free of heavy industries like steel, metallurgy, petroleum, coal, chemicals, and chemical engineering, Jiangning Development Zone enjoys a superior structure, high efficiency, and low consumption. It has successfully developed innovative manufacturing clusters in green intelligent vehicles, smart power grids, new-generation information technology, and high-end intelligent equipment, with a number of enterprises taking the lead in green development.

3.2.2 Wuxi

3.2.2.1 Typical Practice 1: Innovating a Carbon Inclusion Platform and Exploring the "Charitable Trust + Carbon Inclusion" Development Model

Wuxi established its first carbon inclusion public welfare platform, "Carbon Fashion" , which dynamically collects data on the public's green and low-carbon behaviors and converts them into carbon credits. This platform enables the value conversion of low-carbon behaviors, continuously increasing public participation in building a green, low-carbon city and realizing the positive cycling of carbon inclusion. Greenhouse gas emissions from large conferences may be offset by purchasing social emission reductions from the platform, thus achieving carbon neutrality. The platform donates the funds from these purchases back to the public, completing the reverse cycling of the carbon inclusion system. This dual-cycle model contributes to Wuxi's development as a "zero-carbon" city. Since its launch, the "Carbon Fashion" platform has attracted over 1.2 million participants. By the end of 2023, the platform had tracked and registered 6,242 tons of carbon reductions from individuals and enterprises, presold carbon reductions of 24,000 tons, and raised over CNY 1 million for carbon reduction activities. The platform has contributed to carbon neutrality of eight major events, including the 2023 World

Internet of Things Exposition and the 15th Chinese Renewable Energy Conference in Wuxi.

In 2023, Wuxi established China's first carbon inclusion green development charitable trust, with an initial scale of CNY 1 million. Citizens participating in green living and consumption, merchants and platforms offering green and low-carbon products and services, and enterprises developing energy-saving and emission-reduction projects can open carbon accounts to report their emission reduction data. Eligible entities can apply for carbon reduction incentive funds. By the end of 2023, the trust had issued 3,885 carbon reduction incentive funds to eligible projects on the "Carbon Fashion" platform.

3.2.2.2 Typical Practice 2: Focusing on Developing EOD Financing Model to Facilitate Ecological Value Realization

In recent years, Wuxi has vigorously promoted the EOD model and built a city-level EOD project repository. The city closely monitors the planning and implementation of projects, organizing experts from ecological conservation, industry development, finance, and other fields to provide full-process guidance: at the project initiation stage, they offer policy interpretation and technical support for applicants; during the project application process, they help resolve technical issues and optimize development strategies; after the projects are implemented, they actively connect with various policy support resources to encourage government, financial institutions, and social capital to fully support EOD projects. Currently, Wuxi has 22 EOD projects in its reserve, the largest number in the province, with a total investment of CNY 19.25 billion.

A representative project is the "Wuxi Beautiful Yangshan Eco-Environmental Restoration and Agri-Cultural-Tourism Integrated Development (EOD) Project" . This is one of the first batch included in the national ecological and environmental financial support project repository. It is based on four sub-projects: comprehensive water environment management in key areas of Yangshan Town, supporting infrastructure upgrade for peach industry at national modern agricultural industrial park, building a cultural and creative industrial park, and infrastructure enhancement for Yangshan Ecological Leisure Tourism Resort. By continuously improving regional ecological environment quality, the project supports the peach industry and further promotes its development toward park-based clustering, scale expansion, green transition, intelligence, and cross-sector convergence. It also strengthens the development of the tourism industry, ensuring that industrial development projects reinvest in ecological governance, achieving effective synergy. In June 2023, the Agricultural Development Bank of China Wuxi Branch disbursed CNY 100 million into the Yangshan EOD Project, making it the first EOD project in Jiangsu to receive funding after the shift from pilot to regular program.

3.2.3 Suzhou

3.2.3.1 Typical Practice 1: Continuously Improving the Green Finance Supporting Mechanisms

Suzhou has continuously optimized its green financial service channels and developed comprehensive green finance supporting mechanisms. First, it built a comprehensive green and low-carbon financial service platform. Leveraging the "Suzhou Financial Service Platform" , Suzhou launched the "Green Finance" section, which regularly updates the green finance project database, publishes innovative green finance products, and showcases the achievements of local green and low-carbon financial products and services. Currently, the platform has introduced several green finance products, including "Green Development

Loan" and "Green Intelligent Manufacturing Loan" . It has also enabled full-scope environmental information disclosure by local corporate financial institutions and public access to carbon reduction data of financial institutions. Second, it established a green and low-carbon transition service center for financial institutions. In 2021, the first 10 financial institutions in Suzhou completed the construction of the "Suzhou Financial Service Center for Green and Low-Carbon Transition" , covering industries such as banking, securities, and insurance, while accommodating both corporate and non-corporate institutions, including large state-owned banks and small- to medium-sized banks. Third, the city has also established the Suzhou Green and Low-Carbon Financial Laboratory. Suzhou encourages financial institutions and local financial organizations to innovate products through the Laboratory and product incubation base.

3.2.3.2 Typical Practice 2: Comprehensive Environmental Information Disclosure by Local Corporate Financial Institutions

Suzhou has taken the lead in Jiangsu by formulating the *Operation Manual of Suzhou for Environmental Information Disclosure by Financial Institutions (Trial)* based on the *Guidelines for Financial Institutions Environmental Information disclosure*. Since 2020, the environmental information disclosure of local financial institutions in Suzhou has gone through stages of voluntary disclosure, pilot disclosure, transition-period disclosure, and regular disclosure. By the end of 2021, Suzhou completed a pilot program requiring eight corporate financial institutions with total assets exceeding CNY 10 million each to disclose environmental information. Starting in 2022, Suzhou required all 21 banking and related corporate financial institutions to complete at least one environmental information disclosure report annually, which is published externally via the Suzhou Green and Low-Carbon Integrated Finance Platform. A consolidated report on Suzhou's environmental disclosure practices was also compiled, highlighting key points, summarizing experiences, and promoting best practices to enhance transparency. PBOC Suzhou Branch has continued to strengthen the supervision of environmental information disclosure. In 2023, it issued the *Notice on Strengthening the Environmental Information Disclosure of Financial Institutions* and conducted training on environmental information disclosure capacity. These measures broadened the scope of reporting entities and enhanced the quality of disclosures.

3.3 Zhejiang

3.3.1 Huzhou

3.3.1.1 Typical Practice 1: "Digital Green Finance System" Creating Full-Cycle Service Scenarios for Green Finance

Huzhou has iterated and upgraded the "Digital Green Finance" platform to enhance bank-enterprise matching efficiency. First, it built a financial institutions environmental information disclosure system. Building on full-coverage environmental disclosure by banking institutions, the system incorporates the "Environmental Information Disclosure" feature. Following *the Guidelines for Financial Institutions Environmental Information Disclosure*, standardized and intelligent templates have been developed, along with tools for calculating carbon emissions and reductions, ensuring standardized information disclosure. Disclosures are rated on a 1–5 star scale for timeliness, accuracy, and effectiveness, with results used for the city-wide green finance evaluation and the "carbon-neutral" banks initiative. Second, it upgraded the "Digital Green Finance" system. By leveraging Huzhou's financial credit information database and financial data engine, the city deepened the development of the "Digital Green Finance" platform, promoting the re-engineering of green finance business processes. This includes the creation of smart green and low-carbon profiles, intelligent bank-enterprise matching, targeted delivery of financial policies, and intelligent financial risk alerts, thereby reducing the costs for identification, transactions, and client onboarding. To date, the platform has conducted ESG evaluations for over 22,000 companies and facilitated CNY 590 billion in credit approvals for51,000 companies. Third, it created a "Carbon Account" comprehensive service platform. Using the Partnership for Carbon Accounting Financials (PCAF) methodology for physical activity-based carbon emission data collection, the platform integrates data from government departments to collect energy consumption data (such as electricity, heat, gas, coal, and oil), and supports banks in offline operational data collection, enabling efficient carbon footprint and intensity calculations for enterprises. As of now, carbon emission data from over 10,000 companies have been gathered, covering 80% of production-side emissions city-wide, with full coverage of key industries and major emitters.

3.3.1.2 Typical Practice 2: Pioneering the Green Finance "Green Tax Connect" Platform to Promote Supply-Side Financing Reform

Huzhou Municipal Tax Service, State Taxation Administration and the Huzhou Municipal Government Financial Work Office pioneered the co-branded green finance service platform "Green Tax Connect" in Zhejiang. This platform scores enterprises based on energy saving and carbon reduction indicators, helping them connect with financial institutions and secure low-interest credit loans. One key feature is precise "green and low-carbon profiling" using tax big data. By processing tax-related information, the platform collects data on energy consumption and fossil fuel usage, cross-referencing this with additional data dimensions such as energy consumption for operation, taxes per acre, assets, and liabilities, the platform is fully integrated with Huzhou's ESG system and carbon account integrated supporting platform. This provides a panoramic view of corporate energy consumption and guiding companies to increase their environmental protection investments. Additionally, digital tax services help drive financial service innovation. Financial institutions developed new "Green Tax Loan" products, offering preferential credit limits and interest rates based on corporate performance. Real-time data connectivity and big data analysis reduce loan risk coefficients, assisting banks in subsequent management and risk control. Furthermore, the platform facilitates corporate growth by "Green Tax Loan" products. The companies can easily access a wide range of "Green Tax Loan" products from local banks by entering the "Bank-Tax Interaction" section of "Green Tax Connect", where they can secure low-interest loans based on their energy-saving and carbon-reduction efforts. Through the platform, companies can also more accurately pinpoint their position in the carbon peaking and carbon neutrality initiative through the "Carbon Map", and monitor changes in their carbon efficiency ratings to manage potential tax, environmental, and financial risks, achieving self-renewal and green growth. Since its launch, the platform has facilitated more than CNY 2.5 billion in credit for enterprises, becoming a model for high-quality development in Huzhou's carbon peaking and carbon neutrality efforts.

3.3.2 Quzhou

3.3.2.1 Typical Practice 1: Utilizing the Sovereign Loans from the French Development Agency (AFD) to Protect the Qianjiangyuan Ecosystem

The Qianjiangyuan National Park in Kaihua County, Quzhou is the only pilot program for national park system in the YRD. Quzhou has adopted a financing model combining the AFD sovereign loans, EU grants, fiscal subsidies, and self-raised funds. This diversified funding reduces financing risks through domestic and international sources. Additionally, programs funded by the AFD sovereign loan enjoy several policy benefits, such as tax exemptions on imported equipment, low-interest rates, and long repayment terms, ensuring a stable and reliable funding source. This program improves the ecosystem services in three areas: the Majinxi river system, broadleaf forest ecological corridor, and the restoration and renovation of abandoned mines. The Baidi Jinxi Forest Ecosystem Protection and Restoration Project has increased forest land by 533.33 hectares, and the Forest Species Gene Bank Project has expanded various nurseries by 119 hectares. Once completed, the pilot program is expected to attract 570,000 visitors annually, generate CNY 231 million in annual operating revenue during its first full year of operation, and achieve cumulative operating revenue of CNY 2.844 billion over the loan term. As this national park's visibility and competitiveness continue to expand, it will drive synergistic development across industries including catering, hospitality, and transportation, thereby increasing the brand premiums of Kaihua County's primary, secondary, and tertiary industries and contributing to economic growth.

3.3.2.2 Typical Practice 2: Exploring the Quzhou Framework for Transition Finance Centered on Carbon Account Finance

In early 2021, the PBOC Quzhou Center Sub-Branch issued *the Implementation Opinions of the Quzhou Municipal People's Government on Deepening Carbon Account-Based Transition Finance (2022–2026)*, creating the Quzhou framework for transition finance centered on carbon account finance and supported by five pillars: transition standards, information disclosure, financial instruments, incentive policies, and just transition. This framework effectively addresses the challenges such as "government governance in low-carbon transition, precise carbon reduction management by enterprises, and the identification of low-carbon assets by financial institutions" . Firstly, the 1+6+N policy system is established for carbon account finance. Anchored by the *Implementation Plan of Quzhou for Building Carbon Account Finance* and supported by plans for building six sector-specific carbon account plans, this policy system implements five key initiatives for transition finance, including underpinning foundation strengthening, incentive mechanisms, innovation, digital intelligence-enabled governance, and industry-research cooperation. Secondly, the 5e Digital Intelligence System for Carbon Account Finance is developed. This system, built on Quzhou Credit Information Platform for Green Financial Services, enables end-to-end digitalization of energy data collection, carbon accounting, carbon intensity evaluation, carbon result application, and carbon performance tracking. Thirdly, Quzhou introduced China's first corporate carbon credit reporting system and the carbon account-based environmental data disclosure system, which consolidates important metrics such as total carbon emissions, intensity, and labeling results. Fourthly, the city has implemented digital intelligence-based governance by creating a one-stop online carbon financial service platform. This platform integrates carbon account information into the full credit lifecycle, including client onboarding, credit management, interest rate pricing, and risk control, offering new financial products such as low-carbon loans, carbon reduction loans, and zero-carbon loans. Companies can access one-stop online financial services through the carbon finance e-supermarket. Lastly, Quzhou piloted in optimizing and improving the personal carbon account system in all sectors and multiple scenarios. To date, the city has launched 28 personal carbon loan products, with total outstanding loan balance of CNY 11.936 billion.

3.3.3 Lishui

3.3.3.1 Typical Practice 1: Accelerating the Development of One of China's First Climate Investment and Financing Pilots (the Only CIF Pilot in Zhejiang)

Lishui focuses on six key sectors – energy, industry, construction, transportation, agriculture, and household consumption – along with technology innovation in a "6+1" model, to address the "eight tasks" of CIF. The city has been exploring effective and replicable paths with Lishui characteristics. Firstly, a CIF promotion mechanism has been established. Lishui has introduced 15 CIF policies, including the *Lishui Climate* Investment *and Financing Pilot Work Plan*, to strengthen cross-sectoral policy alignment. Regarding institutional construction, the city has established a CIF joint innovation laboratory, developing over 30 innovative financial products and services. Additionally, it set up a technical committee on CIF to conduct forward-looking research in the field. The city also implemented the "pilot + competition mechanism" to encourage financial institutions to develop 58 innovations. Secondly, Lishui has diversified CIF financial models. It has worked to unlock the forest carbon sink value conversion path from "carbon sequestration" to "carbon trading" , carrying out 31 forestry operation carbon inclusion transactions that offset 24,083.54 tons of carbon emissions. The city pioneered the "carbon credit + ecological credit" mechanism, converting carbon credit points into enhanced financing terms. Additionally, Lishui has initiated a new model for ecological product value realization, which combines "CIF + pollution reduction + ecological branding" , and has implemented differentiated financial policies with "corporate carbon efficiency codes" , issuing a total of CNY 15.791 billion in "Zhejiang-Lishui Carbon Efficiency Loan" . The city also supports carbon reduction instruments to expand credit and bill financing for green enterprises, with CNY 2.28 billion in loans allocated to key carbon reduction sectors. Thirdly, Lishui has enhanced the quality and effectiveness of CIF services. It launched a comprehensive CIF financial service platform and established the first enterprise carbon efficiency classification financing situation visualization dashboard in Zhejiang, enabling real-time financing situation monitoring of all 1,090 large-scale industrial enterprises in the city. The city has created 47 CIF service outlets, achieving coverage across nine counties (prefecture-level cities, and districts). Fourthly, Lishui issued the *Guidelines for Including Projects in the Climate Investment and Financing Project Database of Lishui, Zhejiang,* and has cultivated and selected over 40 key CIF projects focusing on Zhejiang's "Ten-Hundred-Thousand" low (zero)-carbon pilot and demonstration system. Lastly, Lishui has strengthened CIF exchange and cooperation, signing a strategic cooperation agreement with the National Center for Climate Change Strategy Research and International Cooperation to provide intellectual support for the development of CIF pilot programs.

3.3.3.2 Typical Practice 2: Exploring the Integration of Financial Support for Ecological Product Value Realization with Inclusive Finance

In January 2019, Lishui became the first city in China to pilot the Ecological Product Value Realization Mechanism. In 2023, taking the opportunity of building a National Reform Pilot Zone for Inclusive Finance-Driven Rural Revitalization, Lishui pioneered the organic integration of financial support for ecological product value realization with inclusive finance, forming a series of Lishui- characteristic, replicable, and innovative service models. First, the city innovated the "Water Rights Loan" model. It formulated and issued the *Operation Guidelines of Lishui on Water Rights Collateralized and Pledged Loans*, allowing water rights to be used as collateral along with hydropower station revenue. This model was recognized as one of the top ten grassroots water governance practices in 2023. Second, the city introduced an innovative financing service model combining "real estate + ecological value" . It released the *Promotion Plan of Lishui on 'Real Estate + Ecological Value' Financing Reform*, establishing a model that integrates a directory, value assessment, and pledged loan mechanisms for "real estate + ecological value" projects. Third, Lishui developed a model for supporting ecological product value realization using development finance like EOD, which enhances the market-based financing capacity of ecological projects through regional, resource, and project coordination. Additionally, Lishui has innovated the "Eco-Credit-Linked Corporate Loan" model, with outstanding loan balance of CNY 4.174 billion by the end of 2023. The city also expanded the "Ecological Collateralized and Pledged Loans" , with outstanding loan balance of CNY 30.677 billion by the end of the same year. It introduced the "Zhejiang-Lishui Forestry Carbon Sink Loans" , which utilizes Lishui's forestry carbon sink trading platform to create a closed-loop supervision mechanism for forestry carbon sink trading. The city has also broadened its rural property pledge financing mechanism, introducing loans for products with national geographical indications, such as Yunhe pears and Qingyuan pomelos, as well as loans for livestock collateralized loans. Lishui has set up 782 financial service stations by the end of 2023, which assist with ecological data collection, assessments, and the promotion and distribution of credit loan products like "Ecological Credit Loans" .

3.4 Anhui

3.4.1 Huaibei

3.4.1.1 Typical Practice 1: Building the Top-Level Design for Transition Finance

First, Huaibei has strengthened standard definitions. The PBOC Huaibei Center Sub-Branch, in collaboration with relevant departments, introduced the *Implementation Plan of Huaibei on Enhancing Finance for Transition Development (Pilot)*, which outlines five key tasks: establishing transition finance support standards, setting up corporate carbon accounts, improving financial institutions' transition strategies, innovating transition financial products, and promoting enterprises' low-carbon transitions. The city has also compiled the *Financial Support Directory* of *Huaibei for Transition Development,* identifying 19 sub-sectors in six key industries eligible for transition finance support. Based on this, the first *Transition Finance Projects Database of Huaibei* was created, including 53 projects focusing on energy conservation, carbon reduction, water conservation, etc. to address the "identification challenge" in transition activities. To provide data-driven support, the city has developed guidelines for building corporate carbon accounts. Using the industrial energy consumption patterns, 12 energy indicators (such as raw coal, washed coal, electricity, and natural gas) were selected to monitor the energy consumption of financing recipients, with a basic framework for carbon accounting established. Second, organizational development has been deepened. Huaibei has established a transition finance working leadership group, which coordinates efforts in: building and refining transition finance projects database and enterprises database, formulating plans on transition goals for key industries, developing templates for transition plans of financing entities, building a carbon emission monitoring system, and expanding the multi-scenario application of carbon accounts. Third, incentive policies have been improved. The city has set up a collaborative financial and fiscal support mechanism, allocating CNY 100 million annually from Huaibei's relending quotas for agriculture and MSEs specifically for transition finance, with a 25 basis point interest rate subsidy provided by the municipal finance department for three years each loan. Additionally, a green transition finance case competition activity has been launched to reward financial institutions and individuals with significant innovative achievements.

3.4.1.2 Typical Practice 2: Innovating the Green Transition Regional Model

First, Huaibei has explored constructing the "Huaibei Model" for green transition finance innovation. The PBOC Huaibei Center Sub-Branch has strengthened its cooperation with Beijing Forestry University in promoting "industry-academia-research-finance integration" to advance the design of carbon financial products and development models. This collaboration focuses on creating a green transition financial product system for Huaibei, covering carbon credit loans, carbon insurances, carbon bonds, carbon funds, and carbon asset securitization. Second, the city has explored an innovative credit management model for transition finance. The Huaibei Financial Society has led the formulation of the *Guidelines for Financial Institutions in Sustainability Evaluation and Credit Management of Financing Entities in the Coal Chemical Industry*. This research includes the principles, evaluation index system, and procedures for sustainability evaluation, as well as the credit product innovation models that leverage the evaluation results.

3.4.2 Chuzhou

3.4.2.1 Typical Practice 1: Enhancing Green Finance Service Capabilities to Support Climate Investment and Financing Pilot Construction

Since Chuzhou was approved as one of China's first CIF pilot cities, it has guided its financial system to innovate products, improve facilities, provide specialized support, optimize services, and enforce strict assessments to expand the green loan volume. Chuzhou has developed the "Climate Investment and Financing Support Platform" and launched an "Online Financial Supermarket" to provide specialized services for government, banks, and enterprises. These services include environmental credit information integration, online bank–enterprise matchmaking facilitation, inclusion of climate–friendly projects, online CIF information disclosure, and intelligent policy matching. Since becoming a CIF pilot, Chuzhou has added 18 new enterprises in the new energy and energy conservation sectors. The Chuzhou Economic and Technological Development Zone has steadily advanced the pilot project for rooftop distributed photovoltaic installations across the district, and the Envision electrochemical energy storage station in Dingyuan County has been completed. Furthermore, Chuzhou has actively promoted industrial green transition and upgrading. By the end of 2023, two national–level green parks, nine national–level green factories, and 26 provincial–level green factories had been approved.

3.4.2.2 Typical Practice 2: Enhancing Innovation in Industry–Specific and Personalized Products, Focusing on Transition Industries and the Green Ecological Sector

Chuzhou has accelerated the standardization of green financial services and was the first in the province to introduce the *Operation Guidelines for Carbon Emission Reduction Loans* and the *Forestry Carbon Certificate Management*

Measures to support the development of energy conservation and carbon reduction industries, and forestry carbon sink. The city innovatively introduced a monetary policy instrument, which directs financial resources to green and low-carbon sectors. Additionally, it introduced a green project price difference subsidy mechanism, opened fast-track approval channels for enterprises and projects meeting green standards, forming a series of positive incentives for climate-related credit. By the end of 2023, Chuzhou had innovated 10 climate credit products, providing a total of 73.13 CNY billion in CIF loans, accounting for 95.5% of all green loans, a year-on-year increase of 4.1 percentage points.

3.4.3 Huangshan

3.4.3.1 Typical Practice 1: Promoting the "Village Huizhou" Project to Create a New Model of Green Finance-Enabled Rural Revitalization

In April 2022, Huizhou District, in collaboration with the Agricultural Development Bank of China Huangshan Sub-Branch, initiated the pilot "Village Huizhou" green finance project. Focusing on rural revitalization, the project leveraged policy-driven financial capital and coordinated the strengths of various economic entities to actively develop new formats of rural industries for innovate ecological product value realization. The project was selected as a "Typical Case for Local Comprehensive Deepening of Reform in 2023". One aspect of this project is the exploration of operational models. Huangshan promoted the establishment of village operation companies with market entity status at the county, township, and village levels. This resulted in three models of village operation: SOEs leading, division of labor and cooperation, and independent development. By 2023, 507 village operation companies achieved a total operating income of CNY 280 million, directly increasing village collective income by CNY 38.93 million.

Another innovation is reflected in financial enabling. It launched the "Village Huizhou Loan" product, which addresses the "first mile" funding challenge for rural operations. Additionally, the integration of primary, secondary, and tertiary industries was promoted. Leveraging the expertise of various village operation companies, 23 villages were included in the first batch of provincial "Beautiful Village" demonstration villages. Over 17,000 micro– renovation projects were implemented, 216 "Five Micros" (micro–renovation enhancement, micro–scenic spot cultivation, micro–innovation–driven operation, micro–circular economy development, and micro–contribution–based governance) villages were cultivated, and 12 village scenic areas were identified.

3.4.3.2 Typical Practice 2: Green Finance Driving Sustainable Ecological Product Value Realization

Huangshan focused on institutionalizing mechanisms for the realization of ecological product value by using a standardized financial support system and guidelines as a framework to drive the diversification of products and services. In terms of green loans, Huangshan introduced institutional documents on loan mechanisms, accounting methods, and operation guidelines centering on the VEP of specific regional units. Based on VEP assessment results, a closed–loop mechanism was formed, covering "rights application–rights certification–loan application–evaluation and credit granting–registration and disbursement–risk compensation" , promoting the development of a green finance loan mechanism with ecological asset and resource rights as collateral. Additionally, Huangshan focused on the tea industry, establishing a financial service specialist system for the tea industry and creating a credit information database for tea enterprises. It explored supply chain financing, transforming traditional "point–based" financing from collateralized and pledged loans into "line–based" financing through supply chain–driven financing.

In terms of green insurance, Huangshan piloted specialized insurance, for green pest and disease control across all tea gardens, achieving over 70% coverage of the green pest and disease control area, improving protection through a "basic tea insurance + specialized insurance" Model.

4 Summary and Outlook on the Development of Green Finance in the YRD

The progress of green finance in the YRD – comprising three provinces (Jiangsu, Zhejiang, Anhui) and one municipality (Shanghai) – the three provinces and one municipality of the YRD is, to some extent, a concentrated reflection of the broader green finance trajectory of China. After several years of exploration and practice, the green finance in the YRD demonstrated significantly enhanced activity in 2023 than previous years.

4.1 Summary of Green Finance Development in the YRD

From the overall trajectory of green finance development in the YRD in 2023, industries and ecology stand out as the primary focuses. Multiple policies and market practices have focused on supporting green industrial development, upgrading traditional industries, and protecting the ecological environment. Replicable experiences are being crystallized in multiple emerging topics in green finance through extensive market practices, with the value of green finance gradually being realized.

From the policy perspective, the three provinces and one municipality have each established a regulatory framework to promote green finance. Despite of varying policy intensities, all these systems prioritize two aspects of green finance: One is supporting the real economy by reinforcing green finance support for local "dual carbon" goals or establishing green circular economy systems, and the other is developing green finance itself, by formulating specific requirements for promoting green finance across standard systems, organizational frameworks, products and services, information disclosure, and supporting mechanisms.

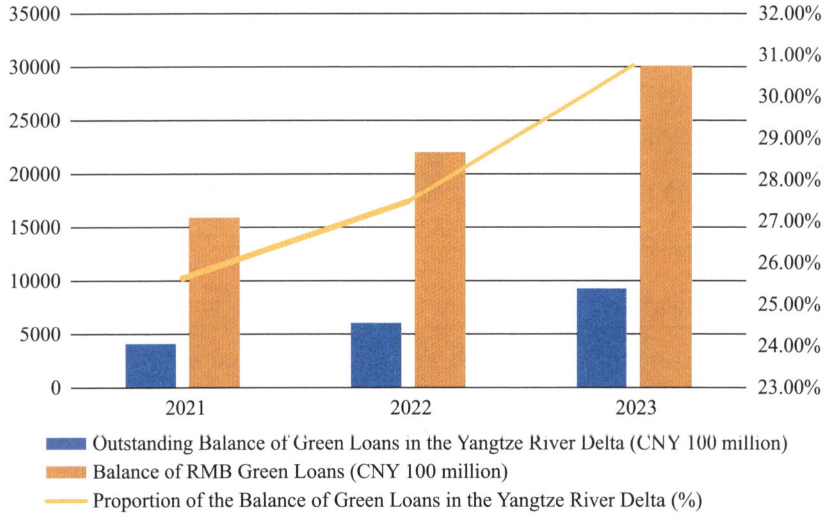

Figure 4-1 Outstanding Green Loan Balance and Its Proportion in Total Outstanding Loan Balance in the YRD from 2021 to 2023 (CNY 100 million, %)

From the market perspective, the green finance market in the YRD is highly active, with green loans and ESG funds accounting for a significant share nationally. In terms of representative green loans and green bonds, in 2023, the outstanding green loan balance in the YRD continued to grow rapidly, reaching CNY 9,250.23

billion, marking a year–on–year increase of 52.83%. The outstanding green loan balance in the YRD accounts for 30.75% that of China’s total, an increase of 3.28 percentage points from the previous year. In 2021 and 2022, the outstanding green loan balance in the YRD were CNY 4,075.73 billion and CNY 6,052.52 billion respectively, accounting for 25.63% and 27.47% of the national total outstanding RMB–denominated green loan balance.

The issuances of green bonds in the YRD maintained steady growth in 2023, despite nationwide fluctuations in green bond issuances due to various factors such as the volume of existing bonds and regulatory constraints. By the end of 2023, the total volume of green bond issuances in the region reached CNY 126.56 billion, marking a 6.95% year–on–year increase, accounting for 15.09% of the national total, representing a 3.06 percentage point increase from the previous year. In 2021 and 2022, the volume of green bond issuances in the YRD was CNY 67.78 billion and CNY 118.33 billion respectively, accounting for 11.16% and 12.06% of the national green bond issuances in those years.

In addition, the YRD excels in ESG funds, green funds, and corporate information disclosure. In terms of ESG fund size, fund managers from the three provinces and one municipality in the YRD dominate the national market. According to data from the IIGF, between 2021 and 2023, the ESG fund size in the YRD consistently accounted for over 40% of the national total, peaking at 42.92% in 2023. Regarding ESG disclosures from listed companies, participation of companies in the region has been steadily increasing. In 2021, 516 companies in the YRD disclosed ESG reports, accounting for 34.65% of the national total. By 2023, this number had risen to 757, making up 50.84% of the national total. These growths highlight the greater importance of the YRD in driving green transition and sustainable development.

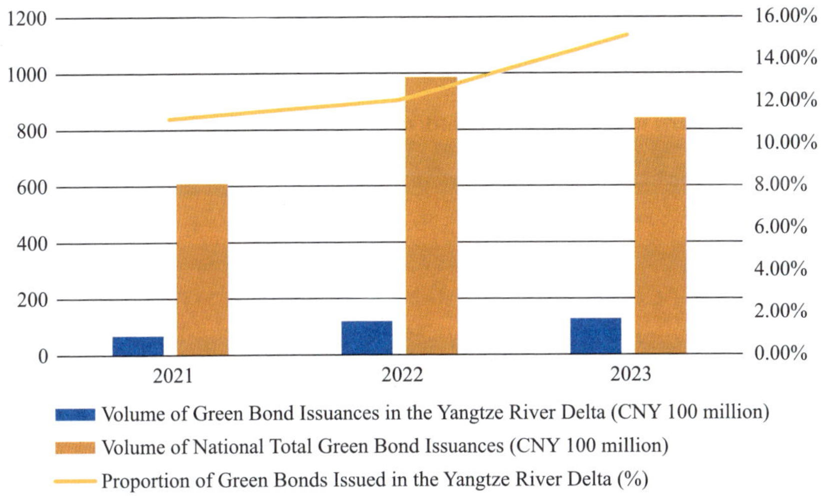

Figure 4–2 Volume of Green Bond Issuances in the YRD from 2021 to 2023 and Its Proportion in the National Total Green Bond Issuances (CNY 100 million, %)

4.2 Characteristics of Green Finance Development in the YRD

The establishment of the green finance systems and the progress of market practices in the YRD reflect the national reform and innovation path of green finance development, characterized by top–down leadership, pilot–driven expansion, and gradual advancement. In terms of "top–down leadership" , the three provinces and one municipality, guided by national and provincial policies, have mobilized the entire region to actively develop green finance. Their policy systems exhibit several common features: aligning multi–sector green development deployment with local overarching green goals, supporting regional green progress through systematic green finance policies, activating market momentum with targeted green finance measures. For "pilot–driven expansion" , the green finance development models in the YRD demonstrate the catalytic role of local reform and innovation. Regarding gradual advancement, the green finance development path in the region highlights the importance of several key pillars, including green finance standards system, information disclosure, incentives and constraints, green financial products, and the market system.

4.3 Green Finance Development Experiences Drawn from the YRD

The progress of green finance in the YRD in 2023 has been both positive and significant, as evidenced by both its achievements and its leading performance among the 31 provinces, municipalities and autonomous regions in China (excluding Hong Kong, Macau, and Taiwan) in terms of the Green Finance Index of IIGF. Considering the region's characteristics and the initiatives taken to advance green finance, the following experiences are worth highlighting:

First, achieve synergy between green finance and green economy by focusing on serving real economy. While sharing common ground in the policy objectives, implementation standards, product and service innovations, and focus areas of green finance development in the region, promoting green finance primarily by green industries, traditional industries, and ecological environments, further analysis reveals that local specific practices are distinctly aligned with the characteristics of their local economies and financial markets. By leveraging green finance to enhance the supply-side reform capabilities of the financial sector, powerful synergies have been created between green finance and the local green economy.

In Shanghai, the positioning of an "International Green Finance Hub" reflects the city's highly active financial market. This provides a sound market and foundation for the development of innovative green financial products, such as carbon market repurchase transactions, green leasing, and green dual-currency free trade zone offshore bonds, and has been quite effective in attracting financial resources by developing green finance. Moreover, Shanghai's green finance practices are diverse, focusing on key green development areas such as shipping, NEVs, renewable energy vehicles, and ultra-low-energy consumption renovations. Whether in the innovation of green finance models or the early adoption of green financial products, Shanghai's practices demonstrate a deep integration of "green finance" and "green economy".

In Jiangsu, an economic powerhouse in China, both its real economy strength and green economic growth potential are clearly reflected in the market performance of green finance. With nearly CNY 4 trillion in outstanding green loan balance (16.5% of the total domestic and foreign currency loans of Jiangsu) and green corporate bonds accounting for nearly half of total local bond issuances, Jiangsu exemplifies a virtuous cycle between green finance and green economy. In addition to policies promoting green finance infrastructure, the province has implemented policies and market practices covering key traditional industries such as steel, petrochemicals and chemical engineering, and building materials, as well as clean energy industries and ecological restoration fields. Furthermore, cities within Jiangsu, including Nanjing, Wuxi, and Suzhou, contribute their unique innovative green finance practices, collectively demonstrating the province's strong and vibrant real economy.

In Zhejiang, the green finance reform and innovation pilot zones have driven province-wide development of green finance. The province's economic and ecological advantages are also fully reflected in the green finance reform and innovation process. For example, in Quzhou, where traditional manufacturing accounts for a large proportion, a "carbon account" system was fostered, further leading to a carbon account-based transition finance framework. In Lishui, rich in ecological endowment, multiple innovative financial products have emerged to facilitate ecological product value realization. In coastal cities such as Ningbo, Wenzhou, and Taizhou, which are more vulnerable to climate risks, pilot programs for catastrophe insurance were accelerated, gradually forming regional experiences. The specific characteristics of the region's economy and environment are being fully reflected in the green finance reform and innovation process.

In Anhui, the recent notable achievements in industrial upgrading, such as the rapid development of the NEV industry, the clustering of leading next-gen IT enterprises, and the increase in the output value of the new materials industry, are also more prominently reflected in the green finance market, especially in the green fund sector. In 2023, Anhui launched 16 Government Guidance Funds (GGFs) for emerging industries, totaling CNY 88.5 billion (including social capital contributions), several of which focus on green and strategic emerging industries. Additionally, in 2023, pilot zones in Anhui explored transition finance in traditional industries such as building materials, coal power, and chemical engineering, aligning carbon accounts and data sharing closely with the needs of local economic transition and upgrading.

Secondly, effectively leverage the guiding, regulating, incentivizing, and constraining roles of policies to unlock market potential. The significant effectiveness of policy transmission and the active market participation are notable features of green finance in the YRD, specifically: (1) Strong innovation and coordination of policies. An overview of the green finance policies in the YRD reveals that the policies are not entirely uniform or all-encompassing. Instead, they align with the development trends of green finance and market demands, guiding and regulating the market in multiple forward-looking topics. (2) Proactive response from market participants. This is closely linked to the vibrant financial resources and robust financial ecosystem in the YRD. As a result, financial institutions possess strong autonomous innovation capabilities, and encouraged by supportive policies, some local innovative practices are quickly scaled across multiple financial institutions throughout the region.

In Shanghai, aside from the top–level institutional frameworks for green finance, the related implementation rules are not comprehensive. The guiding policies and market practices in 2023 mainly focus on the "carbon" factors, aiming to clarify the innovation priorities and regulate the operation processes of key sectors. Shanghai's market practices show that several financial institutions have developed specialized green finance strategies to support Shanghai's green development. Notably, green leasing has emerged as a standout sector, alongside banking, securities, and insurance.

In Jiangsu, under the unified deployment of the provincial green finance strategy, diversified pathways for green finance development have emerged by activating the enthusiasm for green finance reform and innovation in cities and the spontaneous practice of market participants. From the provincial perspective, the key strategies include "30 Measures for Green Finance" and the "Annual Priorities of Green Finance" , which establish the main framework of green finance work. Practical green finance reward and subsidy measures are adopted to motivate market participation, providing the market with more autonomy within this framework. The distinctive green finance reform and innovation activities in cities like Wuxi and Suzhou are fully reflected in market practices. Examples include Wuxi's "Charitable Trust + Carbon Inclusion" green practice model and Suzhou's comprehensive development model promoting low–carbon transition in the textile industry.

In Zhejiang, a province that hosts one of the first green finance reform and innovation pilot zones, its green finance development is characterized by "comprehensiveness" . On one hand, this refers to the comprehensiveness of policies, such as various overarching green finance plans, detailed rules for key areas, and guiding policies for emerging topics, particularly green finance standards which have been adopted across the country. On the other hand, it refers to the extensiveness of market practices, which often reflect the content of the policies while exhibiting strong propagation effects. For example, ESG management systems and operation systems, initially developed by only a few financial institutions in 2021 and 2022, have become common practices among most financial institutions, especially banks, in 2023, with multiple institutions carrying out various specific tasks related to ESG. Furthermore, in areas such as transition finance, the explorations of financial institutions in Zhejiang also stand out nationally.

In Anhui, a representative region where green finance development has accelerated in recent years, provincial-level standalone policies promoting green finance remain limited. Instead, the province has explored and advanced green finance through fragmented, city-level pilot initiatives. However, as evidenced by the Local Green Finance Index developed by IIGF, Anhui's green finance market activity is exceptional nationwide. This is manifested in the diversity of products launched under CIF pilot programs, represented by "Carbon Neutrality-Linked Loans" and "Loans Linked with Carbon Emissions Reduction in both Photovoltaic Project Generation and Consumption" . From the perspective of market entities, the local representative corporate banks saw a year-on-year increase of over 50% in green loans in 2023. Additionally, the green finance internal management guidelines and measures introduced by local city commercial banks and rural commercial banks indicate that the vitality of Anhui's green finance market is being fully unleashed.

Thirdly, promote the synergy among different participants to enhance the efficiency of green finance development through facilitating factor mobility and resource sharing. Mobility is an inherent requirement for financial development, and green finance is no exception. A key feature of successful green finance practices in the YRD is the focus on collaboration among different participants. For example, intergovernmental collaboration on policy formulation and data/information sharing have improved coordination of market participants while reducing the identification costs of developing green finance. Through cooperation among governments, enterprises, and financial institutions, the role of the participants in advancing green finance are maximized by improving policy transmission mechanisms and invigorating market dynamics. Cooperation between financial institutions further leverages the advantages of differing risk appetites, and enhances the capability to serve large-scale projects. Additionally, the YRD is advancing coordinated growth of the market by using green integrated development demonstration zones as a mechanism for regional collaboration.

In Shanghai, the successful launch of innovative policies and products relies on the collaboration among various participants. For example, a series of innovations on "carbon inclusion" requires government policies to establish specific measures, implementation units to outline methodological guidelines on application requirements, and financial institutions to innovate products based on these policies, standards, and market demands, thus creating a complete market loop. In green finance innovation, the necessity of financial collaboration when addressing uncertain risks is highlighted by examples like the "sustainability-linked and green-specific" tranche syndicated loan launched in collaboration by banks, the ESG-linked syndicated loan launched in collaboration by multiple banks and finance companies, and the "insurance + transition finance loans" developed through cooperation between banks and insurance institutions.

In Jiangsu, there is no shortage of collaborative innovations between banks and insurance companies, e.g. the "green finance credit guarantee loan" model, between financial institutions and research organizations in building joint laboratories, and between enterprises SOEs under Jiangsu Provincial Government in expanding their ESG service offerings. Among these, a particularly representative case is the practice led by Suzhou Rural Commercial Bank in promoting industrial low-carbon transition through the synergy of "government-led precise carbon governance + enterprise-driven precise carbon reduction + financial institution-enabled precise support" . Its success reflects the need for government guidance on standards and infrastructure investment, financial institutions' innovation in optimizing products and services in precise alignment with the policies, and enterprises' focus on technological improvements and information disclosure, to facilitate the green finance-driven transition and upgrading of the real economy.

In Zhejiang, the coordination of policies and mechanisms also underscores the importance of collaborative development models in advancing green finance and even broader green development. Zhejiang's green finance reform and innovation practices show that the development of green finance necessitates coordination in three aspects: First policy coordination, for instance, the establishment of integrated policies consisting "policy - standards - statistics - incentives and constraints" . Second, collaboration among different government departments, as seen in 2023 when the PBOC Zhejiang Branch, along with the Provincial Department of Finance, and the Provincial Department of Ecology and Environment, issued the *Guiding Opinions on Collaboration in Developing Finance to Support Pollution Reduction and Carbon Mitigation* and launched the province's first 26 benchmark projects for pollution reduction and carbon reduction coordination. Third, collaboration between mechanisms, e.g. Zhejiang's enhancement of the quality and coverage of green finance through "digital" "platform-based" and "intelligent" approaches.

In Anhui, the local initiatives driving green finance reform and innovation also benefit from the dividends of collaborative development. For example, in Chuzhou, a policy framework was formed in the process of promoting CIF, connecting "pilot work plans" , "annual priorities" and "information disclosure guidelines" . Based on this framework, the city established a CIF support platform and project database, facilitating information sharing among the government, banks, and enterprises. In Huaibei, during the promotion of transition finance innovation, a systematic approach was adopted, focusing on a "catalog + project database + whitelist" structure, supported by "leading bank" system for work coordination, and a "production–academia–research–finance" collaboration mechanism to support and enhance the development of transition finance. Additionally, in terms of fund utilization, the province's green indirect financing and direct financing markets are working together to support the rapid development of emerging industries.

Furthermore, the progress of the Demonstration Zone for Integrated Ecological and Green Development in the Yangtze River Delta Region also highlights the benefits of collaborative development. This includes policy collaboration, which has improved approval efficiency; resource collaboration, as evidenced by the attraction of resource agglomeration through the establishment of multiple alliances; financial collaboration, as demonstrated by enhanced capacity to serve large-scale regional projects through the promotion of coordinated internal credit approval mechanisms within banks; and mechanism collaboration, as reflected in the improved capability to hedge project risks through the establishment of a co-insurance mechanism.

4.4 Outlook for Green Finance Development in the YRD

The YRD faces several challenges for future development of green finance. First, how can we fully leverage the role of green finance within the framework of "Five Major Financial Themes" (namely, technology finance, green finance, inclusive finance, pension finance, and digital finance) to form a synergy driving high-quality economic development? Second, how can we more efficiently and scientifically translate the policy requirements for green finance into the autonomous practices of market participants, thereby facilitating the high-quality implementation of emerging topics such as transition finance, biodiversity finance, and green finance supporting the realization of ecological product values? Third, how can we better utilize the supply-side reform of green finance to drive the high-quality development of the real economy, for instance, by leveraging information disclosure by financial institutions to drive information disclosure by real enterprises? Fourth, how can we better utilize regional collaboration mechanisms to accelerate the mobility of resource factors through green finance, thereby creating a larger-scale market? To this end, in envisioning the future development of green finance in the YRD, the following areas still require collective exploration and discovery.

Firstly, leverage the local advantages to explore "Green Finance +" development paths. The central financial work conference held in October 2023 proposed the requirement to make significant efforts in the areas of technology finance, green finance, inclusive finance, pension finance, and digital finance.

Currently, green finance practices in the YRD have already demonstrated the feasibility and necessity of the integrated development of these five financial areas, particularly in terms of the synergy between green finance and technology finance, inclusive finance, and digital finance, with abundant cases already emerging. Moving forward, based on Shanghai's development positioning as "Five Centers" (International Economic Center, International Financial Center, International Trade Center, International Shipping Center, and International Science and Technology Innovation Center), the economic powerhouse foundation of Jiangsu, Zhejiang's pioneering capabilities in green finance reform, and Anhui's development potential as a hub for emerging industries, the region can further explore the "Green Finance +" development paths. This includes driving the development of emerging industries more effectively through the interlinking of mechanisms under different financial objectives, leveraging the coupling of inherent mechanisms of the projects to make use of various types of funds, and reducing the costs of supply-side financial reform through supportive coordination.

Secondly, focus on emerging topics in green finance reform and innovation to deepen implementation and promotion. As green development progresses further, the topics of green finance reform have further diversified, and the challenges and bottlenecks associated with emerging topics have become more complex. Currently, the three provinces and one municipality of the YRD have already made significant explorations in areas such as transition finance, biodiversity finance, and financial support for the realization of ecological product values. These include accelerating the development of transition benefit monitoring platforms to enhance the effectiveness of transition finance risk assessments; conducting regional biodiversity financing practices and exploring systematic methods for biodiversity financing; and establishing transaction platforms for ecological products to facilitate the flow and disposal of such products. In the future, leveraging Shanghai's rich financial resources, Jiangsu's mature experience in ecological protection and restoration, Zhejiang's advantages in digital governance, and Anhui's internal momentum for accelerating the upgrading of traditional industries, the region can focus on deepening the practical application of emerging topics in green finance, fully utilizing the leading and driving role of the YRD.

Thirdly, deepen special green finance topics, typically information disclosure to drive real economy by green finance reform practices. The "five pillars" (standard system, information disclosure, incentive and restraint system, product and market system, and international cooperation) of green finance are profoundly influencing the intrinsic models of financial development. Currently, the green finance development in the three provinces and one municipality of the YRD has formed a basic layout, promoting the implementation of various green finance tasks to varying degrees. In the future, by leveraging Shanghai's progress in enhancing its international financial center status, taking advantage of Jiangsu's large economic scale, capitalizing on Zhejiang's comprehensive green finance market development, and utilizing Anhui's advantages derived from multiple national strategies, the region can explore ways to deepen the application of specific green finance reform measures, examine concrete measures in practice for green finance to better serve the real economy through the mutual promotion of green finance reforms and industrial reforms.

Fourthly, leverage the Demonstration Zone for Integrated Ecological and Green Development in the Yangtze River Delta Region to explore beneficial practices for better facilitating the flow of green finance factors through regional collaboration mechanisms. Currently, as the economy undergoes a phase of transition and upgrading, changing the existing development patterns and establishing high-quality development paths require deepened reforms and innovations across multiple dimensions. Among these, promoting the smooth flow of production factors is a key element in further liberating productive forces. Flow of financial factors, in particular, plays a critical role in improving resource allocation efficiency and is an inherent requirement for the development of finance itself. In the process of driving green finance development through pilot initiatives, diverse local green finance practices have emerged nationwide. However, this has also led to variations in local green finance standards. It is an inevitable trend to advance green finance by converting local green finance reform experiences into regional practices and elevating them to national and even international standards. Currently, the three provinces and one municipality in the YRD have pioneered explorations in green finance from different dimensions, and the Demonstration Zone for Integrated Ecological and Green Development is actively facilitating the collaboration within financial institutions, particularly in addressing regional common ecological issues. In the future, the flow and cooperation of green finance factors can be further promoted through elevating local standards and processes to regional benchmarks, and planning regional green finance support for ecological projects. Additionally, leveraging the demonstration zone's collaborative measures – such as advancing cross-regional public credit information sharing, developing green finance service platforms, supporting the establishment of integrated financial institutions, and establishing financial information sharing cooperation mechanisms – will provide strong support for cross-regional green finance cooperation.